最高人民法院施工合同纠纷判例与107个核心观点解析

李　妃　乃露莹　编　著

中国建筑工业出版社

图书在版编目（CIP）数据

最高人民法院施工合同纠纷判例与107个核心观点解析 / 李妃，乃露莹编著. —北京：中国建筑工业出版社，2022. 6（2023.11重印）
ISBN 978-7-112-27440-6

Ⅰ. ①最… Ⅱ. ①李…②乃… Ⅲ. ①建筑施工—合同纠纷—审判—案例—汇编—中国 Ⅳ. ① D922. 297. 5

中国版本图书馆CIP数据核字（2022）第094852号

责任编辑：张礼庆
责任校对：姜小莲

最高人民法院施工合同纠纷判例与107个核心观点解析
李 妃 乃露莹 编 著
*
中国建筑工业出版社出版、发行（北京海淀三里河路9号）
各地新华书店、建筑书店经销
北京点击世代文化传媒有限公司制版
建工社（河北）印刷有限公司印刷
*
开本：787毫米×1092毫米 1/16 印张：22¾ 字数：369千字
2022年7月第一版 2023年11月第二次印刷
定价：**69.00** 元
ISBN 978-7-112-27440-6
（39548）

《最高人民法院施工合同纠纷判例与107个核心观点解析》

编委会

主　编：李　妃　乃露莹

副主编：梁　俏　陈超进

委　员：黄健峰　陆碧梅　马慧娟

序　言

拆解如庖丁解牛　借鉴可按图索骥

在注重实务研究，擅长能说会写的建纬担当精神鼓励下，一批在实务研究领域已脱颖而出、崭露头角的专业律师，尽管已有助理、秘书相随相助，仍然勤于思考，精于笔耕，竞亲力亲为著书立说，不断涌现新的才俊、新的作品。欣闻上海市建纬（南宁）律师事务所李妃、乃露莹律师新作《最高人民法院施工合同纠纷判例与107个核心观点解析》即将付梓，且适逢建纬三十而立喜庆，喜上加喜，欣然为之作序。

以往受邀作序，实则一桩苦差事：若一味拔高，言过其实，既有违自身信条，也对读者不负责任；若实事求是，秉笔直言，又有违作者本意，不得体也不合时宜。

然，本书作者从建设工程招标投标和合同效力、建设工期、工程质量、工程结算与工程款、利息与违约金、司法鉴定、工程价款优先受偿权、实际施工人及其他等九大类别依次编排，所述均是建设工程领域法律服务的热点、难点问题，建设工程纠纷，也多出于此。本书从第一编招标投标与合同效力即可看出本书各编都基本按照本编概述、核心观点解析两大部分，其中核心观点为解析部分，作者先从观点评述入手，对核心观点进行庖丁解牛般简要“拆解”；接着选取最高人民法院的经典案例，并摘取案例中最为精华的裁判要旨部分，以案说法，以案明理；作者根据实践经验，相应提出有效、管用的实务建议；最后，还辅以对应的参考法条，便于按图索骥，比照研析，是律师办理建设工程纠纷案件以及施工企业合规管理过程值得参考的工具书。

由此，“业精于勤，行成于思”成为建纬年轻律师座右铭的希望，已为同仁共同认可，年轻专业律师已逐渐成长。寥寥数言，欣然为序。

朱树英

2022年4月28日

前　言

建设工程领域的法律实务具有极强的专业性，实践中多为复杂法律问题。而在司法裁判中，各个法院对于一些专业性问题，常常会出现“类案不同判”的情形，使得原本复杂的工程法律问题愈发复杂。为统一法律适用，提升司法公信力，2020 年 7 月 31 日开始施行的《最高人民法院关于统一法律适用加强类案检索的指导意见》，该指导意见中明确了“类案同判”，该意见所称类案，是指与待决案件在基本事实、争议焦点、法律适用问题等方面具有相似性，且已经人民法院裁判生效的案件。法院在办理案件时应当检索类案，并参照裁判。公诉机关、案件当事人及其辩护人、诉讼代理人等提交指导性案例作为控（诉）辩理由的，法院应当在裁判文书说理中回应是否参照并说明理由。为此，掌握最高人民法院乃至其他各层级法院的司法裁判观点及类案裁判规则尤为重要。

本书笔者通过检索 2019—2021 年最高人民法院所公布的建设工程领域案件，结合 2022 年出具的相关意见，对所涉及的建设工程领域法律问题以及法院裁判观点进行整理、分析、研究，将目前建设工程领域的热点、难点问题的司法裁判观点进行解析，经结合作者的实践经验，形成本书。

本书将建设工程领域法律问题分为九大类，分别是招标投标与合同效力、建设工期、工程质量、工程结算与工程款、利息与违约金、司法鉴定、工程价款优先受偿权、实际施工人、其他，综述九类法律问题的定义、性质、法律适用等方面内容。同时，结合该九类问题，解析了 107 条最高人民法院核心的裁判观点，加以实务建议。为了便于读者查阅相关案件裁判文书原文，本书将案件案号索引载明在内。

在 2019—2021 年期间，新法频出，旧法废除，如《民法典》《最高人民法院关于审理建设工程施工合同纠纷案件适用法律问题的解释（一）》公布施行，《最高人民法院关于审理建设工程施工合同纠纷案件适用法律问题的解释》和《最高人民法院关于审理建设工程施工合同纠纷案件适用法律问题的解释

（二）》废止等，为了新旧法衔接适用，本书引用法院裁判原文部分以及书中参考、借鉴的研究成果、相关书籍、资料等，为表尊重，不将引用的已废止法条更改、替换成现行新法，读者可对照“凡例”知悉所对应法律法规。本书其余部分内容，均使用现行新法。望读者注意。

目　录

凡 例

本书常用的法律、法规、司法解释、其他规范性文件及工作文件。

全称与简称对照表

全称	简称
《中华人民共和国民法典》	《民法典》
《中华人民共和国建筑法》	《建筑法》
《中华人民共和国招标投标法》	《招标投标法》
《中华人民共和国民事诉讼法》（2021 年修订）	《民事诉讼法》
《中华人民共和国城乡规划法》	《城乡规划法》
《中华人民共和国企业所得税法》	《企业所得税法》
《最高人民法院关于审理建设工程施工合同纠纷案件适用法律问题的解释（一）》	《新建设工程司法解释（一）》
《最高人民法院关于审理建设工程施工合同纠纷案件适用法律问题的解释》（已废止）	《旧建设工程司法解释（一）》
《最高人民法院关于审理建设工程施工合同纠纷案件适用法律问题的解释（二）》（已废止）	《旧建设工程司法解释（二）》
《最高人民法院关于民事诉讼证据的若干规定（2019 修订）》	《民事诉讼证据的若干规定》
《最高人民法院关于民事诉讼证据的若干规定（2001 修订）》	《旧民事诉讼证据的若干规定》
《最高人民法院关于适用〈中华人民共和国民事诉讼法〉的解释》	《民事诉讼法解释》
《最高人民法院关于审理民间借贷案件适用法律若干问题的规定》（2020 第二次修正）	《民间借贷案件司法解释》
《最高人民法院关于适用〈中华人民共和国合同法〉若干问题的解释（二）》（已废止）	《合同法司法解释（二）》
《最高人民法院关于适用〈中华人民共和国合同法〉若干问题的解释（一）》（已废止）	《合同法司法解释（一）》
《招标投标法实施条例》	《招标投标法实施条例》
《房屋建筑和市政基础设施工程施工招标投标管理办法》（住房和城乡建设部令第 47 号）	《招标投标管理办法》

续表

全称	简称
《房屋建筑和市政基础设施工程施工招标投标管理办法》（建设部令第89号）	《旧招标投标管理办法》
《建筑工程施工发包与承包违法行为认定查处管理办法》	《发包与承包违法行为认定查处管理办法》
《最高人民法院第八次全国法院民事商事审判工作会议纪要》	《八民会议纪要》
《最高人民法院第九次全国法院民商事审判工作会议纪要》	《九民会议纪要》

CHAPTER 1

第一编

招标投标与合同效力

本编综述

合同效力是法律适用问题，人民法院应当主动审查，而无须依据当事人的诉请。司法实践中，人民法院审理建设工程合同纠纷案件中，法官对涉案合同效力进行判定往往成为其审案的第一步，法官应主动予以审查；同时，合同效力问题，在《新建设工程司法解释（一）》第一部分中用了第一条至第七条这七个条文进行详细规定，可见其地位之重要。此外，合同效力的认定，也会对各方当事人利益的分配和责任的承担产生直接影响。

一、建设工程合同无效的主要情形

导致建设工程合同无效的因素较多，主要有三类：1. 合同主体不适格，如施工人无相应资质；2. 违反《招标投标法》，主要是招标前作出实质性约定、明招暗定、应招标未招标等；3. 转包、违法分包。

二、关于建设工程合同实质性内容的认定

建设工程合同效力的认定，往往涉及合同实质性条款的问题。《招标投标法》第四十六条："招标人和中标人应当自中标通知书发出之日起三十日内，按照招标文件和中标人的投标文件订立书面合同。招标人和中标人不得再行订立背离合同实质性内容的其他协议。招标文件要求中标人提交履约保证金的，中标人应当提交。"《招标投标法实施条例》第五十七条第一款规定："招标人和中标人应当依照招标投标法和本条例的规定签订书面合同，合同的标的、价款、质量、履行期限等主要条款应当与招标文件和中标人的投标文件的内容一致。招标人和中标人不得再行订立背离合同实质性内容的其他协议。招标人最迟应当在书面合同签订后5日内向中标人和未中标的投标人退还投标保证金及银行同期存款利息。"从上述两个法律条文中可以得出，合同实质性内容应当指的是影响或者决定当事人（招标人与中标人）基本权利义务的条款。最高人民法院认为，建设工程中事关当事人权利义务的核心条款是

工程结算以及工程价款的支付，而影响工程结算的主要涉及三个方面：建设工期、工程质量和工程价款。《新建设工程司法解释（一）》第二条的规定中，采用了条文列举的方式明确了实质性内容包括工程范围、建设工期、工程质量和工程价款等，该条文中的“等”字是否表明除了列举的这四项内容外，实质性内容还包括其他内容，如付款期限、付款方式等，由于实质性内容事关建设工程合同的效力，故在实践中对于列举以外的事项争议较大。

1. 无争议的实质性内容

（1）工程范围

承包人具体施工的工程范围由招标文件、投标文件与合同等文件确认，该工程范围决定了承包人的施工边界以及施工过程中主要权利义务的确定。工程范围对承包人的施工内容予以限定，进而影响承包人的利润空间。工程范围通常由招标人确定，而不是由施工人确定。

工程范围一般是以分部工程进行划分的，如工程包括单项工程（或单体工程）、主体结构、土建工程、装饰装修工程（不包括内部装修）。工程范围的确定同时影响着施工合同的效力，实践中招标投标文件或施工合同中所约定的施工范围以外，如在施工过程中增加工程量，变更施工范围是否属于对合同实质性条款的变更，实践中存在争议。《建设工程施工合同（示范文本）》（GF—2017—0201）通用条款第 10、11 条规定，合同履行过程中因设计变更、规划调整、价格异常波动引起合同内容的调整或补充，属于合同的变更，不能认定为实质性内容的背离。因此，司法实践中，倾向性意见认为，增减工程量导致施工范围变化的，不应视为对合同实质性条款的背离。

（2）建设工期

建设工期，是指工程项目从正式开工之日至最终完工交付之日。任何一个建设工程施工合同必须具备关于建设工期的约定，建设工期属于施工合同的核心条款，也是实质性条款之一，由于建设工期事关工程质量，因此建设工程发包单位不得迫使承包方任意压缩合理工期。司法实务中，在承包人提出工程款支付请求时，工期延误或违约往往成为发包人抗辩或反诉的重要理由之一。实际上，工期问题涉及确定承包人是否违约及计算违约金的数额、给付工程款的本金及利息的起算时间、建设工程交付及风险转移、工程质量保修期的起算、保修金的返还等诸多问题。由此可见，工期的法律意义不容小觑。对于建设工期，在《新建设工程司法解释（一）》中在第八至十条共三个条款中分别予以规定。

（3）工程质量

建设工程质量是指依照国家现行有效的法律法规、技术标准、设计文件和合同约定，对工程的安全、适用、经济、环保、美观等特性的综合性要求。建设单位不得明示或者暗示设计单位或者施工单位违反工程建设强制性标准，降低建设工程质量。建设工程质量的特性主要表现为适用性、耐久性、安全性、可靠性、经济性、与环境的协调性。质量是建设工程项目管理的主要控制目标之一，项目质量的管理与控制会涉及项目各参与方的质量管理责任。对于建设工期，在《新建设工程司法解释（一）》中在第十一至十八条共八个条款中分别予以规定。

（4）工程价款

工程价款指在建设工程中发包人应当支付给承包人的款项。建设工程施工合同最主要的权利义务即是承包人完成质量合格的工程，发包人支付相应的工程价款。承包人按约进行工程建设，完成工程质量合格的工程内容，即可向发包人主张工程价款。工程价款包括预付款、进度款、结算款等。承包人主张工程价款的法律依据主要体现在《民法典》第七百八十八条规定："建设工程合同是承包人进行工程建设，发包人支付价款的合同。建设工程合同包括工程勘察、设计、施工合同。"《民法典》第七百九十九条："建设工程竣工后，发包人应当根据施工图纸及说明书、国家颁发的施工验收规范和质量检验标准及时进行验收。验收合格的，发包人应当按照约定支付价款，并接收该建设工程。建设工程竣工经验收合格后，方可交付使用；未经验收或者验收不合格的，不得交付使用。"《民法典》第八百零七条规定："发包人未按照约定支付价款的，承包人可以催告发包人在合理期限内支付价款。发包人逾期不支付的，除根据建设工程的性质不宜折价、拍卖外，承包人可以与发包人协议将该工程折价，也可以请求人民法院将该工程依法拍卖。建设工程的价款就该工程折价或者拍卖的价款优先受偿。"实践中，当事人变更工程价款存在多种形式：发包人要求承包人让利、免费建设附属设施，发包人要求承包人以明显高于市场价格购买其承建的房产、向建设单位捐赠财物；如发包人未按约定的方式履行支付工程价款的义务，而是通过转移债权、以房抵债、债转股等形式支付工程价款或大幅度延长支付期限，也会对承包人的权利义务产生实质性影响。对此，在《新建设工程司法解释（一）》中也已经明确以上行为将导致施工合同无效。

2. 付款期限是否属于施工合同的实质性内容

付款期限是否为施工合同的实质性内容，存在肯定与否定两种观点。否定的观点认为：工程款支付期限的变更不属于实质性内容变更。最高人民法院在（2014）民申字第 504 号案中认为“有关工程预付款及工程进度款之约定，不属对备案合同的实质性变更”。肯定的观点则认为：工程款支付期限的变更属于实质性内容变更。最高人民法院在（2018）最高法民申 859 号案中认为：“《补充协议》约定的建设工期、合同价款及价款结算方式、合同主体、支付进度款预付款等对《中标通知书》所记载的内容作出实质性变更，与中标的《建设工程施工合同》明显不一致，违反了《中华人民共和国招标投标法》第四十六条‘招标人和中标人不得再行订立背离合同实质性内容的其他协议’的规定，故原判决认定《补充协议》无效有事实和法律依据。”

3. 构成“实质性内容”变更的判定

虽然工程范围、建设工期、工程质量、工程价款等构成建设工程施工合同的“实质性内容”，但并非就这四项内容进行的所有变更，都属于与中标合同“实质性内容”的变更，而应根据具体合同的实际情况予以判定。详言之，“即使是核心条款，也应给予当事人根据实际情况作细微调整的权利。”也就是说，与中标合同相比，只有合同内容的变更足以影响当事人的基本合同权利义务时，才可认定构成“实质性内容不一致”；变更的程度较为轻微，如只是在工程价款稍有调整、工期略有变化，并未导致双方当事人利益明显变化的，则应归属于受法律保护的正常变更[1]。

因此，需要准确区分建设工程合同的正常变更与合同重大变更导致实质性内容背离之间的界限。如果变化幅度较小，未对当事人权利义务造成重大

[1] 邬砚，祝来新．建设工程“黑白合同”规则解析 [J]. 中国不动产法研究，2017.

影响的，则属于正常的合同变更，不构成背离实质性内容，应以当事人实际履行的合同结算工程价款。至于在实质性内容变化幅度的判断上，目前实践中也有部分地区有判断标准，例如江苏省高级人民法院民一庭曾尝试以合同履行中的变化是否超过中标合同的1/3为据，1/3以内属于正常范围，超过1/3的认定为实质性变更。后该院又修正了上述观点，以内容变化是否超过中标合同的1/5作为依据。笔者认为，不能简单地以变更占比来判定是否属于实质性变更，而应当结合个案以及项目性质、标的大小等实际情况予以认定。

综上，对实质性变更的判断，一方面需要把握变更的内容，另一方面也需要把握变更的量化程度以及对核心内容的影响，综合评判是否导致发承包双方之间的权利义务明显失衡。如果没有实质性影响的变更则不宜认定为影响合同效力。

三、无效建设工程合同的法律后果

1. 无效的合同或被撤销的合同自始不具有法律效力。根据《民法典》第一百五十五条、第一百五十六条、第一百五十七条规定，建设工程合同被确认无效或被撤销后，从订立时起即不具有法律约束力，尚未履行的不再履行，因该合同取得的财产应当予以返还；不能返还或者没有必要返还的，应当折价补偿，并根据过错承担相应的损失赔偿责任。

2. 解决争议的条款不因合同无效而无效。《民法典》第五百零七条规定："合同不生效、无效、被撤销或者终止的，不影响合同中有关解决争议方法的条款的效力。"据此，建设工程合同无效后，约定解决争议的条款仍有效。

3. 建设工程施工合同无效但建设工程质量合格的，可以参照合同约定结算工程价款。《民法典》第七百九十三条："建设工程施工合同无效，但是建设工程经验收合格的，可以参照合同关于工程价款的约定折价补偿承包人。建设工程施工合同无效，且建设工程经验收不合格的，按照以下情形处理：（一）修复后的建设工程经验收合格的，发包人可以请求承包人承担修复费用；（二）修复后的建设工程经验收不合格的，承包人无权请求参照合同关于工程价款的约定折价补偿。发包人对因建设工程不合格造成的损失有过错的，应当承担相应的责任。"《新建设工程司法解释（一）》第二十四条："当事人就同一建设工程订立的数份建设工程施工合同均无效，但建设工程质量合格，一方当事人请求参照实际履行的合同关于工程价款的约定折价补偿承包人的，人民法院应予支持。实际履行的合同难以确定，当事人请求参照最后签订的合同关于工程价款的约定折价补偿承包人的，人民法院应予支持。”

4. 建设工程施工合同无效，建设工程质量不合格的，承包人请求支付工程价款的不予支持。《民法典》第七百九十三条第二款：“建设工程施工合同无效，且建设工程经验收不合格的，按照以下情形处理：（一）修复后的建设工程经验收合格的，发包人可以请求承包人承担修复费用；（二）修复后的建设工程经验收不合格的，承包人无权请求参照合同关于工程价款的约定折价补偿。”

5. 建设工程施工合同无效后返还财产或赔偿损失。民事法律行为无效或者确定不发生效力后，行为人因该行为取得的财产，应当予以返还；不能返还或者没有必要返还的，应当折价补偿。有过错的一方应当赔偿对方由此所受到的损失；各方都有过错的，应当各自承担相应的责任。《新建设工程司法解释（一）》第六条的规定：“建设工程施工合同无效，一方当事人请求对方赔偿损失的，应当就对方过错、损失大小、过错与损失之间的因果关系承担举证责任。损失大小无法确定，一方当事人请求参照合同约定的质量标准、建设工期、工程价款支付时间等内容确定损失大小的，人民法院可以结合双方过错程度、过错与损失之间的因果关系等因素作出裁判。”

四、实务建议

综上，合同效力对发承包双方均会产生重大影响，建议：

1. 对发包人而言，一是要熟悉必须进行招标投标的项目范围，如着手的项目在范围内，应严格按照招标投标法的相关规定进行招标投标，尤其应避免出现招标投标前进行实质性约定或接洽、“明招暗定”“实际履行协议在先”等行为，以免影响合同效力，更为关键的是发包人应当对招标文件严格把关，在最新的规定中招标文件也可以作为结算依据。二是非必须招标投标的项目，一旦选择了招标投标方式订立合同，也必须严格按照《招标投标法》进行招标投标活动，其法律后果等同于必须招标的项目。三是避免与自然人或者不具备相应资质的法人签订建设工程施工合同，在合同拟订阶段应当核查承包人的相关资质。四是不将建设工程肢解发包。

2. 对承包人、实际施工人来说，第一，需清晰定位，按照自身资质行事，不揽自身资质以外的工程。第二，不外借资质，以免因小失大。第三，避免发生违法分包、转包，同时在不违反法律规定的情况下也要谨慎进行分包。第四，确保工程质量，确保即使出现合同无效情况下也可以请求发包人参照合同约定支付工程价款，避免因质量不合格无法主张工程款。最后，对承包人而言，最为关键的是，无论合同效力如何，也无论合同将来能否依约全部履行完毕，在发承包双方所订立的合同或相关书面协议中一定要明确约定工程结算、争议解决条款。

核心观点解析1：即使双方在招标投标前进行谈判并签订框架协议，但没有证据证明因前述行为影响中标结果的，合同有效

观点评述：

《民法典》第一百五十三条第一款规定："违反法律、行政法规的强制性规定的民事法律行为无效。但是，该强制性规定不导致该民事法律行为无效的除外。"由该规定的"但书"可知，强制性规定并不一定导致合同无效的法律后果，即法律及行政法规未明确规定违反此类强制性规定将导致合同无效的，合同效力不受影响。

《招标投标法》第五十五条规定："依法必须进行招标的项目，招标人违反本法规定，与投标人就投标价格、投标方案等实质性内容进行谈判的，给予警告，对单位直接负责的主管人员和其他直接责任人员依法给予处分。前款所列行为影响中标结果的，中标无效。"针对此规定产生的法律后果应当分为两部分进行解读：一是投标人就投标价格、投标方案等实质性内容进行谈判的，给予警告；二是招标投标双方在就投标价格、投标方案等实质性内容进行谈判，并因此影响中标结果的，中标无效。

因此，投标人就投标价格、投标方案等实质性内容进行谈判但未影响中标结果的，只能给予警告或处分。在此情形下，合同效力不受影响，符合《民法典》第一百五十三条第一款“但书”规定的例外情形。

最高人民法院案例索引:（2020）最高法民申 348 号

裁判要旨:

虽然《招标投标法》第四十三条规定在确定中标人前，招标人不得与投标人就投标价格、投标方案等实质性内容进行谈判，该规定也系强制性规定，但《招标投标法》第五十五条“依法必须进行招标的项目，招标人违反本法规定，与投标人就投标价格、投标方案等实质性内容进行谈判的，给予警告，对单位直接负责的主管人员和其他直接责任人员依法给予处分。前款所列行为影响中标结果的，中标无效。”的规定表明：招标人违反本法规定，与投标人就投标价格、投标方案等实质性内容进行谈判的，只是对有关人员给予警告等处分，而非一概认定中标无效；只有在就投标价格、投标方案等实质性内容进行谈判的行为影响中标结果时，才能认定中标无效。也只有在中标无效的前提下，才能认定由此签订的合同无效。在本案中，虽然双方在招投标前进行了谈判并达成合作意向，签订了框架协议，框架协议签订后，双方按照《招标投标法》的规定，履行了招标投标相关手续，华诚房地产公司并未提供充分证据证明其与铁建工程公司在涉案工程中的系列违法违规行为影响了中标结果。因此认定《建设工程施工合同》有效。

实务建议:

对于合同实质性条款的认定，目前我国在法律法规的层面上，尚未有明确界定。参考当前法律法规及相关司法解释对施工合同实质性内容的规定，《招标投标法实施条例》第五十七条第一款：“招标人和中标人应当依照招标投标法和本条例的规定签订书面合同，合同的标的、价款、质量、履行期限等主要条款应当与招标文件和中标人的投标文件的内容一致。招标人和中标人不得再行订立背离合同实质性内容的其他协议。”《新建设工程司法解释（一）》

第二条第一款："招标人和中标人另行签订的建设工程施工合同约定的工程范围、建设工期、工程质量、工程价款等实质性内容，与中标合同不一致，一方当事人请求按照中标合同确定权利义务的，人民法院应予支持。"目前，我国上述法律规定均认可合同的标的、价款、质量、履行期限等主要条款为实质性条款。司法实践中也就工程范围、建设工期、工程质量、工程价款为建设工程合同实质性条款达成共识。

在实践中常见各方当事人主体为承接施工项目，往往会在招标投标尚未开始之前进行谈判，甚至签订框架协议作出初步约定，如该谈判或协议不涉及实质性条款也没有影响中标结果，原则上不影响中标后所签订施工合同的效力。

参考法条

《招标投标法》

第四十三条　在确定中标人前，招标人不得与投标人就投标价格、投标方案等实质性内容进行谈判。

第五十五条　依法必须进行招标的项目，招标人违反本法规定，与投标人就投标价格、投标方案等实质性内容进行谈判的，给予警告，对单位直接负责的主管人员和其他直接责任人员依法给予处分。

前款所列行为影响中标结果的，中标无效。

核心观点解析 2：即便投标人少于三人，若当事人一方不能证明招标投标存在不当排除他人投标情形而对中标结果造成实质性影响的，合同有效

观点评述：

《民法典》第一百五十三条第一款规定："违反法律、行政法规的强制性规

定的民事法律行为无效。但是，该强制性规定不导致该民事法律行为无效的除外。”强制性规定又分为管理性规范和效力性规范。

管理性规范是指法律及行政法规未明确规定违反此类规范将导致合同无效的规范。效力性规范是指法律及行政法规明确规定违反该类规定将导致合同无效的规范，或者虽未明确规定违反之后将导致合同无效，但若使合同继续有效将损害国家利益和社会公共利益的规范。因此，只有违反了效力性的强制性规范，才影响合同效力。

《招标投标法》第二十八条和《招标投标法实施条例》第四十四条关于投标人少于三个人的规定并未明确该行为产生合同无效的后果，其属于强制性规定中管理性规范的范畴。也就是说，中标无效情形并不包括投标人少于三人的招标。根据《招标投标法实施条例》第八十一条规定：“依法必须进行招标的项目的招标投标活动违反招标投标法和本条例的规定，对中标结果造成实质性影响，且不能采取补救措施予以纠正的，招标、投标、中标无效，应当依法重新招标或者评标。”可知，只有在对中标结果造成实质性影响的情形下且不能采取补救措施予以纠正的，才导致中标无效的法律后果。因此，若负有举证义务一方不能证明招标投标各方采取了不当排除他人投标的，则难以认定投标人少于三个人即构成“对中标结果造成实质性影响”，当事人主张合同无效的，不予支持。

最高人民法院案例索引：（2020）最高法民终165号

裁判要旨：

《招标投标法》第二十八条规定：“投标人应当在招标文件要求提交投标文件的截止时间前，将投标文件送达投标地点。招标人收到投标文件后，应当签收保存，不得开启。投标人少于三个的，招标人应当依照本法重新招标”。《招商公告》载明的提交投资文件期间内，仅有中冶公司与建科公司组成的联合体投标。环湾公司通知联合体中标，并与其订立案涉《BT合同》。《合同法》第五十二条第（五）项规定，违反法律、行政法规的强制性规定的合同无效。《合同法司法解释（二）》第十四条进一步规定，《合同法》第五十二条第（五）

项规定的“强制性规定”，是指效力性强制性规定。《招标投标法》规定的中标无效情形并不包括投标人少于三个的招标。故一审判决认定该程序性瑕疵不属于《招标投标法》规定的会导致合同无效的情形并无不当。《招标投标法实施条例》第八十一条规定：“依法必须进行招标的项目的招标投标活动违反招标投标法和本条例的规定，对中标结果造成实质性影响，且不能采取补救措施予以纠正的，招标、投标、中标无效，应当依法重新招标或者评标。”本案中，没有证据证明招投标各方采取了不当排除他人投标的情形，亦没有潜在的投标人对招投标活动提出异议，故《BT合同》有效。

参考法条

《招标投标法》

第二十八条　投标人应当在招标文件要求提交投标文件的截止时间前，将投标文件送达投标地点。招标人收到投标文件后，应当签收保存，不得开启。投标人少于三个的，招标人应当依照本法重新招标。

在招标文件要求提交投标文件的截止时间后送达的投标文件，招标人应当拒收。

《招标投标法实施条例》

第四十四条　招标人应当按照招标文件规定的时间、地点开标。

投标人少于3个的，不得开标；招标人应当重新招标。

投标人对开标有异议的，应当在开标现场提出，招标人应当当场作出答复，并制作记录。

第八十一条　依法必须进行招标的项目的招标投标活动违反招标投标法和本条例的规定，对中标结果造成实质性影响，且不能采取补救措施予以纠正的，招标、投标、中标无效，应当依法重新招标或者评标。

核心观点解析 3：对于非必须招标的建设工程项目，如当事人自愿选择通过招标投标程序订立合同，应受《招标投标法》的约束

观点评述：

在实践中，常见当事人对非必须招标的工程项目选择适用招标投标程序订立合同的情况。但司法实践中，对前述行为是否应当受《招标投标法》的约束，存在不同的理解。一种观点认为，《招标投标法》第二条规定："在中华人民共和国境内进行招标投标活动，适用本法。"而前述规定并未区分依法必须招标的工程项目与非必须招标的工程项目的招标投标活动，因此当事人对非必须招标的工程项目选择适用招标投标程序订立合同的，应当受《招标投标法》约束。另一种观点认为，《招标投标法》第三条及国家发展和改革委员会发布的《必须招标的工程项目规定》明确了属于国家必须强制招标的范围，故对非必须招标的工程项目不应适用《招标投标法》。

笔者认为第一种观点较为合理。当前法律、行政法规并未规定非必须招标的工程项目不能通过招标投标程序订立合同，更未限制非必须强制招标的项目不能适用《招标投标法》。相反，由《新建设工程司法解释（一）》第二十三条的规定可知，不属于必须招标的建设工程进行招标后，法院支持以中标合同作为结算建设工程价款依据。可见，最高人民法院认可并保护非必须招标的工程项目进行的招标投标活动。其次，从《招标投标法》的立法目的看，旨在规范招标投标活动，保护国家利益、社会利益和招标活动当事人的合法权益。对于选择通过招标投标程序订立合同的当事人，亦应受到该法保护和规制。再有，由《招标投标法》第二条可知，该法约束的对象并非必须强制招标的项目，而是所有在中华人民共和国境内进行招标投标活动。

综上，笔者认为对于非必须招标的建设工程项目，如当事人自愿选择通过招标投标程序订立合同，应当受《招标投标法》的约束。

最高人民法院案例索引:(2019)最高法民终1925号

裁判要旨:

人民法院依据行为时的相关法律规定认定涉案工程属于必须进行招标的项目，即便对于非必须招标的项目，如当事人自愿选择通过招标投标程序订立合同，也应当受《招标投标法》的约束。在广西一建公司与芜湖新翔公司2014年3月21日签订《建设工程施工合同》之前的2014年3月18日，监理单位就签发开工令通知广西一建公司就合同所约定的相关工程开工。上述行为明显违反《招标投标法》的强制性规定，根据《最高人民法院关于审理建设工程施工合同纠纷案件适用法律问题的解释》(已废止)第一条“建设工程施工合同具有下列情形之一的,应当根据合同法第五十二条第(五)项的规定,认定无效:……(三)建设工程必须进行招标而未招标或者中标无效的”的规定，认定涉案四份《建设工程施工合同》以及《补充协议》无效。

实务建议:

招标程序一旦启动，则相关工程项目就必须遵守《招标投标法》的规定并受其约束,《招标投标法》的立法目的是为规制在我国境内发生的一切招标投标活动，并不仅是针对必须招标的工程项目。

参考法条

《招标投标法》

第二条　在中华人民共和国境内进行招标投标活动，适用本法。

第三条　在中华人民共和国境内进行下列工程建设项目包括项目的勘察、设计、施工、监理以及与工程建设有关的重要设备、材料等的采购，必须进行招标：

(一)大型基础设施、公用事业等关系社会公共利益、公众安全的项目；

（二）全部或者部分使用国有资金投资或者国家融资的项目；

（三）使用国际组织或者外国政府贷款、援助资金的项目。

前款所列项目的具体范围和规模标准，由国务院发展计划部门会同国务院有关部门制订，报国务院批准。

法律或者国务院对必须进行招标的其他项目的范围有规定的，依照其规定。

第四十三条　在确定中标人前，招标人不得与投标人就投标价格、投标方案等实质性内容进行谈判。

《新建设工程司法解释（一）》

第二条　招标人和中标人另行签订的建设工程施工合同约定的工程范围、建设工期、工程质量、工程价款等实质性内容，与中标合同不一致，一方当事人请求按照中标合同确定权利义务的，人民法院应予支持。

招标人和中标人在中标合同之外就明显高于市场价格购买承建房产、无偿建设住房配套设施、让利、向建设单位捐赠财物等另行签订合同，变相降低工程价款，一方当事人以该合同背离中标合同实质性内容为由请求确认无效的，人民法院应予支持。

第二十三条　发包人将依法不属于必须招标的建设工程进行招标后，与承包人另行订立的建设工程施工合同背离中标合同的实质性内容，当事人请求以中标合同作为结算建设工程价款依据的，人民法院应予支持，但发包人与承包人因客观情况发生了在招标投标时难以预见的变化而另行订立建设工程施工合同的除外。

核心观点解析 4：招标投标人自行办理招标投标事宜，未向有关行政监督部门备案的，不影响合同效力

观点评述：

在法理上，强制性规定可分为效力性强制性规定和管理性强制性规定。效力性强制性规定，指法律及行政法规明确规定违反了这些禁止性规定将导致合同无效或者合同不成立的规范。管理性强制性规定，指法律及行政法规没有明确规定违反此类规范将导致合同无效或者不成立。根据《招标投标法》第十二条第三款关于“依法必须进行招标的项目，招标人自行办理招标事宜的，应当向有关行政监督部门备案”的规定，属于管理性强制性规定。未经备案可以由相关部门给予行政处罚，但并不影响承发包双方通过合法的招标投标程序达成的民事合同的效力。《旧招标投标管理办法》中规定确立了在中华人民共和国境内从事房屋建筑和市政基础设施工程施工招标投标活动，均需自书面合同签订之日起 7 日内，将合同送工程所在地的县级以上地方人民政府建设行政主管部门备案。但 2019 年修订的《招标投标管理办法》中删除了强制招标投标的建设工程施工合同的备案制度。所以说，中标的建设工程施工合同自中标通知书到达招标人时生效，而招标备案仅仅是在招标投标活动过程中的一种行政监督管理的行为，该监督行为不会影响或者可能影响中标、成交结果。故招标投标人自行办理招标投标事宜，未向有关行政监督部门备案的，不影响合同效力。

最高人民法院案例索引：（2019）最高法民终 1085 号

裁判要旨：

《招标投标法》第十二条第三款关于“依法必须进行招标的项目，招标人自行办理招标事宜的，应当向有关行政监督部门备案”的规定，属于行政管理性规定，备案的目的是为了保证招标投标程序接受监管，防止和惩罚违反《招标投标法》的行为，未经备案可以由相关部门给予行政处罚，但并不影响承发包双方通过合法的招标投标程序达成的民事合同的效力。

参考法条

《招标投标法》

第十二条 招标人有权自行选择招标代理机构，委托其办理招标事宜。任何单位和个人不得以任何方式为招标人指定招标代理机构。

招标人具有编制招标文件和组织评标能力的，可以自行办理招标事宜。任何单位和个人不得强制其委托招标代理机构办理招标事宜。

依法必须进行招标的项目，招标人自行办理招标事宜的，应当向有关行政监督部门备案。

《招标投标管理办法》

第五条 施工招标投标活动及其当事人应当依法接受监督。

建设行政主管部门依法对施工招标投标活动实施监督，查处施工招标投标活动中的违法行为。

核心观点解析 5：中标通知书对工程价款作出变更的，应视为新的要约

观点评述：

要约是希望和他人订立合同的意思表示，是要约人一方的意思表示，必须经过受要约人的承诺，才能产生要约人预期的法律效果。承诺是受要约人同意要约的意思表示。建设工程领域，招标文件属于要约邀请，投标文件属于要约，中标通知书属于承诺。《民法典》第四百八十八条：“承诺的内容应当与要约的内容一致。受要约人对要约的内容作出实质性变更的，为新要约。有关合同标的、数量、质量、价款或者报酬、履行期限、履行地点和方式、违约责任和解决争议方法等的变更，是对要约内容的实质性变更。”以及《招

标投标法》第四十六条："招标人和中标人应当自中标通知书发出之日起三十日内，按照招标文件和中标人的投标文件订立书面合同。招标人和中标人不得再行订立背离合同实质性内容的其他协议。招标文件要求中标人提交履约保证金的，中标人应当提交。"之规定，合同价款属于实质性内容，中标通知书对工程合同价款作出变更的，属于实质性变更，应视为新的要约，由此所订立的合同应为无效合同。如中标通知书发出的同时对工程价款作出了实质性变更，且后续双方又根据中标通知书签订建设工程施工合同，视为双方之间达成新的合意。

最高人民法院案例索引:（2020）最高法民申840号

裁判要旨：

《合同法》第三十条规定："承诺的内容应当与要约的内容一致。受要约人对要约的内容作出实质性变更的，为新要约。有关合同标的、数量、质量、价款或者报酬、履行期限、履行地点和方式、违约责任和解决争议方法等的变更，是对要约内容的实质性变更。"本案中，安装公司按照泉德公司招标公告的要求，报送《投标文件》作出的让利比例为"税后总造价让利7%"，而泉德公司向安装公司发出《中标通知书》载明的让利比例为"总价让利14.5%"，泉德公司的《中标通知书》对工程总价款作出实质性变更，应视为新的要约，案涉系列合同均为无效合同。

参考法条

《民法典》

第四百八十八条　承诺的内容应当与要约的内容一致。受要约人对要约的内容作出实质性变更的，为新要约。有关合同标的、数量、质量、价款或者报酬、履行期限、履行地点和方式、违约责任和解决争议方法等的变更，是对要约内容的实质性变更。

《新建设工程司法解释（一）》

第二条 招标人和中标人另行签订的建设工程施工合同约定的工程范围、建设工期、工程质量、工程价款等实质性内容，与中标合同不一致，一方当事人请求按照中标合同确定权利义务的，人民法院应予支持。

招标人和中标人在中标合同之外就明显高于市场价格购买承建房产、无偿建设住房配套设施、让利、向建设单位捐赠财物等另行签订合同，变相降低工程价款，一方当事人以该合同背离中标合同实质性内容为由请求确认无效的，人民法院应予支持。

核心观点解析 6：发、承包双方在中标前就投标方案进行实质性磋商并影响中标结果的，标前合同与中标合同均无效

观点评述：

《招标投标法》第五十五条规定：“依法必须进行招标的项目，招标人违反本法规定，与投标人就投标价格、投标方案等实质性内容进行谈判的，给予警告，对单位直接负责的主管人员和其他直接责任人员依法给予处分。前款所列行为影响中标结果的，中标无效。”发、承包双方在中标前就投标方案进行实质性磋商并影响中标结果的，中标合同因中标无效而无效。但对于标前合同是否有效，相关法律、行政法规并未给予明确规定。

笔者认为，发包人应通过法定招标投标程序选定中标人，但在启动招标程序前，已确定建设工程中标人并就工程范围、建设工期、工程质量、工程价款等实质性内容达成一致所签订的标前合同，旨在通过“明招暗定”的方式规避《招标投标法》等法律、行政法规规定，排斥和损害其他潜在投标人通过竞标方式中标后取得建设工程承包建设的合法权益，客观上扰乱建筑市场经济秩序。“标前合同”系双方当事人恶意串通的表现，事实上又损害社会

公共利益和他人合法竞争权益，故依据《民法典》第一百五十四条关于“行为人与相对人恶意串通，损害他人合法权益的民事法律行为无效”的规定，“标前合同”亦属无效合同。

最高人民法院案例索引：（2020）最高法民终482号

裁判要旨：

因案涉工程为必须招标工程，虽佳盛公司按照相关规定组织了招投标程序，但在之前其已与博高公司就案涉工程进行了实质性磋商，双方签订的五份备案《建设工程施工合同》因违反法律强制性规定应属无效，同时《施工合同一》《施工合同二》亦属无效。

参考法条

《民法典》

第一百五十四条　行为人与相对人恶意串通，损害他人合法权益的民事法律行为无效。

《新建设工程司法解释（一）》

第一条　建设工程施工合同具有下列情形之一的，应当依据民法典第一百五十三条第一款的规定，认定无效：

（一）承包人未取得建筑业企业资质或者超越资质等级的；

（二）没有资质的实际施工人借用有资质的建筑施工企业名义的；

（三）建设工程必须进行招标而未招标或者中标无效的。

承包人因转包、违法分包建设工程与他人签订的建设工程施工合同，应当依据民法典第一百五十三条第一款及第七百九十一条第二款、第三款的规定，认定无效。

《招标投标法》

第四十三条 在确定中标人前，招标人不得与投标人就投标价格、投标方案等实质性内容进行谈判。

第五十五条 依法必须进行招标的项目，招标人违反本法规定，与投标人就投标价格、投标方案等实质性内容进行谈判的，给予警告，对单位直接负责的主管人员和其他直接责任人员依法给予处分。

前款所列行为影响中标结果的，中标无效。

其他参考案例索引：

（2019）最高法民终 750 号

核心观点解析 7：法院应当依职权对施工合同效力主动进行审查

观点评述：

合同效力是指对合同当事人所产生的法律约束力，是基于对国家利益、社会公共利益和第三人利益的保护而对合同当事人的合意进行法律上的评价，即合同效力是一个法律问题而非简单的事实问题。法院的首要职责就是法律适用，大多无效合同存在合谋串通侵犯了国家利益、第三人的合法权益等情形，因此不论当事人是否对合同效力问题提起了诉请，法院在审理案件时都应就合同的效力问题依职权进行审查和认定。此种方式的审查和认定并没有违反民事诉讼法关于“不告不理”的基本原则。《九民会议纪要》明确规定，人民法院在审理合同纠纷案件过程中，要依职权审查合同是否存在无效的情形，注意无效与可撤销、未生效、效力待定等合同效力形态之间的区别，准确认定合同效力，并根据效力的不同情形，结合当事人的诉讼请求，确定相应的民事责任。因此，在建设工程施工合同纠纷中，无论当事人对施工合同是否存在争议，对合同效力是否提出主张、抗辩，人民法院都应当主动审查。

最高人民法院案例索引：（2021）最高法民申51号

裁判要旨：

合同是否有效是认定当事人民事权利义务的前提，人民法院应当依职权主动进行审查。

参考法条

《江苏省高级人民法院建设工程施工合同案件审理指南（2010）》

第二条第三款第三项　建设工程必须进行招标而未招标或者中标无效的。

对属于招投标法第3条规定的必须进行招标的建设项目，建设方与承包方必须采取招投标方式订立合同，否则因合同订立违反法律强制性规定，合同即为无效。常见情形主要有：应当招标的工程而不招标；招标人隐瞒工程真实情况，如建设规模、建设条件、投资、材料的保证等；招标人或招标代理机构泄漏应当保密的与招标投标活动有关的情况和资料；招标代理机构与招标人、投标人串通损害国家利益、社会公共利益或者他人的合法权益；依法必须进行招标的项目招标人向他人透露已获取招标文件的潜在投标人的名称、数量或者可能影响公平竞争的有关招标投标的其他情况；依法必须进行招标的项目招标人泄露标底；投标人相互串通投标或者与招标人串通投标；投标人向招标人或者评标委员会成员行贿的手段谋取中标；投标人以他人名义投标或以其他方式弄虚作假，骗取中标；依法必须进行招标的项目，招标人违反招标投标法的规定，与投标人就投标价格、投标方案等实质性内容进行谈判；招标人在评标委员会依法推荐的中标候选人以外确定中标人；依法必须进行招标的项目在所有投标被评标委员会否决后，自行确定中标人。

针对具体案件，证明项目确实属于“必须进行招投标”的范围，可以让当事人提供证据。由于合同效力属于法院依职权审查的范围，因此法院就必须主动审查项目是否属于“必须进行招投标”的范围。在确定中标后，当事人如果又签订协议对中标合同进行实质性变更，则违反招投标法第46条，应为无效。

核心观点解析8：承包人中途离场时未具备相应承建资质，于离场后工程竣工前获得相应资质等级的，其所签订的施工合同无效

观点评述：

根据《新建设工程司法解释（一）》第四条规定可知，承包人超越资质等级许可的业务范围签订建设工程施工合同，在建设工程竣工前取得相应资质等级，该合同有效。

一般而言，“建设工程竣工前取得相应资质等级”是指建设工程全部施工完毕，承包人将建设工程实际移交给发包人前取得相应资质等级。但对于承包人中途离场，建设工程未施工完毕的，笔者认为应以中途离场之时是否取得相应资质等级作为认定合同效力的判断时间节点。理由是：上述司法解释将合同效力转化的时间节点规定为“在建设工程竣工前”，即只有承包人在建设工程竣工前取得相应资质等级的才能发生合同效力的转化。这是基于合同效力补正理论做出的特殊规定，其目的是解决已经具备相应建设能力且已经申报相应资质等级的企业，由于审批的程序和时间等原因无法立即获得相应资质情形，这种情况通常不会影响案涉工程的质量。但是，若承包人在施工的全过程中（离场前）均不具备相应资质，则难以保证案涉工程质量，也与《建筑法》立法宗旨和规定相违背。故，对合同效力的评判应建立在合同订立和履行的基础之上，以承包人施工行为时的时间节点作为判断，承包人在订立

合同及离场前尚不具备相应承建资质的，应按合同无效处理。

最高人民法院案例索引:（2020）最高法民终483号

裁判要旨：

对合同效力的评判应建立在合同订立和履行的基础之上。三建公司在订立合同及其后施工的全过程中均不具备相应资质。该公司于2015年4月7日离场时尚不具备相应承建资质，于离场后两年取得相应资质的事实，不符合《最高人民法院关于审理建设工程施工合同纠纷案件适用法律问题的解释》（已废止）第五条规定的情形，对合同效力不产生影响。本院认为，《最高人民法院关于审理建设工程施工合同纠纷案件适用法律问题的解释》（已废止）第一条第一款规定，承包人未取得建筑施工企业资质或者超越资质等级的建设工程施工合同，应当根据《合同法》第五十二条第五项的规定认定无效。本案中，三建公司在离场前具有房屋建筑工程施工总承包壹级资质，依法只能承建建筑面积20万平方米以下的住宅小区或建筑群体。案涉工程总建筑面积约40万平方米，远超三建公司依资质所能承建的范围。一审判决认定三建公司超越资质等级承包工程致合同无效，具有事实和法律依据，本院予以维持。

参考法条

《建筑法》

第二十六条　承包建筑工程的单位应当持有依法取得的资质证书，并在其资质等级许可的业务范围内承揽工程。

禁止建筑施工企业超越本企业资质等级许可的业务范围或者以任何形式用其他建筑施工企业的名义承揽工程。禁止建筑施工企业以任何形式允许其他单位或者个人使用本企业的资质证书、营业执照，以本企业的名义承揽工程。

《新建设工程司法解释（一）》

第一条 建设工程施工合同具有下列情形之一的，应当依据民法典第一百五十三条第一款的规定，认定无效：

（一）承包人未取得建筑业企业资质或者超越资质等级的；

（二）没有资质的实际施工人借用有资质的建筑施工企业名义的；

（三）建设工程必须进行招标而未招标或者中标无效的。

承包人因转包、违法分包建设工程与他人签订的建设工程施工合同，应当依据民法典第一百五十三条第一款及第七百九十一条第二款、第三款的规定，认定无效。

第四条 承包人超越资质等级许可的业务范围签订建设工程施工合同，在建设工程竣工前取得相应资质等级，当事人请求按照无效合同处理的，人民法院不予支持。

核心观点解析 9：转包、违法分包导致施工合同无效，不影响实际施工人与第三人债权转让的效力

观点评述：

转包、违法分包与债权转让系不同性质的民事法律行为，债权转让的合同效力应当独立于转包、违法分包合同效力。即使转包、违法分包导致实际施工人所签订的施工合同无效，但实际施工人的劳动成果已经物化到建设工程中，因此实际施工人仍然可以依照该无效合同获得相应补偿，即有权取得相应的工程价款。实际施工人所取得的工程款其有权将该债权进行转让，该转让行为并非法律所禁止，不属于《民法典》第五百四十五条规定的“除外”情形。因此，笔者认为，实际施工人可以将其取得工程款债权进行转让，不受转包、违法分包的合同效力的影响。

最高人民法院案例索引:(2020)最高法民申 6337 号

裁判要旨:

《最高人民法院关于审理建设工程施工合同纠纷案件适用法律问题的解释》第二条规定，建设工程施工合同无效，但建设工程经竣工验收合格，承包人请求参照合同约定支付工程价款的，应予支持。本案中马斌等人与九建公司之间虽无有效建设工程施工合同，但案涉工程已完工交付并投入使用。马斌、常光林、朱双、张福军作为施工人，有权要求九建公司支付工程价款。常光林、朱双、张福军将其就工程价款享有的债权转让马斌，并不违反法律规定，且已通知到债务人九建公司，对九建公司已发生效力。建设工程施工合同的分包、转包无效，不影响《债权转让确认书》的效力。

参考法条

《民法典》

第一百四十三条　具备下列条件的民事法律行为有效：

（一）行为人具有相应的民事行为能力；

（二）意思表示真实；

（三）不违反法律、行政法规的强制性规定，不违背公序良俗。

第五百四十五条　债权人可以将债权的全部或者部分转让给第三人，但是有下列情形之一的除外：

（一）根据债权性质不得转让；

（二）按照当事人约定不得转让；

（三）依照法律规定不得转让。

当事人约定非金钱债权不得转让的，不得对抗善意第三人。当事人约定金钱债权不得转让的，不得对抗第三人。

第五百四十六条　债权人转让债权，未通知债务人的，该转让对债务人不发生效力。

债权转让的通知不得撤销，但是经受让人同意的除外。

《新建设工程司法解释（一）》

第三条　当事人以发包人未取得建设工程规划许可证等规划审批手续为由，请求确认建设工程施工合同无效的，人民法院应予支持，但发包人在起诉前取得建设工程规划许可证等规划审批手续的除外。

发包人能够办理审批手续而未办理，并以未办理审批手续为由请求确认建设工程施工合同无效的，人民法院不予支持。

核心观点解析 10：名为合作实为转包的合同无效

观点评述：

《发包与承包违法行为认定查处管理办法》第七条规定："本办法所称转包，是指承包单位承包工程后，不履行合同约定的责任和义务，将其承包的全部工程或者将其承包的全部工程肢解后以分包的名义分别转给其他单位或个人施工的行为。"第八条规定："存在下列情形之一的，应当认定为转包，但有证据证明属于挂靠或者其他违法行为的除外：（一）承包单位将其承包的全部工程转给其他单位（包括母公司承接建筑工程后将所承接工程交由具有独立法人资格的子公司施工的情形）或个人施工的；（二）承包单位将其承包的全部工程肢解以后，以分包的名义分别转给其他单位或个人施工的；（三）施工总承包单位或专业承包单位未派驻项目负责人、技术负责人、质量管理负责人、安全管理负责人等主要管理人员，或派驻的项目负责人、技术负责人、质量管理负责人、安全管理负责人中一人及以上与施工单位没有订立劳动合同且没有建立劳动工资和社会养老保险关系，或派驻的项目负责人未对该工程的施工活动进行组织管理，又不能进行合理解释并提供相应证明的；（四）合同约定由承包单位负责采购的主要建筑材料、构配件及工程设备或租赁的施工机械设备，由其他单位或个人采购、租赁，或施工单位不能提供有关采购、租赁合同及发票等证明，又不能进行合理解释并提供相应证明的；（五）专业作业承包人承包的范围是承包单位承包的全部工程，专业作业承包人计取的是除上缴给承包单位‘管理费’之外的全部工程价款的；（六）承包单位通过采取合作、联营、个人承包等形式或名义，直接或变相将其承包的全部工程转给其他单位或个人施工的；（七）专业工程的发包单位不是该工程的施工总承包或专业承包单位的，但建设单位依约作为发包单位的除外；（八）专业作业的发包单位不是该工程承包单位的；（九）施工合同主体之间没有工程款收付关系，或者承包单位收到款项后又将款项转拨给其他单位和个人，又不能进行合理解释并提供材料证明的。两个以上的单位组成联合体承包工程，在联合体分工协议中约定或者在项目实际实施过程中，联合体一方不进行施工也未对施工活动进行组织管理的，并且向联合体其他方收取管理费或者其他类似费用的，视为联合体一方将承包的工程转包给联合体其他方。”转包是指承、发包人签订建设工程施工合同后，承包人将其承建的建设工程交由第三人施工，使第三人成为该建设工程的实际施工人的行为。《建筑法》第二十八条规定：“禁止承包单位将其承包的全部建筑工程转包给他人，禁止承包单位将其承包的全部建筑工程肢解以后以分包的名义分别转包给他人。”

在实践中，承包人为规避建设工程转包合同无效的法律后果，常见承包人通过采取合作、联营、个人承包等形式或名义，直接或变相将其承包的全部工程转给其他单位或个人施工的情形。在此情形下，判断合同的法律性质，不能仅凭合同名称径行判定，应当结合当事人签订的合同内容、目的以及合同的实际履行情况并结合上述规定来综合认定到底是转包还是合作。如承包人仅收取一定数额的管理费，对建设项目不进行任何的施工管理或指派人员参与施工的，司法实践中往往将该行为认定为转包，由此所订立的合同为无效合同。

最高人民法院案例索引:(2020)最高法民申4094号

裁判要旨:

龙宇公司与盛宇公司签订《1536工程项目施工合作协议书》，龙宇公司将其从中交三航公司分包的案涉工程项目全部交给盛宇公司承接，龙宇公司只收取固定管理费。该协议名为施工合作，实为转包，属无效合同。

参考法条

《发包与承包违法行为认定查处管理办法》

第八条　存在下列情形之一的，应当认定为转包，但有证据证明属于挂靠或者其他违法行为的除外：

（一）承包单位将其承包的全部工程转给其他单位（包括母公司承接建筑工程后将所承接工程交由具有独立法人资格的子公司施工的情形）或个人施工的；

（二）承包单位将其承包的全部工程肢解以后，以分包的名义分别转给其他单位或个人施工的；

（三）施工总承包单位或专业承包单位未派驻项目负责人、技术负责人、质量管理负责人、安全管理负责人等主要管理人员，或派驻的项目负责人、技术负责人、质量管理负责人、安全管理负责人中一人及以上与施工单位没有订立劳动合同且没有建立劳动工资和社会养老保险关系，或派驻的项目负责人未对该工程的施工活动进行组织管理，又不能进行合理解释并提供相应证明的；

（四）合同约定由承包单位负责采购的主要建筑材料、构配件及工程设备或租赁的施工机械设备，由其他单位或个人采购、租赁，或施工单位不能提供有关采购、租赁合同及发票等证明，又不能进行合理解释并提供相应证明的；

（五）专业作业承包人承包的范围是承包单位承包的全部工程，专业作业承包人计取的是除上缴给承包单位“管理费”之外的全部工程价款的；

（六）承包单位通过采取合作、联营、个人承包等形式或名义，直接或变相将其承包的全部工程转给其他单位或个人施工的；

（七）专业工程的发包单位不是该工程的施工总承包或专业承包单位的，但建设单位依约作为发包单位的除外；

（八）专业作业的发包单位不是该工程承包单位的；

（九）施工合同主体之间没有工程款收付关系，或者承包单位收到款项后又将款项转拨给其他单位和个人，又不能进行合理解释并提供材料证明的。

两个以上的单位组成联合体承包工程，在联合体分工协议中约定或者在项目实际实施过程中，联合体一方不进行施工也未对施工活动进行组织管理的，并且向联合体其他方收取管理费或者其他类似费用的，视为联合体一方将承包的工程转包给联合体其他方。

核心观点解析11：名为内部承包实为挂靠的合同无效

观点评述：

“挂靠”是法律所禁止的行为，挂靠是指施工企业允许无资质或超越资质的第三人使用本企业名义对外承接工程的行为。

内部承包是指企业在经营过程中的一种管理模式，是建筑施工企业实际承担施工成本（如：实际投入的人力、材料、机械和税费等），内部机构或员工承包施工，由施工企业对工程施工过程及质量进行管理和对外承担责任的一种管理方式，是法律、行政法规所允许的合法行为。

实践中，常见当事人为了规避法律责任，签订“名为内部承包实为挂靠”

的建设工程施工合同。故在审核内部承包协议性质时应当结合内部承包协议的内容、承包施工人员的身份及实际履行情况进行综合认定到底属于内部承包还是“挂靠”。若承包人无法证明其对项目工程投入资金并监督管理，或者承包人与实际承包人之间无劳动合同关系的，则认定为名为内部承包，实为项目挂靠，由此所形成的承包合同依法认定为无效合同。

最高人民法院案例索引:（2020）最高法民申3884号

裁判要旨：

《最高人民法院关于审理建设工程施工合同纠纷案件适用法律问题的解释》第一条规定，没有资质的实际施工人借用有资质的建筑施工企业名义的，应当根据《合同法》第五十二条第五项的规定，认定无效。彭云瑞与四海公司签订的《内部经营承包合同》虽约定案涉工程由彭云瑞承包经营，但四海公司未提供证据证明其对涉案工程投入资金并进行监督管理，且四海公司管理人出具的专项审计报告中明确，四海公司采取名为内部承包经营，实为项目挂靠的经营模式，因此认定彭云瑞与四海公司之间实为挂靠关系，因彭云瑞不具备建筑施工企业资质，案涉《建设工程施工承包合同》《明发、淮安商业广场C区工程施工合同补充协议》《淮安、明发商业广场C区消防工程补充协议》《内部经营承包合同》无效。

参考法条

《北京市高级人民法院关于审理建设工程施工合同纠纷案件若干疑难问题的解答》（京高法〔2012〕245号）

2、《最高人民法院关于审理建设工程施工合同纠纷案件适用法律问题的解释》（以下简称《解释》）第一条第（二）项规定的“没有资质的实际施工人借用有资质的建筑施工企业名义”承揽建设工程（即“挂靠”）具体包括哪些情形？

具有下列情形之一的，应当认定为《解释》规定的“挂靠”行为：

（1）不具有从事建筑活动主体资格的个人、合伙组织或企业以具备从事建筑活动资格的建筑施工企业的名义承揽工程；

（2）资质等级低的建筑施工企业以资质等级高的建筑施工企业的名义承揽工程；

（3）不具有施工总承包资质的建筑施工企业以具有施工总承包资质的建筑施工企业的名义承揽工程；

（4）有资质的建筑施工企业通过名义上的联营、合作、内部承包等其他方式变相允许他人以本企业的名义承揽工程。

5、如何认定建筑企业的内部承包行为？

建设工程施工合同的承包人将其承包的全部或部分工程交由其下属的分支机构或在册的项目经理等企业职工个人承包施工，承包人对工程施工过程及质量进行管理，对外承担施工合同权利义务的，属于企业内部承包行为；发包人以内部承包人缺乏施工资质为由主张施工合同无效的，不予支持。

核心观点解析12：合同无效，合同中结算和清理条款亦无效

观点评述：

《民法典》第五百六十七条“合同的权利义务关系终止，不影响合同中结算和清理条款的效力。”该规定并没有明确是否涵盖无效的情形，因此在司法实践中对该问题的判决不一。

一部分观点认为，《民法典》第五百六十七条的规定并不涵盖合同无效情形，无效的民事法律行为自始没有法律约束力，当然包括无效合同中约定的结算、清理条款对双方没有法律约束力。另一部分观点认为，无论合同效力如何，均不影响合同中结算和清理条款的效力。目前，无论合同效力如何，

基于建设工程的特殊性，即便是建设工程施工合同无效，施工方在施工过程的人工、材料、机械设备均已经物化到建筑工程当中，依据《新建设工程司法解释（一）》第二十四条的规定，建设工程合同无效，建设工程质量合格的，应当参照实际履行的合同中关于工程价款结算的约定折价补偿承包人。即使无效的建设工程施工合同，其约定的结算和清理条款无效，但建设工程质量合格的，发包人应当参照关于工程价款的约定折价补偿承包人。

在司法实践中，对折价补偿应当如何折价尚无明确规定，由于建筑工程施工合同系成熟商业主体之间所订立的，在订立合同过程均经过磋商后才形成最终合意，无论合同因何种原因导致无效，只有参照合同约定的结算条款予以结算才能符合当事人之间的真实意思表示。

最高人民法院案例索引：（2020）最高法民申 331 号

裁判要旨：

2014 年 4 月 4 日，王文全以新吉润公司润鹏分公司的名义与朱华云签订《工程施工补充协议》，将案涉工程转包给朱华云。因朱华云未取得建筑施工企业资质，根据《最高人民法院关于审理建设工程施工合同纠纷案件适用法律问题的解释》第一条的规定，案涉《工程施工补充协议》无效。《合同法》第九十八条关于“合同的权利义务终止，不影响合同中结算和清理条款的效力”的规定，并不涵盖合同无效情形。朱华云关于该《工程施工补充协议》虽无效但其中清算条款有效的主张，没有法律依据。《工程施工补充协议》关于迟延支付工程款需要承担的违约金责任的计算方式的约定，也因合同无效而无约束力。

参考法条

《民法典》

第一百五十五条　无效的或者被撤销的民事法律行为自始没有法律约束力。

第一百五十六条　民事法律行为部分无效，不影响其他部分效力的，其他部分仍然有效。

第五百六十七条　合同的权利义务关系终止，不影响合同中结算和清理条款的效力。

《新建设工程司法解释（一）》

第二十四条　当事人就同一建设工程订立的数份建设工程施工合同均无效，但建设工程质量合格，一方当事人请求参照实际履行的合同关于工程价款的约定折价补偿承包人的，人民法院应予支持。

实际履行的合同难以确定，当事人请求参照最后签订的合同关于工程价款的约定折价补偿承包人的，人民法院应予支持。

核心观点解析13：合同无效，一方主张按双方过错责任大小比例支付工程价款的，不应支持

观点评述：

《民法典》第七百九十三条规定："建设工程施工合同无效，但是建设工程经验收合格的，可以参照合同关于工程价款的约定折价补偿承包人。建设工程施工合同无效，且建设工程经验收不合格的，按照以下情形处理：（一）修复后的建设工程经验收合格的，发包人可以请求承包人承担修复费用；（二）修复后的建设工程经验收不合格的，承包人无权请求参照合同关于工程价款的约定折价补偿。发包人对因建设工程不合格造成的损失有过错的，应当承担相应的责任。"建设工程施工合同无效后，承包人要求发包人支付工程对价的请求权基础是，承包人实际履行了合同且已完工程质量合格。而依据《民法典》中关于合同无效的法律后果规定，承包人已完工程已经物化到工程项目中，不宜采用返还原物、恢复原状方式，故承包人已完工工程质量合格的，

承包人可参照合同约定要求发包人折价补偿，即支付相应的工程价款。《新建设工程司法解释（一）》第六条规定："建设工程施工合同无效，一方当事人请求对方赔偿损失的，应当就对方过错、损失大小、过错与损失之间的因果关系承担举证责任。损失大小无法确定，一方当事人请求参照合同约定的质量标准、建设工期、工程价款支付时间等内容确定损失大小的，人民法院可以结合双方过错程度、过错与损失之间的因果关系等因素作出裁判。"对于责任承担问题，合同无效后，有过错的一方应当赔偿对方由此所受到的损失，各方都有过错的，应当各自承担相应的责任，过错责任大小比例所对应的是损失，并不是工程价款。同时，合同无效后的损失责任承担，需以实际损失数额为基础，一方主张另一方承担损失责任的，还应承担举证责任，证明另一方对合同无效这一后果存在过错，并造成主张方实际损失，由此区分过错责任大小。由此可见，支付工程对价的请求权基础与主张过错责任的请求权基础不同，不宜将两者混为一谈。因此，合同无效，不能按照发承包双方过错责任大小比例结算工程价款。

最高人民法院案例索引:（2020）最高法民申 5643 号

裁判要旨:

关于本案应否按照双方过错责任大小确定工程价款的给付数额问题。案涉工程虽然未进行招投标，未签订施工合同，但案涉工程客观存在，属实际已经履行完工并交付使用的工程。廊坊市政府并未举证证明案涉工程存在质量问题，德源易道公司有权主张全部工程款。一审法院依据德源易道公司申请对已经完成的工程现状，依法委托具有资质的鉴定机构对案涉工程量及工程造价进行鉴定，二审判决采纳了鉴定结论较低的，依据灯具市场价格确定工程价款 29315160.28 元，没有采纳德源易道公司与本案第三人华夏晶锐公司及案外第三人交易发票价格计算数额较高的工程价款 36196497.91 元的鉴定意见，符合客观实际。廊坊市政府主张按照鉴定结论灯具市场价格造价扣除应核减费用后的 29228533.51 元计算，并以过错责任大小由廊坊市政府承担案涉工程造价的 20% 即 5845706.702 元，德源易道公司承担工程造价的 80% 即

23382826.808元没有事实和法律依据，本院不予采纳。

参考法条

《民法典》

第七百九十三条　建设工程施工合同无效，但是建设工程经验收合格的，可以参照合同关于工程价款的约定折价补偿承包人。

建设工程施工合同无效，且建设工程经验收不合格的，按照以下情形处理：

（一）修复后的建设工程经验收合格的，发包人可以请求承包人承担修复费用；

（二）修复后的建设工程经验收不合格的，承包人无权请求参照合同关于工程价款的约定折价补偿。

发包人对因建设工程不合格造成的损失有过错的，应当承担相应的责任。

《新建设工程司法解释（一）》

第六条　建设工程施工合同无效，一方当事人请求对方赔偿损失的，应当就对方过错、损失大小、过错与损失之间的因果关系承担举证责任。

损失大小无法确定，一方当事人请求参照合同约定的质量标准、建设工期、工程价款支付时间等内容确定损失大小的，人民法院可以结合双方过错程度、过错与损失之间的因果关系等因素作出裁判。

核心观点解析 14：合同无效，承包人已完工程质量合格的，可参照合同有关造价下浮的约定进行工程款结算

观点评述：

根据《民法典》第七百九十三条规定，建设工程施工合同无效的法律后果是折价补偿，即承包人已完工程质量合格的，可以参照合同关于工程价款的约定折价补偿。如前文所述，司法实践中部分观点认为，合同无效，结算条款作为独立性条款，仍有效，即无效合同关于工程计量、计价、下浮比例等的约定，仍有效，不应因合同违反国家行政管理相关规定而被否定。退一步而言，无论结算条款效力如何，根据双方合同关于工程价款结算的条款进行结算是发承包双方的真实意思表示，也符合客观公平原则，故承包人已完工程质量合格的，可参照约定的造价下浮比例进行结算。如因合同无效而否定造价下浮比例的约定的，将使得当事人因履行无效合同而获得比履行有效合同更多的利益，也不符合立法目的。

当然，在实践中也有观点认为，合同无效，造价下浮的约定亦无效。如最高人民法院在（2020）最高法民终 849 号案中认为："承包协议系无效合同，其中关于工程总价下浮 5% 的约定亦归于无效。"持这种观点的人认为，建设工程领域中，发、承包人签订合同时，发包人与承包人、实际施工人等的地位不平等，关于工程价款的约定处于利益严重失衡的情况屡见不鲜，如仅机械地参照合同约定进行工程结算，可能导致一方当事人的利益严重受损。

笔者认为，在施工合同无效的情况下，对工程价款的结算应要兼顾实际履行和当事人利益的权衡，不能使当事人因履行无效合同而获得比履行有效合同更多的利益，从而违背立法原意。

最高人民法院案例索引：（2020）最高法民终 774 号

裁判要旨：

根据《最高人民法院关于审理建设工程施工合同纠纷案件适用法律问题的解释》第二条规定，建设施工合同被认定无效，但工程经验收合格，适用

折价补偿原则的具体做法是参照合同约定的结算条款支付工程价款。本案中，双方均认可实际履行的合同是《施工总承包框架协议》，该合同约定了按照总造价下浮5%进行工程结算，在无证据证明已完工程存在质量问题的情况下，对工程总造价下浮5%并不违反法律规定，且当事人不能因履行无效合同而获得比履行有效合同更多的利益。

参考法条

《民法典》

第一百五十三条　违反法律、行政法规的强制性规定的民事法律行为无效。但是，该强制性规定不导致该民事法律行为无效的除外。

违背公序良俗的民事法律行为无效。

第一百五十七条　民事法律行为无效、被撤销或者确定不发生效力后，行为人因该行为取得的财产，应当予以返还；不能返还或者没有必要返还的，应当折价补偿。有过错的一方应当赔偿对方由此所受到的损失；各方都有过错的，应当各自承担相应的责任。法律另有规定的，依照其规定。

第七百九十三条　建设工程施工合同无效，但是建设工程经验收合格的，可以参照合同关于工程价款的约定折价补偿承包人。

建设工程施工合同无效，且建设工程经验收不合格的，按照以下情形处理：

（一）修复后的建设工程经验收合格的，发包人可以请求承包人承担修复费用；

（二）修复后的建设工程经验收不合格的，承包人无权请求参照合同关于工程价款的约定折价补偿。

发包人对因建设工程不合格造成的损失有过错的，应当承担相应的责任。

其他参考案例索引：

（2020）最高法民终452号

（2020）最高法民申5178号

（2020）最高法民申3252号

核心观点解析15：合同无效，主张可得利益损失的不予支持

观点评述：

可得利益损失是指当事人通过履行合同而可能获得的利益，又称可期待利益。合同有效，当事人通过履行合同而获取的利益应当依法保护。合同无效，合同约定自始没有法律约束力，当事人通过履行无效合同可能获得的利益，不受法律保护。因此，主张可得利益损失的请求权基础是，过错方或违约方承担违约责任，前提是合同有效。而合同无效，一方过错导致合同无效的，需承担责任是缔约过失责任，非违约责任或者侵权责任。缔约过失造成的损失是信赖利益损失，即当事人因信赖合同有效而遭受的实际损失，并不包括可得利益损失。同时，无效合同以恢复原状为原则，赔偿范围以实际损失为限，可期待利益不属于赔偿范围。因此，建设工程合同无效，当事人主张可得利益损失，不支持。

最高人民法院案例索引：（2020）最高法民终774号

裁判要旨：

本案中，《施工总承包框架协议》中约定二期工程的工期、开工日期、履约保证金返还节点、具体的工程垫资及工程款支付办法均需另行签订施工总承包合同来约定，且二期工程按照当时的规定亦属于必须招标的建设项目。在二期工程招标时，招标代理机构向万利公司发出投标邀请书，万利公司未投标，且《施工总承包框架协议》为无效协议，万利公司主张可得利益损失缺乏事实和法律依据，原审认定万利公司请求无效合同的可得利益损失没有

法律依据，万利公司申请二期工程可得利益损失鉴定及申请调取华程公司银行账户交易明细对证明待证事实无意义，一审法院不予准许，并无不当。

参考法条

《民法典》

第一百五十三条　违反法律、行政法规的强制性规定的民事法律行为无效。但是，该强制性规定不导致该民事法律行为无效的除外。

违背公序良俗的民事法律行为无效。

第一百五十五条　无效的或者被撤销的民事法律行为自始没有法律约束力。

《新建设工程司法解释（一）》

第一条　建设工程施工合同具有下列情形之一的，应当依据民法典第一百五十三条第一款的规定，认定无效：

（一）承包人未取得建筑业企业资质或者超越资质等级的；

（二）没有资质的实际施工人借用有资质的建筑施工企业名义的；

（三）建设工程必须进行招标而未招标或者中标无效的。

承包人因转包、违法分包建设工程与他人签订的建设工程施工合同，应当依据民法典第一百五十三条第一款及第七百九十一条第二款、第三款的规定，认定无效。

核心观点解析16：合同无效且未实际履行，承包人无权要求发包人支付可得利益损失

观点评述：

《民法典》第五百八十四条规定，当事人一方不履行合同义务或者履行合

同义务不符合约定，造成对方损失的，损失赔偿额应当相当于因违约所造成的损失，包括合同履行后可以获得的利益；但是，不得超过违约一方订立合同时预见到或者应当预见到的因违约可能造成的损失。由此可见，可得利益损失是一种间接损失，是合同履行后可以获得的利益，属违约责任的范畴，其成立的前提条件为合同成立且生效。合同被确认无效后，合同自始至终不发生法律效力，对当事人不产生约束力，当事人不能根据无效合同主张可得利益损失赔偿。

笔者认为，合同无效损失赔偿的性质应当属于缔约过失责任而非可得利益损失。合同被确认无效的，若一方当事人对合同无效存在过错，且对方当事人因此遭受损失的，过错方应基于缔约过失责任向对方当事人进行损失赔偿，所赔偿的损失限于信赖利益，但不包括在合同有效情形下通过履行可以获得的利益。因此，在承包人明知发包人未取得建设工程规划许可证而订立建设工程施工合同的情况下，承包人无权主张可得利益损失。

最高人民法院案例索引:（2019）最高法民终1085号

裁判要旨:

北京城乡公司主张的违约金责任，实际是未履行合同的可得利益损失。案涉《总承包施工补充合同》涉及二期工程项目的约定无效，无效合同不产生违约责任，而可得利益损失作为间接损失，属违约责任的范畴，且北京城乡公司对二期工程项目未取得建设工程规划许可证是明知的，其对该部分合同无效亦存在过错，故其请求香河万润公司向其赔偿二期工程项目未履行的可得利益损失法院不予支持。

参考法条

《民法典》

第一百五十七条　民事法律行为无效、被撤销或者确定不发生效力后，行为人因该行为取得的财产，应当予以返还；不能返还或者没有必要返还的，应当折价补偿。有过错的一方应当赔偿对方由此所受到的损失；各方都有过错的，应当各自承担相应的责任。法律另有规定的，依照其规定。

第五百八十四条　当事人一方不履行合同义务或者履行合同义务不符合约定，造成对方损失的，损失赔偿额应当相当于因违约所造成的损失，包括合同履行后可以获得的利益；但是，不得超过违约一方订立合同时预见到或者应当预见到的因违约可能造成的损失。

核心观点解析 17：合同无效，可参照合同约定的劳保基金代缴方式执行

观点评述：

建安劳保费是指，建筑安装工程费用定额所列工程造价中的养老保险费、失业保险费、医疗保险费，以及服务和保障建筑业务工人员合法权益，符合劳动保障政策的其他相关费用。目的是为了解决建筑安装工程劳动保险费的来源和费用负担畸重畸轻问题，不得删减。建安劳保费在建筑安装工程的造价构成中，属于规费的组成部分，属于不可竞争费。在编制工程预算、招标标底、投标报价、签订施工合同和竣工结算时单独列项，作为不可竞争性费用项目，应计入工程总造价。因此，即便合同无效，建安劳保费作为工程价款的组成部分仍旧可以参照合同约定执行。

在实施“放管服”政策之前，建安劳保费是在签订建设工程合同后、办理《施工许可证》前，由项目建设单位（发包方）到项目所在地的建安劳保费管理机构缴纳建安劳保费。实施“放管服”政策之后，建安劳保费不再上缴到各级建安劳保费管理机构、财政部门，由项目建设单位（发包方）按照有关规定直接支付给施工企业，再由施工企业按照有关规定向社会保险征收机构缴

纳社会保险费。

最高人民法院案例索引:(2020)最高法民终1145号

裁判要旨:

案涉建设工程施工合同4.2.2计费原则取费标准第四项约定“劳保基金不计取由业主代缴”，4.3.5约定“劳保基金由甲方代缴政府返还给乙方，甲方按照返还乙方的相应额度从乙方的结算款中扣除，政府返还乙方劳保基金的返还手续由乙方负责出具，如乙方拒绝或在甲方指定的期限内不出具返还手续的，甲方有权从工程款或保修款中扣除”，据此，鉴定机构参照上述合同约定未将劳保基金计入工程总造价并无不当，四建公司主张汇丰祥公司应向其支付劳保基金依据不足，不能成立。

核心观点解析18: 合同无效，关于工程款支付条件的约定亦无效

观点评述:

合同无效，合同约定自始没有法律约束力。在建设工程领域中，合同无效的原因有可能是因发、承包人中的一方或双方原因导致，但是承包人的资金、劳动、材料等均已经物化于工程中，无法原物返还、恢复原状。因此，发包人仍应依据《民法典》第七百九十三条的规定，参照合同关于工程价款的约定折价补偿承包人。但是，为防止承包人因无效合同取得比有效合同时更多的利益，此处的“参照合同关于工程价款的约定”应进行限缩性理解，可参照的合同约定条款仅限于合同中计价标准、计价方式等与确定工程价款数额相关的约定，而工程款支付条件、付款时间、付款方式等事项的约定虽然也是合同的重要内容，但与确定工程价款数额并没有直接、必要关联，不应属于此条款的约定范围。因此，建设工程施工合同无效，合同中关于工程款支付条件、付款时间、付款方式等事项的约定亦无效，不参照适用。

最高人民法院案例索引：（2020）最高法民申4624号

裁判要旨：

《最高人民法院关于审理建设工程施工合同纠纷案件适用法律问题的解释》第二条规定："建设工程施工合同无效，但建设工程经竣工验收合格，承包人请求参照合同约定支付工程价款的，应予支持。"该条规定的"请求参照合同约定支付工程价款"主要指工程款计价方法、计价标准等与工程价款数额有关的约定，关于工程价款支付条件的约定不属于可以参照适用的范围。本案中，案涉《项目管理协议》《补充协议》属于无效合同，长信公司主张按照《补充协议》关于支付条件的约定，其不应支付欠付工程款利息的申请理由，缺乏事实和法律依据，不能成立。

参考法条

《民法典》

第七百九十三条　建设工程施工合同无效，但是建设工程经验收合格的，可以参照合同关于工程价款的约定折价补偿承包人。

建设工程施工合同无效，且建设工程经验收不合格的，按照以下情形处理：

（一）修复后的建设工程经验收合格的，发包人可以请求承包人承担修复费用；

（二）修复后的建设工程经验收不合格的，承包人无权请求参照合同关于工程价款的约定折价补偿。

发包人对因建设工程不合格造成的损失有过错的，应当承担相应的责任。

其他参考案例索引：

（2019）最高法民申 4893 号

核心观点解析 19：合同无效，未实际发生的税费不能从实际施工人工程款中扣减

观点评述：

根据《民法典》第七百九十三条中规定，施工合同无效，但建设工程质量合格的，可参照合同关于工程价款的约定折价补偿。《最高人民法院建设工程施工合同司法解释的理解与适用》[1] 一书中指出："在建设工程经竣工验收合格后，无效合同与有效合同在建筑法制定的根本目的上已无很大的区别……认为合同无效，承包人只能要求合同约定的直接费和间接费，不能主张利润及税金的观点同样有不当之处，就建设工程而言，其价值就是建设工程的整体价值，也即建设工程的完整造价。如果合同无效，承包人只能主张合同约定价款中的直接费和间接费，则承包人融入建筑工程产品当中的利润及税金就被发包人获得，发包人依据无效合同取得承包人应得的利润，这与无效合同的处理原则不符，其利益向一方当事人倾斜，不能很好地平衡当事人之间的利益关系。" 税金作为工程造价的组成部分，与工程款相关。在合同无效情形下，已完工程质量合格的，实际施工人作为实际施工义务人，工程价款仍应支付给实际施工人，工程费用中的税金最终也实际由实际施工人取得，实际施工人才是实际意义上的纳税义务人。一般情况下，实际施工人多为自然人，不是合法的承包人，上一手承包人仅是取得管理费，并不是取得工程款的最终主体，故合同多约定以承包人名义缴纳相关税费，最终的税费是实际施工人承担，由上一手承包人从应付工程款中扣除。如税费实际发生且由上一手承包人代缴，可从实际施工人工程款中扣除。否则，未实际发生的税费，不能从实际施工人工程款中扣除。

---

[1] 最高人民法院民事审判第一庭。最高人民法院建设工程施工合同司法解释的理解与适用 [M]. 北京：人民法院出版社，2015.

最高人民法院案例索引：（2020）最高法民申 1845 号

裁判要旨：

关于应否从案涉工程款中扣减税费的问题，泉州二建公司新提交《漳州市三湘河道改建整治工程到款及开票明细》及税收完税证明等证据，拟证明泉州二建公司还应代扣代缴税款，该税款费用应当从工程款中予以扣除。人民法院认为泉州二建公司所主张的应扣减税费系尚未发生的费用，不应扣除。

参考法条

《民法典》

第七百九十三条　建设工程施工合同无效，但是建设工程经验收合格的，可以参照合同关于工程价款的约定折价补偿承包人。

建设工程施工合同无效，且建设工程经验收不合格的，按照以下情形处理：

（一）修复后的建设工程经验收合格的，发包人可以请求承包人承担修复费用；

（二）修复后的建设工程经验收不合格的，承包人无权请求参照合同关于工程价款的约定折价补偿。

发包人对因建设工程不合格造成的损失有过错的，应当承担相应的责任。

《税收征收管理法》

第四条　法律、行政法规规定负有纳税义务的单位和个人为纳税人。

法律、行政法规规定负有代扣代缴、代收代缴税款义务的单位和个人为扣缴义务人。

纳税人、扣缴义务人必须依照法律、行政法规的规定缴纳税款、代扣代缴、代收代缴税款。

核心观点解析 20：有效合同解除后，不以工程验收合格为工程款支付前提

观点评述：

关于有效的建设工程施工合同解除情况下工程质量验收不合格时如何处理工程结算的问题。通常的做法是，参照建设工程施工合同无效的解决办法，即修复后的建设工程经验收不合格的，承包人无权请求工程价款。但有效合同解除后的法律后果与合同无效并不相同，《民法典》第七百九十三条是关于建设工程施工合同无效的法律后果，修复后建设工程验收不合格的，承包人无权请求参照合同关于工程价款的约定折价补偿。而建设工程合同有效，是按照合同有效的方式履行，承包人履行了合同项下的施工义务就有权要求发包人承担工程价款。建设工程质量合格是承包人按照合同约定全面履行合同的重要体现，工程质量不合格说明承包方没有全面履行合同，发包人可以主张承担采取补救措施或者赔偿损失。

最高人民法院案例索引：（2020）最高法民申 6721 号

裁判要旨：

关于工程款支付条件是否成就的问题。案涉合同因向上公司违约而解除，合同解除后，尚未履行的终止履行，官房公司有权要求向上公司结算并支付已施工的工程价款。《最高人民法院关于审理建设工程施工合同纠纷案件适用法律问题的解释》第二条是有关合同无效的情况下，承包人请求支付工程款须以建设工程竣工验收合格为前提的规定。而案涉合同为有效合同，有效合

同解除后的法律后果与合同无效并不相同，向上公司主张应适用该条司法解释的规定，待工程全部完工并验收合格再支付全部工程款，无事实及法律依据，原审判决其支付工程款适用法律并无错误。

参考法条

《民法典》

第五百六十六条　合同解除后，尚未履行的，终止履行；已经履行的，根据履行情况和合同性质，当事人可以请求恢复原状或者采取其他补救措施，并有权请求赔偿损失。

合同因违约解除的，解除权人可以请求违约方承担违约责任，但是当事人另有约定的除外。

主合同解除后，担保人对债务人应当承担的民事责任仍应当承担担保责任，但是担保合同另有约定的除外。

第五百七十七条　当事人一方不履行合同义务或者履行合同义务不符合约定的，应当承担继续履行、采取补救措施或者赔偿损失等违约责任。

第七百九十三条　建设工程施工合同无效，但是建设工程经验收合格的，可以参照合同关于工程价款的约定折价补偿承包人。

建设工程施工合同无效，且建设工程经验收不合格的，按照以下情形处理：

（一）修复后的建设工程经验收合格的，发包人可以请求承包人承担修复费用；

（二）修复后的建设工程经验收不合格的，承包人无权请求参照合同关于工程价款的约定折价补偿。

发包人对因建设工程不合格造成的损失有过错的，应当承担相应的责任。

《新建设工程司法解释（一）》

第十九条　当事人对建设工程的计价标准或者计价方法有约定的，按照约定结算工程价款。

因设计变更导致建设工程的工程量或者质量标准发生变化，当事人对该部分工程价款不能协商一致的，可以参照签订建设工程施工合同时当地建设行政主管部门发布的计价方法或者计价标准结算工程价款。

建设工程施工合同有效，但建设工程经竣工验收不合格的，依照民法典第五百七十七条规定处理。

CHAPTER 2

第二编

建设工期

本编综述

在建设工程合同纠纷中，工程造价、建设工期、工程质量是三大最为常见的争议焦点。在司法实践中，通常在同一个案件中就会掺杂着以上几个争议点，较为常见的是承包人提起索要工程款纠纷案件中，发包人往往会提出关于工期违约的抗辩或反诉，而工期争议中关于工期延误、工期延误责任的认定以及工期延误所造成的损失又是十分复杂的事情。工期作为施工合同的实质性条款之一，往往涉及工程款给付、逾期支付工程款利息起算、工期是否逾期等诸多内容。

一、建设工期相关问题的提出

1. 关于工期的几个核心问题的认定

"工期"是指在合同协议书约定的承包人完成工程所需要的期限，包括按照合同约定所作的期限变更（2013 版、2017 版《建设工程施工合同（示范文本）》通用条款第 1.1.4.3 条）。实践中，往往会出现计划开工日期与实际开工日期、计划竣工日期与实际竣工日期并不一致的情形，通常，实践中根据实际开工日期和实际竣工日期计算所得的工期总日历天数为承包人完成工程的实际工期总日历天数，实际工期总日历天数与合同协议书载明的工期总日历天数的差额，即为工期提前或者延误的天数。当然在实践中，基于施工过程所出现的种种原因所致，工期延误者居多，工期提前者甚少。司法实践中，关于工期逾期，往往成为发包人抗辩承包人主张工程款的一把屡试不爽的利器，究其原因，无非有以下原因：一是发包人举证较易，是否逾期及逾期天数计算简便，只需提供开工、竣工时间节点的相应证据即可；二是招标投标或者发包时，发包人处于强势地位，合同工期制定主动权相当部分在发包人手上；三是部分施工单位对合同工期不够重视，认为工期只是写在合同上而已，或者抱着先把合同签下来、把项目拿过来再说的心态，从而导致项目施工过程出现工期客观逾期的情形。

2. 合理工期的确定

合理工期，是指在一定的施工条件下，具有相同或近似施工技术、施工经验和管理水平的施工单位在正常情况下完成一定工作量时所需要花费的工程建设工期。合理工期并不具有统一标准，而是针对特定时期、特定区域、特定工程项目的施工承包企业施工效率的综合评定。要认定某个项目是否存在提前完工或者延误的情形，首先要确定合理的工期，即承包人在承建某项目时应当取得的合理期限。合理期限的确认是判断某个具体项目工期延误或者提前的前提条件。

为保证工程项目的质量，发承包双方对于工期的约定，原则上应当是一个合理的工期，既不能任意压缩合理工期也不能长于合理的期限。目前并没有明确的法律规定何为“合理工期”，但是部分地区有相关的文件规定了“定额工期”。《建筑安装工程工期定额》（TY01—89—2016）中规定：“定额工期是指根据工期定额确定的、自开工之日至完成全部工程内容并达到国家验收标准之日止的日历天数（包括法定节假日），不包括“三通一平”、打试验桩、地下障碍物处理、基础施工前的降水和基坑支护、竣工文件编制等所需的时间。”我国部分地区如北京、江浙一带有相关工期定额的具体规定，参照浙江省《关于做好贯彻执行 < 建筑安装工程工期定额 > 的通知》规定，工期定额是指国有资金投资工程在可行性研究、初步设计、招标阶段确定工期的依据（非国有资金投资工程参照执行），是签订建筑安装工程施工合同的基础，也是施工企业编制施工组织计划、确定投标工期、安排施工进度的参考。江苏省《关于贯彻执行〈建筑安装工程工期定额〉的通知》（苏建价〔2017〕740 号）第六点规定：“为有效保障工程质量和安全，维护建筑行业劳动者合法权益，建设单位不得任意压缩定额工期。如压缩工期，在招标文件和施工合同中应明确赶工措施费的计取方法和标准。建筑安装工程赶工措施费按《江苏省建设工程费用定额》（2014 年）规定执行，费率为 0.5% ~ 2%。压缩工期超过定额工期 30% 以上的建筑安装工程，必须经过专家认证。”《建设工程质量管理条例》第十条规定：“建设工程发包单位，不得迫使承包方以低于成本的价格竞标，不得任意压缩合理工期。建设单位不得明示或者暗示设计单位或者施工单位违反工程建设强制性标准，降低建设工程质量。”《建设工程工程量清单计价规范》GB 50500—2013 第 9.11.1 条规定："招标人应依据相关工程的工期定额合理计算工期，压缩的工期天数不得超过定额工期的 20%，超过者，应在招标文件中明示增加赶工费用。"实践中一般是参照定额工期的工期天数确定合理工期，即定额工期是判断合理工期的基础，但合理工期并不一定等于定额工期。

对于合理工期应当如何确定，实践中通常是由发承包双方在招标投标阶段，根据项目性质、项目规模、功能结构、技术要求等，在参照定额工期的基础上，调整一定比例后，双方所约定的工期，原则上发承包双方在施工合同中所约定的工期往往就是合理工期。因此，发、承包双方在招标投标阶段，需要严格审查项目的性质，合理约定工期，不能压缩合理工期，以确保工程质量与安全。在合理工期确定后，发、承包双方需要依照招标投标中所确定的以及双方所签订的施工合同中所约定的工期予以履行，否则可能承担工期违约的责任。

3. 开工日期

（1）开工日期。开工日期是工期的起算点，合理认定开工日期是认定工期是否延误的关键要素。《建设工程施工合同（示范文本）》（GF—2017—0201）通用合同条款第 1.1.4.1 条，开工日期：包括计划开工日期和实际开工日期。计划开工日期是指合同协议书约定的开工日期；实际开工日期是指监理人按照第 7.3.2 项〔开工通知〕约定发出的符合法律规定的开工通知中载明的开工日期。实践中往往存在合同尚未签订已实际进场施工作业、开工通知或开工令迟于实际开工之日下发，有的甚至没有明确的开工令或开工通知。从合同角度看，开工日期不仅单纯涉及工期问题，还涉及发承包双方是否履行了开工前各自应当履行的合同义务、是否具体开工条件等问题。FIDIC 对开工日期的定义为：承包商收到"中标函"后 42 天内，或者工程师提前 7 天向承包商发出开工通知的日期，当中较早的一个。FIDIC 之所以规定"当中较早的一个"，主要是尽早开工对于合同双方是互利共赢的。

（2）开工日期的区分。结合当前实际情况，开工日期可分为合同约定的开工日、施工许可证确定的日期、开工令或实际开工这四类。其中后面两种尤为重要，因为合同约定的开工日往往报告确定的开工日、施工许可证确定的日期均为计划开工日期，而实际情况往往会发生变化，且还有的是在没有施工许可证情况下就进行实际施工了。

（3）司法解释相关规定。《新建设工程司法解释（一）》第八条规定："当事人对建设工程开工日期有争议的，人民法院应当分别按照以下情形予以认定：（一）开工日期为发包人或者监理人发出的开工通知载明的开工日期；开工通知发出后，尚不具备开工条件的，以开工条件具备的时间为开工日期；因承包人原因导致开工时间推迟的，以开工通知载明的时间为开工日期。（二）承包人经发包人同意已经实际进场施工的，以实际进场施工时间为开工日期。（三）发包人或者监理人未发出开工通知，亦无相关证据证明实际开工日期的，应当综合考虑开工报告、合同、施工许可证、竣工验收报告或者竣工验收备案表等载明的时间，并结合是否具备开工条件的事实，认定开工日期。"

首先，在发包人或者监理人发出开工通知后，不具备开工条件的，以具备开工条件之日为开工日期。根据施工行业的实践经验，不具备开工条件往往是因为：①可归责于发包人的原因，比如发包人未取得相关证件、未完成"三通一平"、未依约供水供电等合同中约定的发包人的义务导致无法向承包人交付施工作业面；②可归责于承包人的原因，比如承包人自身未依约完成开工准备工作，人员、材料、机械等未准备充分；③不能归责于发、承包双方的客观原因，如恶劣天气影响、项目当地民众阻挠施工、征地拆迁工作未完成或者是政府因素、不可抗力等；④上述原因中的多个原因的交织所致使的混合原因。根据《建设工程施工合同（示范文本）》（GF—2017—0201）"12.2.1 预付款的支付"规定，预付款的支付按照专用条款约定执行，但至迟应在开工通知载明的开工日期七天前支付；"7.4 测量放线 7.4.1"规定，除专用合同条款另有约定外，发包人应在至迟不得晚于第 7.3.2 项 [开工通知] 载明的开工日期前七天通过监理人向承包人提供测量基准点、基准线和水准点及其他书面资料。由此可见，在发、承包双方之间没有在合同中特别约定的情形下，工程具备开工条件的日期通常早于承包人应当且能够实际开工的日期。当然，对于认定开工条件是否具备的问题上，往往可参照上述归责事由的四个方面，进行举证证实。

其次，以实际进场施工时间为开工日期，但需经发包人同意且已经实际进场施工。根据最高人民法院民一庭针对《新建设工程司法解释（一）》第八条背景依据的解释中，该情形是指承包人实际进场施工的时间在开工通知发出之前。据此情形，如承包人实际进场的时间在开工通知发出之前的，一旦开工日期发生争议，则意味着承包人需要证实：①承包人已经实际进场的证据；②承包人实际进场的行为经过发包人同意。实际上，对于第一个条件，承包人的举证责任较小且容易实现，但是对于第二个条件，往往存在诉讼实务上的举证不能，客观上极少发包人在未办理相关手续之前就会有往来函件确认同意实际进场。因此，对于“经发包人同意”作为限定条件是否为必要，则有待商榷和司法实践的检验。

最后，在发包人或者监理人未发出开工通知，亦无相关证据证明实际开工日期的情形下，综合考虑开工日期记载文件的证明力。对开工报告、合同、施工许可证、竣工验收报告或者竣工验收备案表等记载开工时间的文件的证明力大小的判断，成为推断开工日期的关键证据。

4. 竣工日期

（1）竣工日期。是指承包人根据法律规定或者合同约定依据建设工程的施工图纸、标准和规范，完成承包合同约定内容的日期。依据《建设工程施工合同（示范文本）》（GF—2017—0201）第13.2.3条“竣工日期”规定，工程经竣工验收合格的，以承包人提交竣工验收申请报告之日为实际竣工日期，并在工程接收证书中载明；因发包人原因，未在监理人收到承包人提交的竣工验收申请报告42天内完成竣工验收，或完成竣工验收不予签发工程接收证书的，以提交竣工验收申请报告的日期为实际竣工日期；工程未经竣工验收，发包人擅自使用的，以转移占有工程之日为实际竣工日期。

（2）竣工验收合格的日期。指合同当事人及相关人员对建设工程符合工程质量标准和完成合同的约定进行确认的日期。但在特殊情况下，虽未经过竣工验收，也会视为合格：一是发包人擅自使用建设工程，《新建设工程司法解释（一）》第十四条“建设工程未经竣工验收，发包人擅自使用后，又以使用部分质量不符合约定为由主张权利的，人民法院不予支持；但是承包人应当在建设工程的合理使用寿命内对地基基础工程和主体结构质量承担民事责任。”二是发包人在合同约定的期限不组织验收或者不提出修改意见而视为工程验收合格。值得注意的是，实践中还需要正确区分完工日期与竣工日期，通常所称完工日期是指实际完成施工的日期，而竣工日期则是只以竣工验收质量合格为前提条件，如竣工验收不合格，即便是已经完成了施工内容，也算不上竣工日期。

（3）完工日期与竣工验收合格之日。完工日期主要指完成全部施工内容的日期，主要针对工期而言；而竣工验收日期则不但完工，并且经过验收合格的日期，主要针对工程质量，经过验收合格后，发包人不能以工程质量为由拒绝接收工程，且竣工验收合格之日往往在完工之后。建设工程竣工验收合格是认定工程质量合格的重要标志，实际竣工日期是判断承包人工期是否违约的重要依据。

（4）司法解释相关规定。《新建设工程司法解释（一）》第九条规定："当事人对建设工程实际竣工日期有争议的，人民法院应当分别按照以下情形予以认定：（一）建设工程经竣工验收合格的，以竣工验收合格之日为竣工日期；（二）承包人已经提交竣工验收报告，发包人拖延验收的，以承包人提交验收报告之日为竣工日期；（三）建设工程未经竣工验收，发包人擅自使用的，以转移占有建设工程之日为竣工日期。”据此司法解释的规定，对竣工日期应当分上述三种不同情形分别予以认定。当事人应当注意搜集对例如质量验收报告或者竣工验收报告、已经提交竣工验收报告的证据（如签收凭据、往来函件或者邮寄单据等）、发包人擅自使用或者实际使用（如开工生产、实际运营或者交付使用等）的证据。例如最高人民法院在（2017）最高法民申 374 号案中认为："河南省舞钢市住房和城乡建设局备案的《工程竣工验收》显示本案工程竣工验收日期为 2014 年 1 月 15 日，监理单位、设计单位、工程质量监督站出具的竣工验收情况说明等亦能证实竣工验收日期为 2014 年 1 月 15 日。”最高人民法院在（2015）民申字第 3484 号案中认为："关于竣工日期，八冶公司出具的《整改措施》《工程决算有关报告》《建设工程竣工验收报告》以及建设行政主管部门出具的《建设工程竣工验收备案表》等证据证实，案涉工程验收时间为 2010 年 6 月 30 日，人民法院以该日期作为竣工日期。”再有，最高人民法院在（2015）民申字第 3112

号案中认为："本案争议之建设工程项目自2011年4月起，三建公司与宏伟公司共同将已经建成的房屋钥匙向购房户进行移交，现购房户已经装修入住，宏伟公司并接收了其余部分房屋。原审法院依据司法解释的规定，认定宏伟公司接收房屋并已经投入使用，三建公司移交房屋，转移占有之日为案涉工程的竣工之日。"

二、工期顺延及工期争议

合同签订所约定的工期，对发、承包双方均具有法律拘束力。约定工期确定后，承包人须按期履约。

因工期延误所发的争议，就发包人而言，一般情况下，发包人不会主动提起工期延误而要求承包人承担违约责任，更多的是在承包人提起要求发包人支付工程款的诉讼中作为抗辩或者反诉所提出的主张。发包人的目的在于，通过承包人工期违约所应承担的违约责任用以扣减发包人所应当支付的工程款。如上所述，发包人对于承包人存在工期违约的举证责任相对较小，这也是为什么当承包人诉请支付工程款时发包人以承包人工期违约予以抗辩或者反诉的原因之一。就承包人而言，通常也会在向发包人所提起的关于支付尚欠工程款诉讼中，一并要求发包人支付因发包人的原因导致的工期延误所产生的停工窝工损失，对于损失部分，承包人需举证证实工期延误系因发包人的原因所致、存在实际损失且损失合理；但更为关键的是，承包人如何在争议解决过程中就发包人提出的关于承包人工期违约的抗辩或反诉主张提供相反的证据证实客观上存在的工期逾期并非承包人的施工行为所导致的，这对承包人而言举证难度系数较大。承包人除了需要举证证实工期延误系发包人的原因所致、存在法定或约定事由或不可抗力、意外事件等，并且还要结合发承包双方在合同的相关约定予以综合认定，举证成本较大。

发包人与承包人在工期上具有契合点。对承包人而言，工期直接体现工程项目的管理科学水平。信誉良好、管理水平高的建筑施工企业，往往以"成本管理为核心、工期管理为主线、安全与质量管理为生命线"。对发包人而言，工程工期则关系到建设工程能否按照预期竣工验收，尽快投入使用，满足生产经营的要求，以实现工程建设的目的[1]。

《新建设工程司法解释（一）》第十条规定："当事人约定顺延工期应当经发包人或者监理人签证等方式确认，承包人虽未取得工期顺延的确认，但能够证明在合同约定的期限内向发包人或者监理人申请过工期顺延且顺延事由符合合同约定，承包人以此为由主张工期顺延的，人民法院应予支持。当事人约定承包人未在约定期限内提出工期顺延申请视为工期不顺延的，按照约定处理，但发包人在约定期限后同意工期顺延或者承包人提出合理抗辩的除外。"从该条文的规定来看，发承包双方在合同中关于工期顺延的情形之约定系十分必要且关键的，承包人需注意保留关于曾经主张过要求工期顺延的证据。

三、民法典相关规定

《民法典》第七百九十八条规定："隐蔽工程在隐蔽以前，承包人应当通知发包人检查。发包人没有及时检查的，承包人可以顺延工程日期，并有权请求赔偿停工、窝工等损失。"第八百零三条规定："发包人未按照约定的时间和要求提供原材料、设备、场地、资金、技术资料的，承包人可以顺延工程日期，并有权请求赔偿停工、窝工等损失。"

四、实务建议

1. 针对施工单位为抢占地盘而在施工条件未具备情况下已进场施工的情况，建议即使进场后，也应发函建设单位，载明尚未具备施工条件的具体情况，并保留已经送达建设单位的证明，以备工期纠纷时陷入开工日期以实际进场日期为准的不利局面。

2. 必须保留提交竣工验收申请报告的证据，因为这事关竣工日期的确定，即使在发包人拖延验收或者拒不组织验收的情况下，也是以提交竣工验收申请报告的日期为竣工日期。

3. 出现工期顺延事由，应严格按约定在约定时间内提出顺延申请，否则

---

[1] 周利明. 结构与重塑——建设工程合同工纠纷审判思路与方法 [M]. 法律出版社，2019：594.

可能会出现逾期失权的不利后果。

核心观点解析 21：发包人原因导致工期延误，工期延误期间人工价格上涨的，发包人应支付相应差价

观点评述：

非因承包人原因导致工期延误可以分为发包人引起的延误和不可归责于双方当事人任何一方的原因引起的延误。发包人造成的延误包括延迟取得许可、延迟提供施工场地、图纸等。《建设工程施工合同（示范文本）》（GF—2017—0201）中也载明，在合同履行过程中，因发包人原因导致工期延误和（或）费用增加的，由发包人承担工期延误期间所增加的费用，且发包人应支付承包人合理的利润。合同当事人因发包人原因导致工期延误所增加的费用承担存在争议时，应依据合同约定解决争议。如合同没有约定的，根据《民法典》第八百零三条规定："发包人未按照约定的时间和要求提供原材料、设备、场地、资金、技术资料的，承包人可以顺延工程日期，并有权请求赔偿停工、窝工等损失。"发包人原因造成工期延误的，发包人的行为已构成违约，应承担相应违约责任。而承包人在工期延误期间所增加的费用系因发包人的违约行为造成的损失，应由发包人负担所增加费用。同理，工期延误期间材料、人工价格上涨的，承包人将会比正常工期时支出的人工费、材料费等更多，增加了承包人成本负担，两者的差价也是因发包人原因导致工期延误所增加的费用，不能因发包人的过错所导致的不利后果由承包人负担，因此，应由发包人支付相应差价。

最高人民法院案例索引：（2020）最高法民申 5566 号

裁判要旨：

案涉《建设工程施工合同》合同签订于 2011 年 5 月 24 日，后因非承包人的原因，开工时间延迟，此后经工集团施工期间人工价格上涨，应属《建

设工程施工合同》专用条款第 24.1 条规定的“因发包人原因导致工期顺延过程中遇到材料、人工价格上涨的”情形，根据该条约定“发包人应支付该差价”，故经工集团主张相应的人工费调整部分费用，具有合理性。原审判决根据加盖奔盛置业公章的有关工程决算依据中对人工费单价记载、奔盛置业签字认可的《工程结算审核定案单》，结合案涉工程实际施工情况，安徽中信公司出具的鉴定意见书及《补充说明（三）》，确定人工费调整 24433540.78 元，并无不当。

参考法条

《民法典》

第八百零三条　发包人未按照约定的时间和要求提供原材料、设备、场地、资金、技术资料的，承包人可以顺延工程日期，并有权请求赔偿停工、窝工等损失。

核心观点解析 22：发承包双方共同过错导致工期逾期延误造成的损失，应根据各自过错由各自承担相应责任

观点评述：

工期延误引起的纠纷在建设工程施工合同中较为常见，发包方往往要求承包方承担逾期完工的违约责任，而承包方通常会以发包人未按合同约定提供原材料、设备，增加工程量，图纸变更设计、未按约支付工程款等原因造成工程工期延误为由要求发包方赔偿其损失。在实务中，造成工期延误的原因也可能是由发、承包双方共同造成的。

如发、承包双方均存在过错导致工期延误，但各方未就实际发生的相关损失尽到充分的举证责任，则人民法院可能判定应由发、承包双方自行承担责任。在实务中，认定损失的方式有按合同约定计算、评估鉴定以及参照市

场价格和损失数额进行估算等，因此，各方当事人在合同履行过程中都应当注意保留、收集对方违约和造成损失的相关证据。

最高人民法院案例索引：（2020）最高法民终746号

裁判要旨：

工程延期存在案外人阻工、部分商户营业影响施工等外部因素，业主方未按约支付工程款、道真州绿公司对外分包工程未及时完工、广西矿建公司违法转包、天气等不可抗力和不能归责于双方的原因。有工程联系单、封闭施工通知等相关往来函件、内部承包合同书、证人证言、现场照片等证据予以佐证。法院依法认定因双方共同过错导致工期延误，故法院认定双方自行承担责任。

参考法条

《民法典》

第五百九十二条　当事人都违反合同的，应当各自承担相应的责任。

当事人一方违约造成对方损失，对方对损失的发生有过错的，可以减少相应的损失赔偿额。

其他参考案例索引：

（2020）最高法民申3463号

（2020）最高法民申60号

核心观点解析 23：承包人有证据证明工期延误是因发包人进行设计变更等造成的，承包人不承担工期延误责任

观点评述：

对工期延误必然给发承包双方带来一定的损失，但是必须分析导致工期延误的事由，确定责任的承担主体。一般来说，因承包人原因导致工期延误的，承包人应当赔偿损失；因发包人原因导致的工期延误，应当顺延工期并补偿承包人停工、窝工损失。

《民法典》第八百零三条规定："发包人未按照约定的时间和要求提供原材料、设备、场地、资金、技术资料的，承包人可以顺延工程日期，并有权请求赔偿停工、窝工等损失。"第八百零四条规定："因发包人的原因致使工程中途停建、缓建的，发包人应当采取措施弥补或者减少损失，赔偿承包人因此造成的停工、窝工、倒运、机械设备调迁、材料和构件积压等损失和实际费用。"在司法实践中，对于承包人停工窝工损失的认定，基本上围绕两个要点展开认定：一方面是承包人所主张的费用应当属于承包人履行施工合同所必需的和已经实际发生的，另一方面是承包人所主张的费用应当以其实际发生的损失为准，原则上承包人不应因停工的发生额外受益或者受损。在工程建设过程中，发包人应当按照合同的约定履行自己的义务，为承包人提供施工条件和施工工作面，以保证工程建设得以顺利进行。但实践中，往往会出现因发包人的原因变更设计、改扩建、未及时交付图纸或未及时支付工程进度款等原因导致工程停建、缓建，依据前述法条规定，承包人不但可以顺延工程日期，还可以主张因发包人原因导致施工成本增加的费用。

王泽鉴在《民法总则》一书中也载明："权利者在相当期间内不行使其权利，依特别情事足以使义务人正当信任债权人不欲使其履行义务时，则基于诚信原则不得再为主张。"因此，若存在发包人的原因致使工程中途停建、缓建的，施工单位应当及时以书面形式向发包人或监理单位发函，列明停建、缓建原因，提出工期顺延或违约索赔的相关要求，并留存对方签收的证据材料和施工现场资料，防止损失索赔权利的失效。

最高人民法院案例索引:(2019)最高法民再55号

裁判要旨:

建工公司提供的会议纪要、设计变更通知、图纸、港丰大厦裙楼扩建工程资料、增加工程现场签证单等证据，证明后续工程延期竣工主要是因国融公司在施工过程中多次变更设计、改扩建、未及时交付图纸且未及时支付工程进度款等原因导致。国融公司对于工程施工问题迟迟不予解决及协调大厦防雷、塔式起重机拆除、化粪池位置移动、电梯工程、市政水电网接通等事项也是工程延期的重要原因。其中增加工程属于合同约定的“双方确认总工期中，不含图纸以外的设计变更、签证等”。由于案涉工程在施工过程中发生大量的设计变更等情况，故不能直接按原合同约定的工期来约束变更后的工程,更何况裙楼扩建部分不属于原合同约定的施工范围,不包含在原工期之内。因此，建工公司对后续工程延期竣工的抗辩是有依据的，案涉工程未能在原施工合同约定工期完成施工的理由充分，即承包人不承担工期延误责任。

参考法条

《民法典》

第八百零三条　发包人未按照约定的时间和要求提供原材料、设备、场地、资金、技术资料的，承包人可以顺延工程日期，并有权请求赔偿停工、窝工等损失。

第八百零四条　因发包人的原因致使工程中途停建、缓建的，发包人应当采取措施弥补或者减少损失，赔偿承包人因此造成的停工、窝工、倒运、机械设备调迁、材料和构件积压等损失和实际费用。

实务建议:

笔者代理较为经典的工期纠纷案件之一，承包人起诉发包人要求支付尚欠工程款2900万元，发包人反诉认为承包人工期逾期要求承包人支付工期违约金及损失合计 1670 万元。在该案件中，客观存在项目未在合同约定的时间竣工，但并非承包人的原因所致，因此笔者认为不存在因承包人的原因导致逾期竣工的情形，发包人要求支付工期逾期违约金无事实依据。

1. 涉案项目的约定工期为 456 日历天：

约定完工时间为工程复工后 240 个工作日（即 344 日历天）完工，因工程量增加各方确认工期增加 112 天。

2015 年 12 月 19 日发包人与承包人签订《某工程施工补充合同》第三条约定："工程于复工后 240 个工作日完工"。据此，约定工期为 240 个工作日（即 344 日历天）。后因工程量增加，经确认签订《工程业务联系单（编号 14—002）（2014.9.24）》，确认工期在总工期的基础上增加 112 天。

因此，涉案工程所约定的工期 = 合同约定工期 344 天 + 工程量增加导致增加的工期 112 天 =456 天。

2. 约定完工与实际完工时间相差 124 天：

涉案工程开工后因工程设计变更暂停施工，双方签订补充合同后，于 2016 年 5 月 3 日经施工方、监理单位、发包人共同确认复工。根据补充合同约定 240 个工作日即 344 日历天完工，则应于 2017 年 4 月 12 日完工，各方确认工程量增加导致工期增加 112 天工期后，则约定完工的时间应为 2017 年 8 月 3 日。

经监理确认，2017 年 12 月 5 日涉案码头工程已完工，并且发包人在未进行验收的情形下已擅自使用该码头。

据此，约定完工时间为 2017 年 8 月 3 日，实际完工时间为 2017 年 12 月 5 日，两者之间相差 124 天。

3. 因发包人的原因造成停工 949 天予以顺延，因客观天气原因影响施工 220 天予以顺延，故承包人不存在工期逾期，反而提前完工，对于因发包人原因造成停工所导致的窝工损失，承包人可以保留追索的权利：

（1）因发包人未依照合同约定提供施工图纸，未依约缴纳设计费，导致工程被迫停工合计 949 天，根据约定应延长工期。

2010 年 3 月 13 日签订的《某工程建设合同》合同通用条款第九条 [施工工期] 第三款明确约定："设计变更或工程量增加造成工程延误的，施工工期延长。”第十三条第三款约定：“因设计造成的变更增加的费用由甲方承担，延误的工期予以延长。”

本案中，经确认工程开工后直至2017年2月20日，发包人才全部提交施工图纸，此时承包人才具备正常施工条件。自2014年7月17日发包人要求设计变更至2017年2月20日提交施工图纸，根据施工合同的上述约定，导致工程被迫停工合计949天的工期予以延长。

（2）因客观天气原因造成工期延误136天，根据合同约定应顺延工期。

2010年3月13日签订的《某工程建设合同》专用条款第九条施工工期第三款约定：“施工时遇5级以上风、4级以上海况、施工时停水停电累计超过4小时、甲方原因造成停工和中小雨以上持续时间超过4小时的，施工工期可以延长。”

经某市云虹气象服务有限公司确认，承包人承建涉案工程期间，2014年，中雨至特大暴雨影响施工共计46天；7级以上疾雨暴风影响施工共计4天。2015年，中雨至特大暴雨影响施工共计40天；7级以上疾雨暴风影响施工共计9天。2016年，中雨至特大暴雨影响施工共计48天；7级以上疾雨暴风影响施工共计12天；2017年，中雨至特大暴雨影响施工共计48天；7级以上疾雨暴风影响施工共计13天。

因此，某建筑公司承建涉案工程期间，因客观天气影响施工合计46+4+40+9+48+12+48+13=220天，根据合同约定工期予以延长。

综上所述，约定完工时间为2017年8月3日，实际完工时间为2017年12月5日，两者之间相差124天，但是因客观天气原因无法施工而顺延工期220天，因发包人未提交施工图纸的原因，现场施工无法正常进行而导致工期延误949天，由此证实，承包人不存在工期逾期，反而提前完工，发包人要求支付工期逾期违约金1670万元无事实和法律依据，应予驳回。

同时笔者建议，对于工期纠纷，应当使用诉讼可视化图呈现是否存在工期逾期的事实。就本案而言，可视化图如图2-1所示。

其他类似案例，可视化图如图2-2所示。

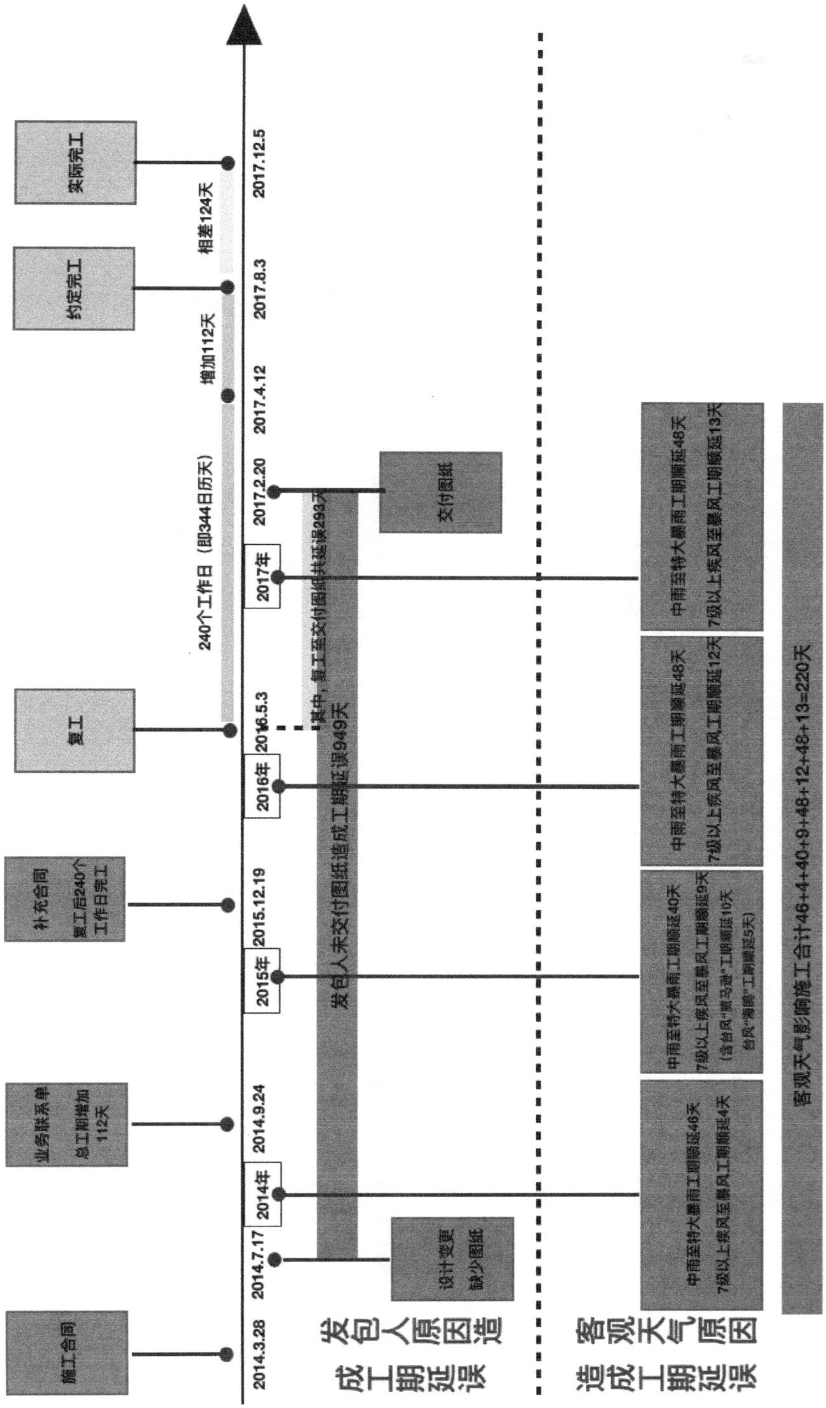

图 2-1　诉讼可视化图示例（一）

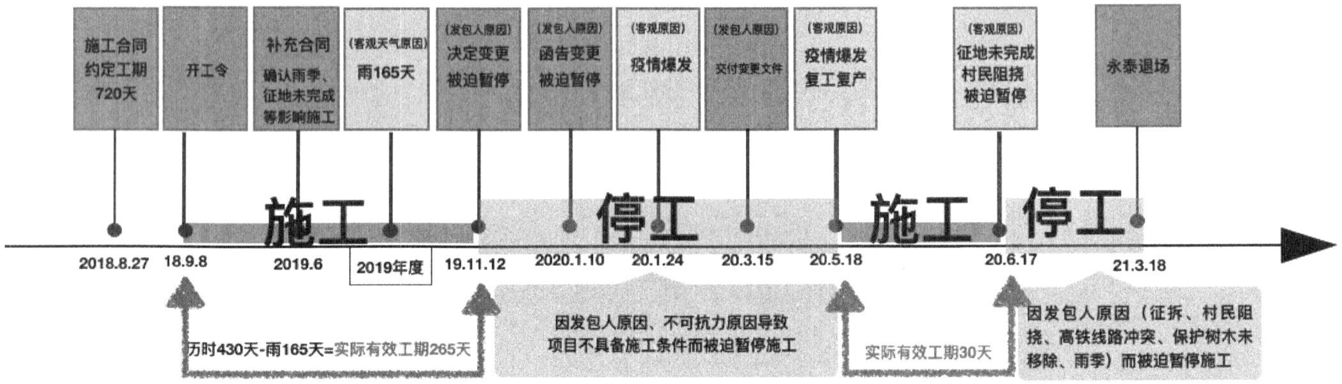

（1）合理工期：合同约定合理工期720天+工程量增加后所增加364天+客观原因增加365天=1449天；

（2）实际工期：设计变更前实际有效工期265天+复工复产后实际有效工期30天=296天；

（3）无工期逾期：实际有效工期占比20.4%（296天/1449天），已完成工程量占比37.5%（38491629.96元/102660443元）。

图 2-2　诉讼可视化图示例（二）

CHAPTER 3

第三编

工程质量

本编综述

狭义的建设工程质量，是指工程符合业主需要而具备使用功能，强调工程的实体质量，广义的建设工程质量还包括形成实体质量的工作质量[1]。国家一直重视建设工程质量管理，所以这方面也是立法的重点:《建筑法》《产品质量法》《节约能源法》《建设工程质量管理条例》《生产安全事故报告和调查处理条例》《建设项目环境保护管理条例》《民用建筑节能条例》。其中《建筑法》第六章将“建设工程质量管理”予以专章规定，可见工程质量于工程而言的重要性。

工程质量合格是承包人主张工程价款的前提条件，《新建设工程司法解释（一）》对于工程质量问题，也从第十一条到第十八条对工程质量鉴定期间工期顺延、承包人质量责任、发包人质量责任、质保金返还、质量损害赔偿等予以重点规定。在司法实践中，无论施工合同效力如何，建设工程质量合格都是承包人主张工程价款的前提条件。即使合同无效，只要质量合格，承包人也可以根据《民法典》第七百九十三条规定，请求参照合同关于工程价款的约定折价补偿。因此，对于承包人来说，工程质量合格是重中之重。

一、工程质量责任的认定

（一）问题的由来

工程质量是建筑工程的生命，工程质量事关公众安全和人民群众的安危，工程质量是工程建设的核心，是发包人和承包人共同的生命线，建筑领域的诸多规定都是基于工程质量的考虑而制定。对于发承包人而言，工程质量也直接关系到工程价款的支付或者质量修复费用的负担问题。《新建设工程司法解释（一）》中，也更多地强调工程质量的重要性，而不再过分强调合同的效力。笔者在中国裁判文书网中输入关键词“施工合同、工程质量、民事纠纷”，

[1] 李德应 . 论万宝新区工程质量的前期控制 [J]. 建材发展导向，2018.

2000—2021年的共检索到207317个结果,其中最高人民法院审理的达1704件,公报案例达15件。就最高人民法院审理的部分，经统计，对于发包人所主张工程质量不合格，最高人民法院的支持率大约为40%，支持的原因有：发包人举证证明施工方工程质量不符合合同约定的要求，或经过鉴定质量不合格，经过修复后仍然不能达到标准等；而反对率大约为60%，主要原因有：工程存在质量问题，但是经过修复后符合规定的质量要求；工程未竣工但是发包人擅自使用后，又以使用部分质量不符合约定主张权利，视为发包人认可工程质量；承包人提出虽然存在质量问题的客观事实，但是质量问题与承包人的施工行为之间没有因果关系，主要是因为发包人设计缺陷、提供的建筑物材料、构筑物不符合质量规定等原因所致。

由此可见，在建设工程领域的纠纷中，对于工程质量的争议也是层出不穷，争议颇多。最为常见的是，当承包人向发包人主张要求支付工程价款时，发包人要么要求承包人承担工期逾期的违约责任，要么要求承包人承担工程质量不合格的违约责任，或者是要求支付因承包人施工质量问题所导致的修复费用、损失费用等。当工程质量争议发生时，还有可能涉及工程质量的鉴定，相比较工程造价鉴定而言，工程质量因可能涉及建筑工程结构检测与鉴定（混凝土结构、砌体结构、钢结构、建筑构配件质量检测、振动检测等），或者性能检测等隐蔽工程，其鉴定难度及鉴定成本要高很多。

一般来说，在建设工程相关纠纷中，涉及工程质量的，首先要确定工程质量问题是否存在，其次要确定工程质量修复方案从而根据需要考虑是否需要重新设计，然后再进一步确认工程质量所产生的损失或者修复费用的数额，再者要结合因果关系确定工程质量责任的划分，最后是确定工程质量责任的承担或分配。

（二）工程质量认定的标准

质量不合格是指单位工程的竣工验收、分部分项工程验收不符合国家规定的强制性规范标准的要求。工程质量的标准也就是国家规定的工程质量合格的标准，发、承包双方在合同中所约定的例如“鲁班奖”不属于国家规定的工程质量标准。《建筑法》第三条规定：“建筑活动应当确保建筑工程质量和安全，符合国家的建筑工程安全标准。”第五十二条规定：“建筑工程勘察、设计、施工的质量必须符合国家有关建筑工程安全标准的要求，具体管理办法由国务院规定。有关建筑工程安全的国家标准不能适应确保建筑安全的要求时，应当及时修订。”以及《建设工程质量管理条例》，分别明确了工程质量标准分为合格与不合格两种类型，但主体结构工程还有优良工程的标准，当然具体的验收标准可参照《建筑工程施工质量验收统一标准》GB 50300—2013 中的规定。比如，检验批质量验收合格、分项工程质量验收合格、分部工程质量验收合格、单位工程质量验收合格等。

实践中对于哪一些属于质量问题，应当由什么部门机构来判断工程质量是否合格存在争议。对于“建设工程质量不符合约定”的理解不一，对于约定是否仅仅指合同中的约定还是也包括国家的强制性规范标准在内有不同的理解。更多的人倾向于认为既包括合同中的约定，也包括国家强制性规范标准在内。对于应当由哪些机构部门来判定工作质量是否合格，应随着工程的进展状况，在不同的施工阶段确定不同的部门。在基础工程和主体结构施工过程中，通常情况下由监理公司在承包人自检合格的情况下对工程的各分项工程进行检查评定，评定合格的才允许进行下道工序的施工。在此阶段对质量出现争议，一般由设计、施工、监理、质监部门联合判定。但在工程竣工验收投入使用后，因质量纠纷问题提起诉讼的，此阶段质量不合格必须是由相应的法定检测机关作出的鉴定意见。

（三）工程质量问题的诱因

1. 因承包人过错造成工程质量不符合约定。承包人施工管理不善，施工人员未经过正规培训或未取得岗位证书、技术等级证书等因技术问题导致施工质量不合格；承包人不按照工程设计图纸和施工技术规范施工造成的工程质量问题，如承包人在工序方面缺少重要环节甚至擅自修改图纸进行施工，造成工程质量问题或者质量隐患；承包人违反工程设计要求、施工技术规范和合同约定，未对建筑材料、建筑构件和设备进行检验，使用不合格的建筑材料、构配件和设备造成的工程质量问题；对建设单位提出的违反法律、行政法规和建筑工程质量规定的标准，降低工程质量的要求，承包人不予拒绝而进行施工的；建筑物在合理使用寿命中，地基基础工程和主体结构的质量出现问题；建筑工程竣工时，屋顶、墙面留有渗漏、开裂等问题，均应归入承包方应承担的质量责任。

2. 因发包人过错造成的工程质量问题。发包人提供的设计图纸存在缺陷或错误，导致工程质量出现问题，例如采用已作废的规范标准或适用的施工图集、施工方法错误等；发包人提供的“甲供材”（包括商品混凝土、钢筋等）质量不合格从而导致工程质量问题的；发包人在施工过程中提出的违反法律法规和建筑工程质量安全标准、降低工程质量的要求，导致承包人施工后出现质量问题等。

3. 建设工程未经竣工验收，发包人擅自使用后出现工程质量问题。《建筑法》第六十一条规定：“交付竣工验收的建筑工程，必须符合规定的建筑工程质量标准，有完整的工程技术经济资料和经签署的工程保修书，并具备国家规定的其他竣工条件。建筑工程竣工经验收合格后，方可交付使用；未经验收或者验收不合格的，不得交付使用。”《新建设工程司法解释（一）》第十四条规定：“建设工程未经竣工验收，发包人擅自使用后，又以使用部分质量不符合约定为由主张权利的，人民法院不予支持；但是承包人应当在建设工程的合理使用寿命内对地基基础工程和主体结构质量承担民事责任。”实践中也有很多发包人在建设工程未经验收或验收不合格的情况下，仍然擅自或强行使用，即可视为发包人对工程质量的认可或自愿承担工程质量不合格的质量责任。

4. 因监理单位监理工作不到位造成的工程质量问题。工程监理单位对施工组织设计和技术方案有审批权，对承包人的施工过程具有监督义务。如果因监理单位在施工过程未尽到相关监理职责，对施工过程存在的问题没有及时发现或更正，也有可能导致工程质量问题的产生。

5. 其他原因。除了上述常见的情形外，还有在招标投标阶段因违规招标、地质勘测错误、地质资料有误等原因也可能会导致工程质量存在问题。

二、承包人的工程质量责任与救济

《民法典》第八百零一条规定：“因施工人的原因致使建设工程质量不符合约定的，发包人有权请求施工人在合理期限内无偿修理或者返工、改建。经过修理或者返工、改建后，造成逾期交付的，施工人应当承担违约责任。”因此，承包人首先要在其相应资质等级范围内承建工程，其次承包人在施工过程中，施工人应当按照设计图纸、施工图纸和施工规范进行施工，并按照双方所签订的施工合同约定完成施工任务，如因承包人施工的原因导致工程质量不合格的，需要承担违约责任。

（一）承包人过错导致质量不符且拒绝修复的，发包人可减少支付工程价款

司法实践中，承包人如提起关于要求发包人支付工程款的诉求，则发包人往往会提出承包人所交付的工程存在质量问题而要求减少或者拒绝支付工程款的抗辩，甚至是发包人反诉要求承包人赔偿因工程质量所产生的损失。

《民法典》第七百八十条规定："承揽人完成工作的，应当向定作人交付工作成果，并提交必要的技术资料和有关质量证明。定作人应当验收该工作成果。"《新建设工程司法解释（一）》第十二条规定："因承包人的原因造成建设工程质量不符合约定，承包人拒绝修理、返工或者改建，发包人请求减少支付工程价款的，人民法院应予支持。"据此，承包人有义务按照发承包人双方所签订的施工合同的约定进行施工，交付工程质量合格的工程是承包人的首要义务，如因承包人的过错造成工程质量问题的，发包人不能直接拒绝接收工程，而是首先应当给予承包人修复的机会，否则会造成社会资源的极大浪费。因此，在《建设工程质量管理条例》（2019年修订）第三十二条规定："施工单位对施工中出现质量问题的建设工程或者竣工验收不合格的建设工程，应当负责返修。"《民法典》第七百九十三条也规定："建设工程施工合同无效，但是建设工程经验收合格的，可以参照合同关于工程价款的约定折价补偿承包人。建设工程施工合同无效，且建设工程经验收不合格的，按照以下情形处理：（一）修复后的建设工程经验收合格的，发包人可以请求承包人承担修复费用；（二）修复后的建设工程经验收不合格的，承包人无权请求参照合同关于工程价款的约定折价补偿。发包人对因建设工程不合格造成的损失有过错的，应当承担相应的责任。"据此，工程经竣工验收不合格的，发包人可以要求承包人进行修复，对于修复所产生的费用应当由承包人自行承担，如承包人拒绝修复，则发包人有权减少工程价款的支付。

最高人民法院在（2013）民申字第570号案中认为："对于存在的质量问题，诉讼前，大连置业公司在施工过程中曾向广东安装公司发出整改通知要求其

整改，并就玻璃钢风管问题明确要求予以更换，以满足使用要求。广东安装公司未予更换。法院判决依据《最高人民法院关于审理建设工程施工合同纠纷案件适用法律问题的解释》第十一条的规定，驳回了广东安装公司要求支付尚欠工程款 2410718.77 元的诉讼请求，同时也驳回了大连置业公司要求支付返修费用 3332098.2 元的反诉请求。发包人请求减少工程价款在承包人拒绝返修的前提下，其实质即是对不合格工程进行维修、返工所需的费用。本案中，返修费用已超过尚欠工程款，因此在广东安装公司认可工程存在质量问题且拒不返修的情况下，二审判决驳回广东安装公司要求支付尚欠工程款的诉讼请求。”

最高人民法院在（2014）民提字第 00016 号案中认为：“本案工程没有经过竣工验收，永信公司在工程因停工交接后一个月内即与监理公司共同出具交接质量缺陷及维修费用扣款明细表，表明了永信公司对工程存在质量问题及时提出了异议。依据一审法院委托吉林建筑工程学院检测中心作出的《司法鉴定意见书》、吉林省建筑科学研究设计院作出的《嘉柏湾 6 号楼局部加固方案》及吉林正泰工程咨询有限公司作出的《工程造价司法鉴定报告》，证明吉源公司所施工的案涉工程存在施工不符合设计图纸的情形。根据《最高人民法院关于审理建设工程施工合同纠纷案件适用法律问题的解释》（已废止）第十一条的规定，吉源公司应承担修复责任或者支付相应修复费用。故法院判决吉源公司应在合理期限内对争议工程进行修复或支付修复费用。”

因此，对于承包人过错导致质量不符的，发包人有权要求进行瑕疵修补或请求减少支付价款。值得注意的是，有的发包人在施工合同中约定工程质量要达到鲁班奖、詹天佑奖、天池山杯、长城杯奖等目标奖项的，如承包人未达到以上奖项的，不能视为是存在工程质量问题，发包人也不能据此要求减少工程价款的支付。笔者认为，例如鲁班奖是全国范围内的建筑行业最高质量奖，从法律性质上讲，这种奖励所依附的标准并不属于国家强制性标准，而是行业领域所鼓励的标准，因此不能据此认定承包人所交付的工程是否存在质量问题。

（二）总承包人、分包人、实际施工人对工程质量连带担责

《民法典》第一百七十八条对连带责任规定：“二人以上依法承担连带责任

的，权利人有权请求部分或者全部连带责任人承担责任。连带责任人的责任份额根据各自责任大小确定；难以确定责任大小的，平均承担责任。实际承担责任超过自己责任份额的连带责任人，有权向其他连带责任人追偿。连带责任，由法律规定或者当事人约定。"《建筑法》第五十五条："建筑工程实行总承包的，工程质量由工程总承包单位负责，总承包单位将建筑工程分包给其他单位的，应当对分包工程的质量与分包单位承担连带责任。分包单位应当接受总承包单位的质量管理。"《建设工程质量管理条例》第二十七条规定："总承包单位依法将建设工程分包给其他单位的，分包单位应当按照分包合同的约定对其分包工程的质量向总承包单位负责，总承包单位与分包单位对分包工程的质量承担连带责任。"在工程分包的情况下，总承包单位对分包工程的质量与分包单位承担连带责任，分包单位应当按照分包合同的约定对其分包工程的质量向总承包单位负责。

除此以外，实际施工人也应当就其承建的建设工程质量对发包人承担连带责任。《建筑法》第六十七条第二款规定，承包单位有前款规定的违法行为的，对因转包工程或者违法分包的工程不符合规定的质量标准造成的损失，与接受转包或者分包的单位承担连带赔偿责任。承包人与转包人或者分包人对转包工程或者违法分包工程承担连带赔偿责任虽然系基于无效合同，但是不影响其对发包人承担工程质量的连带责任。

因此，在《新建设工程司法解释（一）》第十五条中规定："因建设工程质量发生争议的，发包人可以以总承包人、分包人和实际施工人为共同被告提起诉讼。"发包人可以就工程质量问题以总承包人、分包人和实际施工人为共同被告提起诉讼，当然实践中发包人大多是只要求总承包人承担责任，主要是基于责任承担能力的问题，总承包人往往能力远大于分包人或者实际施工人，另一方面主要是考虑合同相对性原则，便于发包人在诉讼中完成其举证责任。

最高人民法院在（2018）最高法民申2584号案中认为："由于诉争除险加固费是发生在案涉工程遭遇洪水之后，相关鉴定不能区分是由于洪水造成的还是因施工质量不合格造成的。但工程质量存在问题必然导致工程抵抗洪水的安全隐患，是造成损失的不可推卸的原因之一。原判决酌定长洲公司对除险加固费承担 60% 的主要责任，广州公司、梧州项目经理部承担 40% 的次要责任，损失数额依据中国正意价格评估集团出具的《意见书》确定，不违反法律规定，结果并无不当。”

综上所述，工程质量乃承包人在承建工程的整个过程中的命脉，承包人如需进行分包的，应严格选择有相应资质、信誉、能力的建筑企业。同时，在施工过程对分部分项工程、隐蔽工程等验收时，严格按照验收程序进行验收，发现缺陷要及时消缺，发现质量问题及时整改，以防范因工程分包或转包而引发工程质量的诉累。

（三）建设工程质量保证金与质量缺陷责任期

《建设工程质量保证金管理办法》（2017 年修订）第二条规定：“本办法所称建设工程质量保证金（以下简称保证金）是指发包人与承包人在建设工程承包合同中约定，从应付的工程款中预留，用以保证承包人在缺陷责任期内对建设工程出现的缺陷进行维修的资金。缺陷是指建设工程质量不符合工程建设强制性标准、设计文件，以及承包合同的约定。缺陷责任期一般为 1 年，最长不超过 2 年，由发、承包双方在合同中约定。”也就是说，建设工程质量保证金是为了保证承包人在缺陷责任期内对建设工程出现的缺陷进行维修，通过发包人与承包人的约定，从发包人应付的工程款中预留的资金。建设工程质量保证金就其名称而言，属于保证金；就其功能而言，属于用以保证承包人在缺陷责任期内对建设工程缺陷进行维修的资金，是一种资金担保方式。各方当事人在完全履行了各自的义务并且到期后，发包人将预留的质量保证金返还予承包人。质量保证金所对应的仅仅是工程质量缺陷责任期，与保修期无关，质量保证金属于承包人应得工程款的部分，质量保证金返还后并不影响发包人要求承包人继续履行保修义务。《新建设工程司法解释（一）》第十七条规定：“有下列情形之一，承包人请求发包人返还工程质量保证金的，人民法院应予支持：（一）当事人约定的工程质量保证金返还期限届满；（二）当事人未约定工程质量保证金返还期限的，自建设工程通过竣工验收之日起满二年；（三）因发包人原因建设工程未按约定期限进行竣工验收的，自承包人提交工程竣工验收报告九十日后当事人约定的工程质量保证金返还期限届满；当事人未约定工程质量保证金返还期限的，自承包人提交工程竣工验收报告九十日后起满二年。发包人返还工程质量保证金后，不影响承包人根据合同约定或者法律规定履行工程保修义务。”质量保证金的扣留一方面可以约束承包人及时履行缺陷修复义务，避免出现缺陷时因无专项基金而得不到修缮导致损失进一步扩大，另一方面也可以提高承包人的工程质量意识，在施工过程严格遵守施工规范，避免出现质量问题。

笔者在中国裁判文书网中输入关键词“施工合同、工程质量、保证金”，2017—2021年最高人民法院所审理的案件涉及是否支持返还质量保证金的判决文书，其中支持占比约79%，未支持占比约21%。支持的主要理由有：双方在合同中约定了质保金的返还条件，且条件已成就；合同中虽未对质保金予以约定，但建设工程项目已竣工且符合工程质量，在满两年期限后质保金应当予以返还；建设工程虽存在缺陷，但承包人已经进行了维修，达到合同约定的质量标准，质保金应当返还。不支持的理由：质保金返还期限未到；建设工程存在质量缺陷；合同未对质保金的返还进行约定且建设工程未竣工。例如，在（2019）最高人民法院民终354号案中认为：“根据《施工合同》的《工程质量保修书》约定，案涉工程的质保金为合同价款的5%，但因案涉工程交付之后，煤田灭火局及阳光绿岛公司已付工程款尚未达到95%，故不存在扣南通四建公司质保金的问题，且案涉工程从交付至审理时，质保期早已届满，煤田灭火局及阳光绿岛公司亦不应再扣质保金。”在（2019）最高人民法院民终504号案中认为：“案涉《工程协议书》虽被确认无效，但建设工程实行质量保修制度。工程质量保证金一般是用以保证承包人在工程质量保修期内对建设工程出现的质量缺陷进行维修的资金。虽然工程质保金可以由当事人双方在合同中约定，但从性质上讲，工程质量保证金是对工程质量保修期内工程质量的担保，是一种法定义务，故不应以合同效力为认定前提。由此，双方对质保金的约定，属于结算条款范畴。同时根据《工程协议书》第七条，在合同约定的条件满足时，工程质量保证金才应返还施工人。本案中，虽然南通六建已完成施工的部分工程通过了分部分项验收，但建设工程的保修期，应自整个工程竣工验收合格之日起计算。虽然案涉工程存在的质量问题已经另案判决南通六建承担了质量修复责任，但质量修复责任与质保金承载的担保责任并非同一性质，工程质量保证金在条件满足的情况下是应予返还的。

因案涉整体工程尚未竣工验收合格，依合同约定，通华公司主张应扣留工程价款5%的质保金的上诉请求成立，本院予以支持。”对于工程质量保证金的返还期限，最高人民法院在《旧建设工程司法解释（一）》中分别明确了对于当事人有明确返还期限约定的处理、当事人对返还期限没有明确约定的处理以及因发包人原因导致工程未能竣工验收的处理，基本上解决了工程质量保证金返还的问题。

发承包双方就工程质量保证金返还存在争议较多的主要体现在承包人主张返还工程质量保证金，而发包人认为存在质量缺陷尚未修复或者发包人已代为修复，故要求扣除相应的费用。此时，一般先要证明质量缺陷的客观存在，其次要证明修复费用是否实际发生、是否合理，然后区分是什么原因所导致的，发、承包双方是否存在过错，最后再分配责任的承担。

（四）工程质量合格是承包人主张工程价款优先受偿权的前提条件

《民法典》第八百零七条规定：“发包人未按照约定支付价款的，承包人可以催告发包人在合理期限内支付价款。发包人逾期不支付的，除根据建设工程的性质不宜折价、拍卖外，承包人可以与发包人协议将该工程折价，也可以请求人民法院将该工程依法拍卖。建设工程的价款就该工程折价或者拍卖的价款优先受偿。”该条款明确了承包人就其所承建的工程享有工程价款优先受偿权。但在司法实践中，对工程价款优先受偿权的行使条件或主体、时间起算点、是否与合同效力相关联等问题争议较大。《新建设工程司法解释（一）》则明确了工程价款优先受偿权与施工合同效力无关，无论施工合同效力如何，也无论项目是否已经全部完工验收，只要已完部分质量合格，则承包人就享有工程价款优先受偿权。这很大程度上对承包人而言属于利好消息，很好地平衡了发包人与承包人之间原有不平衡的建筑市场关系。

《民法典》第七百九十三条第一款规定：“建设工程施工合同无效，但是建设工程经验收合格的，可以参照合同关于工程价款的约定折价补偿承包人。”以及第八百零七条规定：“发包人未按照约定支付价款的，承包人可以催告发包人在合理期限内支付价款。发包人逾期不支付的，除根据建设工程的性质不宜折价、拍卖外，承包人可以与发包人协议将该工程折价，也可以请求人民法院将该工程依法拍卖。建设工程的价款就该工程折价或者拍卖的价款优先受偿。”可见，处理建设工程施工合同纠纷须坚持工程质量优先于合同效力的规则，不论合同有效或解除与否，只要工程质量合格就应支付工程价款，如工程质量不合格的，亦无论合同解除还是合同无效，适用的原则并无差异。因此，笔者认为，工程质量合格是承包人主张工程价款优先受偿权的前提条件。

最高人民法院在（2019）最高法民终 1349 号案中认为：“根据《最高人民法院关于审理建设工程施工合同纠纷案件适用法律问题的解释（二）》第十九条之规定及第二十二条承包人行使建设工程价款优先受偿权的期限为六个月，自发包人应当给付建设工程价款之日起算之规定，涉案工程虽有部分工程未进行竣工验收，但黄山名人公司同意按照现状接收，在其占有、使用涉案工程后未对其质量提出异议，可视为涉案建设工程质量合格。且就涉案工程量、总价款双方在 2017 年 9 月 28 日进行决算确认，根据双方签订的施工合同的约定，黄山名人公司应当于决算审计后六个月内支付最终决算审定价 95%，余款 5% 作为质保金。可确定自江苏苏兴公司一审起诉时，其主张建设工程价款优先受偿权并未超过法定行使期限，故江苏苏兴公司享有建设工程价款优先受偿权。”此案例中，虽然涉案工程有部分尚未竣工验收，但发包人同意按现状接收，在其实际占有、使用工程后未对质量提出异议的，可视为该建设工程质量合格，承包人有权自发包人应给付建设工程价款之日起享有建设工程价款优先受偿权。

三、发包人的工程质量责任与救济

（一）发包人过错导致的质量问题

在工程质量问题上，除了有承包人在施工过程中所造成的原因外，发包人也可能是造成工程质量的责任主体。特别是在我国建筑市场仍存在诸多不规范乱象，因发包人指定供应商、指定分包、设计缺陷等原因导致的工程质量问题屡见不鲜。《新建设工程司法解释（一）》第十三条规定：“发包人具有下列情形之一，造成建设工程质量缺陷，应当承担过错责任：（一）提供的设计有缺陷；（二）提供或者指定购买的建筑材料、建筑构配件、设备不符合强制性标准；（三）直接指定分包人分包专业工程。承包人有过错的，也应当承担相应的过错责任。”该司法解释对发包人的过错导致工程质量的情形做了列明。例如该司法解释明确将“发包人直接指定分包”作为其应当承担质量责任的情形之一。发包人基于其自身利益或者其他原因考虑，往往就项目中的部分工程指定分包商，并要求总承包人与指定分包商就指定分包工程的质量承担连带责任。由于直接指定分包商缺乏竞争力，一方面无法保证指定分包商的履约能力，另一方面也大大增加了总承包人的协调管理难度。鉴于此，《工程建设项目施工招标投标办法》和《房屋建筑和市政基础设施工程施工分包管理办法》（2014 年修正）均明确规定发包人不得直接指定分包单位。而上述司法解释的规定则进一步明确，因发包人直接指定分包商而造成的工程质量缺陷，发包人将承担过错责任。

此外，在笔者所代理的某起建设工程施工合同纠纷中，则是涉及因发包人提供的设计缺陷导致工程质量问题，发包人应当承担过错责任的典型。承包人根据发包人所提供的图纸进行地下室顶板的施工作业，施工完成后已经过竣工验收确认合格，交付使用数年后出现漏水，承包人起诉要求支付剩余工程款及退回质量保证金，发包人则以工程存在质量问题为由拒绝支付。诉中双方就地下室顶板漏水是谁的责任所引起，应当由谁承担修复费用的问题而发生争议。笔者认为，发承包双方在《建设工程施工合同》的附件《工程质量保修书》中明确约定：“保修费用由造成质量缺陷的责任方承担”。在该案件中，承包人系根据发包人所提供的设计图纸进行施工作业，对于地下室顶板存在漏水且不能根治系设计缺陷所导致的，承包人不存在过错，故发包人无权要求承包人承担保修费用。发包人于 2013 年 1 月向承包人交付施工图纸，该施工图纸明确记载要求承包人对于《屋面工程技术规范》采用的是 GB 50345—2004，施工图中注明“地下室防水顶板做法参见 05ZJ311”，地下室顶板结构平面布置图注明“板厚为 180mm”。该施工图纸明确记载对于地下室防水顶板做法的 2005 年图集中“05ZJ311”要求“顶板防水做法仅一道防水层”。《城市房地产管理法》第二十七条第一款规定：“房地产开发项目的设计、施工，必须符合国家的有关标准和规范。”《标准化法》规定：“国家标准、行业标准分为强制性标准和推荐性标准。强制性标准，必须执行；推荐性标准，国家鼓励企业自愿采用。”即本案中，发包人于 2013 年 1 月所出的设计图纸，应当采用当时最新的 2012 年的《种植屋面工程技术规程》GB 50345—2012，应当符合国家标准及行业标准的强制性规定。但是，发包人所提供的图纸中地下室顶板均未采用耐根穿刺防水材料，不符合2012年《种植屋面工程技术规程》GB 50345—2012中强制性条款关于屋面工程防水层及板厚的要求，进而出现在承包人完成施工任务交付发包人后因发包人另行将该屋面工程发包给第三方进行绿化园林种植，导致出现原防水层受水、土壤微生物、植物根系侵扰，水逐步向混凝土内部渗透。即发包人对工程质量存在过错，应当承担过错责任。

最高人民法院在（2018）最高法民申2048号案中认为："按照设计图纸和施工方式进行施工是中铁十九局的约定义务，也是双方约定的工程质量标准。砂宝斯公司主张中铁十九局具有注意义务，应当发现施工图纸与施工方式违反有关规定，超出施工单位的约定义务和专业能力。《最高人民法院关于审理建设工程施工合同纠纷案件适用法律问题的解释》第十二条规定：'发包人具有下列情形之一，造成建设工程质量缺陷，应当承担过错责任：（一）提供的设计有缺陷……'。据此，砂宝斯公司应对设计缺陷造成质量缺陷自行承担相应责任。"

综上所述，承包人在面对发包人提出工程质量的抗辩或反诉时，要综合考虑是否存在发包人过错的情形，并提供证据予以佐证，以减少工程质量问题责任的承担。

（二）未经验收，发包人擅自使用，视为工程质量合格

《建筑法》第五十八条规定："建筑施工企业对工程的施工质量负责。建筑施工企业必须按照工程设计图纸和施工技术标准施工，不得偷工减料。工程设计的修改由原设计单位负责，建筑施工企业不得擅自修改工程设计。"原则上由承包人对工程质量负责，承包人只有交付质量合格的工程才可以要求发包人支付相应的工程价款。但是，《新建设工程司法解释（一）》第十四条规定："建设工程未经竣工验收，发包人擅自使用后，又以使用部分质量不符合约定为由主张权利的，人民法院不予支持；但是承包人应当在建设工程的合理使用寿命内对地基基础工程和主体结构质量承担民事责任。"《河北省高级人民法院建设工程施工合同案件审理指南》（冀高法〔2018〕44号）第41条："建设工程未经竣工验收或未经验收合格，发包人擅自使用后，承包人主张工程款的，发包人又以使用部分质量不合格主张付款条件不成就或者拒付工程

款的，人民法院不予支持。但确因承包人原因导致建设工程的地基基础工程和主体结构存在质量问题的除外。”根据上述规定，对于未经验收即实际使用的工程，视为发包人认可工程质量，自愿承担工程质量问题可能引发的风险，因此发包人应自行承担由工程质量引发的责任，发包人则丧失工程一般质量异议的抗辩权，不得再以工程未竣工验收、工程存在质量问题为由主张少付、拒绝支付工程款等要求。《民法典》第一百四十条规定：“行为人可以明示或者默示作出意思表示。沉默只有在有法律规定、当事人约定或者符合当事人之间的交易习惯时，才可以视为意思表示。”发包人未组织竣工验收、未在竣工验收报告或工程结算报告上盖章、签字，说明发包人未作出认可建设工程质量合格的意思表示；但发包人擅自使用未经竣工验收的建设工程，说明发包人以默示的方式作出了认可建设工程质量合格的意思表示，发包人应自行承担建设工程的质量责任。如发包方在明确法律、法规禁止提前使用未经验收工程的情况下仍提前使用未经验收工程，属于发包人对自己权利的放弃，主观存在明显过错，应自行承担擅自使用部分的工程质量责任风险。同时，为平衡利益，结合建筑工程特点，在建设工程的合理使用寿命内地基基础工程和主体结构所产生的质量问题，无论是否竣工验收，都应由承包人承担责任。毕竟建筑物的地基基础工程和主体结构工程是建筑工程的重要基础和主体，是保证整个建筑的工程质量的根本所在。

在建设工程施工合同中，交付质量合格的工程才能换取相应对价的工程款，发包人擅自使用的行为相当于放弃了对工程质量的异议，在司法实践中，一般也不再允许申请工程质量鉴定，即对发包人而言已经达到了支付工程款的条件。最高人民法院在（2019）最高法民再163号案中认为：“根据《最高人民法院关于审理建设工程施工合同纠纷案件适用法律问题的解释》第十三条之规定，案涉工程已经完工并实际交付业主西藏自治区拉萨市水利工程建设管理中心使用，故应支付工程款。”最高人民法院在（2019）最高法民申6519号案中认为：“大地公司、坤辉公司、天瑞公司主张案涉工程存在质量问题，但在案涉工程未经竣工验收的情形下，大地公司、坤辉公司、天瑞公司自认于2012年1月已开始实际使用案涉工程，依据《最高人民法院关于审理建设工程施工合同纠纷案件适用法律问题的解释》第十三条的规定，大地公司、坤辉公司、天瑞公司关于剩余工程款付款条件不成就的再审申请事由，本院亦不予采信。”最高人民法院在（2019）最高法民申 4609 号案中认为：“宏基商贸已于 2016 年 7 月 15 日将案涉工程全部自行使用，根据《最高人民法院关于审理建设工程施工合同纠纷案件适用法律问题的解释》第十三条规定，宏基商贸于 2016 年 7 月 15 日使用工程的行为表明其已认可贵州七建履行完毕主要施工义务。除非宏基商贸举证证明工程存在地基基础工程或主体结构质量问题，否则应向贵州七建支付工程价款。至于工程使用后产生的其他质量问题及工程后续竣工验收时可能涉及的资料移交问题，宏基商贸可另行向贵州七建主张权利，但在本案中不构成拒绝支付工程价款的有效抗辩。”最高法的系列判例中都一致采纳关于发包人擅自使用未经竣工验收的工程，则视为发包人对一般工程质量的认可，应当向承包人支付相应的工程款价款。

值得注意的是，基于人民生命财产安全的考虑，发包人擅自使用视为合格的工程不包括地基基础和主体结构工程在内。在司法实践中，对于该条款的履行争议点在于如何定义“擅自”，如何确认发包人已经擅自使用。笔者认为，擅自是指超越权限自作主张（做某事）。如果发包人的使用是由于客观情形所迫使、第三方政府机关要求或发包人与承包人协商一致时，就不应当属于擅自使用的范畴。笔者实际代理一起水利工程质量纠纷案件中，承包人施工的是防护片工程（挡水大坝）。对于此防护片工程就不应当以上述司法解释第十三条的规定免除承包人工程质量的责任，其根本原因就在于对于挡水大坝不管有无竣工验收，如暴发洪水等都必须使用，这是挡水大坝的特性所决定的，也是客观现实所决定的，此种情形下就不应当认定为属于发包人擅自使用的范畴，除非发包人在未经竣工验收也没有遇到客观被迫需要使用的情形而曾经明确下文要求启用的除外。因此，在争议中认定是否属于“擅自”使用，除了要考虑发包人的主观态度、客观情形、使用状态等以外，还要结合工程的特性综合认定。例如承包人可以举证发包人实际投产、已经正常经营、已经点火开工使用等，用以证明工程虽未经竣工验收，但已经实际使用，从而达到证明发包人应付工程款的条件已成就。

（三）发包人可以针对工程质量问题提出质量鉴定或者提出反诉要求索赔

在建设工程领域的纠纷中，涉及工程质量争议，法院也会根据当事人的申请或者审理案件之需要，可能委托具有相关资质的机构进行质量鉴定。但是质量鉴定耗时长，费用大，且一般难以客观还原施工原貌，而已经通过五方验收合格已经交付的工程则更难鉴定出质量问题或导致质量问题的责任方、修复费用的客观合理性之认定。即便是鉴定存在一定质量问题，也不可能会按照发包人的要求进行拆除重建，考虑经济原则，一般修复费用达到工程造价 70% 以上才考虑拆除，否则都是应当首先进行修复而不直接拆除。

《民用建筑可靠性鉴定标准》GB 50292—2015 第 3.2.7 条："民用建筑适修性评估，应按每一子单元和鉴定单元分别进行，且评估结果应以不同的适修性等级表示"。第 3.3.4 条："民用建筑子单元或鉴定单元适修性评定的分级标准，应按表 3.3.4 的规定。"

民用建筑子单元或鉴定单元适修性评定的分级标准　　表 3.3.4

等级	分级标准
A_r	易修，修后功能可达到现行设计标准的规定；所需总费用远低于新建的造价；适修性好，应予修复
B_r	稍难修，但修后尚能恢复或接近恢复原功能；所需总费用不到新建造价的 70%；适修性尚好，宜予修复
C_r	难修，修后需降低使用功能，或限制使用条件，或所需总费用为新建造价 70% 以上；适修性差，是否有保留价值，取决于其重要性和使用要求
D_r	该鉴定对象已严重残损，或修后功能极差，已无利用价值，或所需总费用接近甚至超过新建造价，适修性很差；除文物、历史、艺术及纪念性建筑外，宜予拆除重建

第 11.0.2 条："适修性评估应按本标准第 3.3.4 条进行，并应按下列规定提出具体建议：1. 对评为 A_r、B_r 的鉴定单元和子单元，应予以修缮或修复使用；2. 对评为 C_r 的鉴定单元和子单元，应分别作出修复与拆换两方案，经技术、经济评估后再作选择；3. 对评为 C_{su}–D_r、D_{su}–D_r 和 D_u–D_r 的鉴定单元和子单元，宜考虑拆换或重建。"

从上述国家标准规定来看，只有工程质量修复所需总费用超过新建造价的 70% 以上的，方可进行拆除重建。

最高人民法院在（2019）最高法民终234号案中认为：“对于工程质量问题及修复费用，根据检测中心出具的《鉴定意见书》，冶金公司所施工的部分工程存在质量问题。鸭溪公司主张工程质量不合格，无法修复，而应当拆除重建。对此，本院认为，从检测中心出具的《鉴定意见书》看，工程质量问题主要存在于桩、柱、屋面板，并非所检测的部位全部不合格或者不符合要求，检测中心也未提出工程需要拆除重建的建议。二审中，应本院要求，检测中心鉴定人员出庭就《司法鉴定意见书》进行了进一步的说明，认为施工质量鉴定实际上就是检查冶金公司施工是否满足设计和相关规范要求，质量不合格并不等同于无法修复。从工程监理情况看，可见在监理实施旁站监理，只有质量符合要求才可以进入下一道工序施工的情况下，鸭溪公司主张工程质量不合格达到了需要拆除重建的程度，与工程施工监理情况不符。”最高人民法院在该案件中也认为，质量不合格并不等于同于工程项目无法修复而需要拆除，因此，一般情况下即便存在质量问题也优先考虑修复，发包人可以在讼争过程中主张关于修复的费用由承包人予以承担。当然，作为发包人有权获得一项质量合格的工程，如发生争议发包人可以以工程质量为抗辩而少付或者拒绝支付工程款。此外，如果因承包人施工行为所导致的工程质量责任，发包人还可以在争议过程中提出因工程质量所导致的损失而要求承包人予以赔偿。

《新建设工程司法解释（一）》第十六条规定：“发包人在承包人提起的建设工程施工合同纠纷案件中，以建设工程质量不符合合同约定或者法律规定为由，就承包人支付违约金或者赔偿修理、返工、改建的合理费用等损失提出反诉的，人民法院可以合并审理。”如发包人在讼争中提出质量相关问题的反诉的，基于司法资源之节省及案件整体考虑以便公正裁决，结合《民事诉讼法解释》第二百三十二条关于“在案件受理后，法庭辩论结束前，原告增加诉讼请求，被告提出反诉，第三人提出与本案有关的诉讼请求，可以合并审理的，人民法院应当合并审理。”之规定，本诉与反诉通常合并审理。但关键在于如何区分一般抗辩与反诉，如一方当事人明确提起反诉，合并审理当然没有问题，但如果只是抗辩，则最终的判决则会有很大的差别。反诉，属于一种独立的诉讼，当事人有独立的诉讼请求权，可以请求独立的给付，不需要依赖于另一方当事人的诉请，即便是本诉不存在了，反诉依然可以独立存在。而抗辩则仅仅是一方当事人对另一方当事人所提起的诉讼请求的抗辩，抗辩是基于原告的请求权所提起的，所针对的事项围绕原告的诉求而展开。例如，原告承包人起诉要求被告发包人支付工程款，被告发包人抗辩已经超额付款，则属于抗辩。如发包人认为欠付工程款是事实，但是承包人在承建项目过程存在工期逾期而产生的违约金、质量缺陷而产生的维修费等，应当在应付工程款中予以扣除，则已经超出了原告承包人诉请的范畴属于反诉。

（四）关于未完工程的质量争议

对于未完工程或中途停工工程，可以就已完成的部分进行甩项结算，但因未经最终的竣工验收，质量方面则比较容易产生争议。

1. 承包人主张其已完工工程的那部分其工程质量合格的，应着重从以下几方面事实进行举证：一是已完工工程存在被发包人擅自使用的情形；二是已完工工程施工过程中依据有关施工质量检验规范、技术标准形成的各分部分项工程、单位工程质量验收合格证明；三是已完工工程属于有试车、试运行、交验收等中间验收要求的工业工程、交通工程等特殊工程的，依据合同约定、行业技术标准规定形成的试车、试行、交工验收等中间验收合格证明文件；四是能够证明已完工工程已形成的工程实体质量合格的其他证据。

2. 发包人主张承包人施工的已完工工程质量不合格的，可以就下列事实进行举证：一是已完工工程质量明显不符合合同约定要求或者法定强制性标准，或者不具备分部分项检验、验收条件；二是已完工工程施工过程中形成的检测、验收报告或者试车、试运行、交工验收报告等中间验收报告不真实；三是已完工工程施工过程中形成的检测、验收报告或者试车、试运行、交工验收等中间验收报告不符合有关施工质量检验规范、技术标准，或者需要整改而承包人未完成整改或经整改仍不合格；五是承包人同意发包人提前使用已完工工程，已完工工程质量缺陷与发包人擅自使用行为不具有因果关系；六是能够证明已完工工程已形成的工程实体质量不合格。

核心观点解析24：发包人没有在保修期内向承包人发出保修通知承包人维修的，发包人不能要求承包人承担维修费

观点评述：

《民法典》第八百零一条规定："因施工人的原因致使建设工程质量不符合约定的，发包人有权请求施工人在合理期限内无偿修理或者返工、改建。经过修理或者返工、改建后，造成逾期交付的，施工人应当承担违约责任。"第八百零八条规定："本章没有规定的，适用承揽合同的有关规定。"第七百八十一条规定："承揽人交付的工作成果不符合质量要求的，定作人可以合理选择请求承揽人承担修理、重作、减少报酬、赔偿损失等违约责任。"《建筑法》第六十条规定："建筑物在合理使用寿命内，必须确保地基基础工程和主体结构的质量。建筑工程竣工时，屋顶、墙面不得留有渗漏、开裂等质量缺陷；对已发现的质量缺陷，建筑施工企业应当修复。"《建设工程质量管理条例》第三十二条规定："施工单位对施工中出现质量问题的建设工程或者竣工验收不合格的建设工程，应当负责返修。"根据上述法律、法规规定，工程出现质量问题或质量缺陷时，发包人应当向承包人发出保修通知，由承包人进行修复。承包人在接到保修或修复通知后，应当到现场核查情况，并根据实际情况予以修复。

《民法典》第五百二十六条明确规定："当事人互负债务，有先后履行顺序，应当先履行债务一方未履行的，后履行一方有权拒绝其履行请求。先履行一方履行债务不符合约定的，后履行一方有权拒绝其相应的履行请求。"施工单位依约履行维修义务的前提是接到建设单位的保修通知，建设单位没有发出保修通知，或者没有证据证明发出保修通知的，施工单位无法预知建设工程出现质量问题或质量瑕疵，发包人擅自维修所产生的维修费用不能要求承包人承担。

最高人民法院案例索引：（2020）最高法民申514号

裁判要旨：

工程交付后如发生质量保修情形，鸿基公司应首先通知新八集团履行保

修义务，在新八集团拒绝保修或未及时保修的情况下，鸿基公司才可另行委托其他单位维修并要求新八集团承担维修费用。原审中鸿基公司并未提交证据证明将工程质保期内出现墙顶裂缝等质量保修问题通知了新八集团，新八集团称从未接到过鸿基公司要求维修的通知。因此，原审对鸿基公司此项请求未予支持。

参考法条

《民法典》

第五百二十六条　当事人互负债务，有先后履行顺序，应当先履行债务一方未履行的，后履行一方有权拒绝其履行请求。先履行一方履行债务不符合约定的，后履行一方有权拒绝其相应的履行请求。

《建设工程质量管理条例》

第四十一条　建设工程在保修范围和保修期限内发生质量问题的，施工单位应当履行保修义务，并对造成的损失承担赔偿责任。

《房屋建筑工程质量保修办法》

第九条　房屋建筑工程在保修期限内出现质量缺陷，建设单位或者房屋建筑所有人应当向施工单位发出保修通知。施工单位接到保修通知后，应当到现场核查情况，在保修书约定的时间内予以保修。发生涉及结构安全或者严重影响使用功能的紧急抢修事故，施工单位接到保修通知后，应当立即到达现场抢修。

《北京市高级人民法院关于审理建设工程施工合同纠纷案件若干疑难问题的解答》

30、发包人以工程质量不符合合同约定为由，要求承包人承担修复费用的，如何处理？

因承包人原因致使工程质量不符合合同约定，承包人拒绝修复、在合理期限内不能修复或者发包人有正当理由拒绝承包人修复，发包人另行委托他人修复后要求承包人承担合理修复费用的，应予支持。

发包人未通知承包人或无正当理由拒绝由承包人修复，并另行委托他人修复的，承包人承担的修复费用以由其自行修复所需的合理费用为限。

其他参考案例索引：

（2020）最高法民终566号

（2020）最高法民终849号

（2020）最高法民申1670号

（2020）最高法民终1225号

（2019）最高法民申5009号

核心观点解析25：发包人将未完工程交由第三方继续承建的，视原承包人已完工程质量合格

观点评述：

《新建设工程司法解释（一）》第十四条规定："建设工程未经竣工验收，发包人擅自使用后，又以使用部分质量不符合约定为由主张权利的，人民法院不予支持；但是承包人应当在建设工程的合理使用寿命内对地基基础工程和主体结构质量承担民事责任。"该条文是关于建设工程质量风险转移的规定。即建设工程未经竣工验收的，以"发包人擅自使用"作为风险转移点。本案例中，最高人民法院认为在未对已完工部分的工程质量进行确认的情况下，发包人把工程发包给第三人续建，构成擅自使用建设工程的情形。

通常情况下，承包人中途撤场的，发包人必然面临更换施工人继续施工

的问题。在更换施工方之前，发承包双方应当采取有效措施对已完工程现状进行固定或确认，包括确认、固定已完工程量和工程质量。为此，双方应当签订退场协议，明确双方债权债务关系。如未明确工程量、工程质量、工程款等事宜之前，发包人贸然更换施工人继续施工，将有可能会被认定为擅自使用建设工程，视为对已建工程的质量无异议，据此则不能以质量不符合约定为由主张进行抗辩，更不能主张对工程质量进行鉴定。

最高人民法院案例索引：（2020）最高法民终 371 号

裁判要旨：

伟太公司全面停工后，城源公司将 B 区未完工的部分交由第三方继续施工，续建前城源公司未对伟太公司施工的工程质量进行确认。城源公司虽主张案涉工程未办理竣工验收手续，但认可大部分业主已经入住。依据《最高人民法院关于审理建设工程施工合同纠纷案件适用法律问题的解释》第十三条“建设工程未经竣工验收，发包人擅自使用后，又以使用部分质量不符合约定为由主张权利的，不予支持；但是承包人应当在建设工程的合理使用寿命内对地基基础工程和主体结构质量承担民事责任”以及《最高人民法院关于审理建设工程施工合同纠纷案件适用法律问题的解释（二）》第二十条“未竣工的建设工程质量合格，承包人请求其承建工程的价款就其承建工程部分折价或者拍卖的价款优先受偿的，人民法院应予支持”之规定，认定案涉工程质量合格。

参考法条

《民法典》

第七百九十九条　建设工程竣工后，发包人应当根据施工图纸及说明书、国家颁发的施工验收规范和质量检验标准及时进行验收。验收合格的，发包人应当按照约定支付价款，并接收该建设工程。

建设工程竣工经验收合格后，方可交付使用；未经验收或者验收不合格的，不得交付使用。

《新建设工程司法解释（一）》

第十四条　建设工程未经竣工验收，发包人擅自使用后，又以使用部分质量不符合约定为由主张权利的，人民法院不予支持；但是承包人应当在建设工程的合理使用寿命内对地基基础工程和主体结构质量承担民事责任。

其他参考案例索引：

（2020）最高法民终115号

（2020）最高法民申6461号

（2020）最高法民申4310号

（2020）最高法民申5591号

核心观点解析26：工程交付后，发包人在试运行期届满后仍未停止试运行则视为发包人未经竣工验收擅自投入使用

观点评述：

工程试运行是对整个工程项目的设计、实施和管理工作的试运行，其目的在于查看已完工程在试运行期间是否能够满足设计要求，在试运行期间发现问题的能够及时通知承包人并及时整改，以达到合同预期目的。在现行法律下，仅有部分建设工程明确规定试运行期间（如矿山项目工程、公路工程等），对于在法律上没有规定试运行期间的建设工程，当事人也可就“试运行”进行明确约定，如试运行时间、发现质量问题的整改等。一般而言，工程试运行不属于擅自使用建设工程的情形。在“试运行”结束后，发包人有义务

及时组织验收，如发包人超过试运行期届满后仍未停止试运行的，不但属于发包人违约，还构成发包人擅自使用建设工程的情形，发包人主张建设工程存在质量问题的，人民法院不予支持。

笔者曾经代理一个案件，A 建筑公司承包建设 B 糖业公司发包的糖厂土建工程，2017 年 8 月底完工交付，完工后发包人 B 糖业公司未组织竣工验收，也未进行工程结算。工程交付使用后，发包人 B 糖业公司于 2017 年 11 月至 2018 年完成第一个榨季生产并在其公司公众号上发文宣称“技术精湛，产品成型”。2018 年 12 月，由于 A 建筑公司未足额取得工程款遂提起诉讼。诉中 B 糖业公司提起反诉称存在工程质量问题，要求 A 建筑公司支付已发生的修复费 157 万元。诉中，承包人 A 建筑公司就质量反诉部分辩称，发包人 B 糖业公司已实际使用涉案工程应视为认可质量合格。发包人 B 糖业公司则认为其没有实际使用，其仅仅是试生产。人民法院则认为，发包人 B 糖业公司使用案涉项目完成了整个季度的生产，已超出试运行范畴，视为未经验收擅自使用视为质量合格。

最高人民法院案例索引：（2020）最高法民申 5836 号

裁判要旨：

2017 年 6 月 30 日，十四冶公司将案涉工程项目移交红牛矿业并开始试运行。红牛矿业公司违反《尾矿库安全监督管理规定》（国家安全生产监督管理总局令第 38 号）及《非煤矿矿山建设项目安全设施设计审查与竣工验收办法》的关于试运行不得超过 6 个月的约定，试运行结束后应当向安全生产监督管理部门申请安全设施竣工的相关规定，试运行期届满后，仍未停止试运行，及时组织竣工验收，属于未经竣工验收擅自投入使用的情形。红牛矿业在工程未竣工验收的情况下擅自投入使用，视为十四冶施工工程质量合格。

参考法条

《新建设工程司法解释（一）》

第十四条　建设工程未经竣工验收，发包人擅自使用后，又以使用部分质量不符合约定为由主张权利的，人民法院不予支持；但是承包人应当在建设工程的合理使用寿命内对地基基础工程和主体结构质量承担民事责任。

核心观点解析 27：在当事人均同意继续履行施工合同的情况下，发包人不能以已完分部分项工程存在质量问题而拒绝支付工程进度款

观点评述：

工程进度款是指在建设工程施工过程中按工程进度完成的工程数量计算的各项费用总和。实践中，常见因工程出现质量缺陷，发包人暂停支付工程进度款的情形。

建设工程合同是承包人进行工程建设，发包人支付工程价款的合同。在施工过程中，发现工程质量不合格的，发包人有权要求承包人对工程进行修理或者返工、改建。经修复后的建设工程竣工验收不合格的，承包人请求支付工程价款的，不予支持。

但笔者注意到工程进度款的支付通常按月实际完成工程量给予结算与支付，工程竣工后承发包双方再办理最终竣工结算。故工程进度款的支付并非以竣工结算为前提，即使已完成的分部分项工程存在质量问题或质量缺陷，由于项目尚未最终竣工验收，如合同将继续履行则意味着承包人将会进行相应的修复，并经中间验收后才能继续施工，对于施工过程所出现的质量问题或质量缺陷是将会实现修复的，且在施工过程由于施工技术、时间、管理等原因，未必能百分百保证每个施工步骤尽善尽美，因此出现质量瑕疵或者质

量问题也是正常现象，只要该问题是可以修复或加固的，发包人则应当依约支付工程进度款，否则不利于合同的履行，亦与合同目的相悖。

最高人民法院案例索引：（2020）最高法民终 44 号

裁判要旨：

根据案涉质量鉴定意见书，除地下室底板及基础承台下基底构造层（水泥砂浆找平层、垫层等）不符合设计要求，不具备返工、修复条件外，其余存在质量问题部分可以修复加固。案涉工程为在建工程，尚未竣工验收。在施工中，中铁公司向晓安公司提出的《工程产值确认表》，均有监理公司的签章。依照《建筑工程施工质量验收统一标准》第 4.0.1 条之规定，工程质量验收范围从大到小，分为单位工程、分部工程、分项工程和检验批。施工过程中以检验批验收合格为基础，依次进行分项、分部、单位工程验收。在施工过程中应以检验批验收合格为基础确定工程质量，晓安公司以案涉工程质量鉴定意见书为依据阻却在建工程进度款支付，迟滞案涉工程施工进度，不符合合同目的。《最高人民法院关于审理建设工程施工合同纠纷案件适用法律问题的解释》（已废止）第三条第一款第二项规定：“修复后的建设工程经竣工验收不合格，承包人请求支付工程价款的，不予支持。”案涉工程未经竣工验收，亦未经过修复，当事人均要求继续履行案涉施工合同，故发包人不能以工程质量不符合要求，拒绝支付工程进度款。

参考法条

《民法典》

第七百八十八条　建设工程合同是承包人进行工程建设，发包人支付价款的合同。

建设工程合同包括工程勘察、设计、施工合同。

第八百零一条　因施工人的原因致使建设工程质量不符合约定的，

发包人有权请求施工人在合理期限内无偿修理或者返工、改建。经过修理或者返工、改建后，造成逾期交付的，施工人应当承担违约责任。

《新建设工程司法解释（一）》

第十二条　因承包人的原因造成建设工程质量不符合约定，承包人拒绝修理、返工或者改建，发包人请求减少支付工程价款的，人民法院应予支持。

《建设工程价款结算暂行办法》

第十三条　工程进度款结算与支付应当符合下列规定：

（一）工程进度款结算方式

1、按月结算与支付。即实行按月支付进度款，竣工后清算的办法。合同工期在两个年度以上的工程，在年终进行工程盘点，办理年度结算。

2、分段结算与支付。即当年开工、当年不能竣工的工程按照工程形象进度，划分不同阶段支付工程进度款。具体划分在合同中明确。

（二）工程量计算

1、承包人应当按照合同约定的方法和时间，向发包人提交已完工程量的报告。发包人接到报告后14天内核实已完工程量，并在核实前1天通知承包人，承包人应提供条件并派人参加核实，承包人收到通知后不参加核实，以发包人核实的工程量作为工程价款支付的依据。发包人不按约定时间通知承包人，致使承包人未能参加核实，核实结果无效。

2、发包人收到承包人报告后14天内未核实完工程量，从第15天起，承包人报告的工程量即视为被确认，作为工程价款支付的依据，双方合同另有约定的，按合同执行。

3、对承包人超出设计图纸（含设计变更）范围和因承包人原因造成返工的工程量，发包人不予计量。

（三）工程进度款支付

1、根据确定的工程计量结果，承包人向发包人提出支付工程进度款申请，14天内，发包人应按不低于工程价款的60%，不高于工程价款的90%向承包人支付工程进度款。按约定时间发包人应扣回的预付款，与工程进度款同期结算抵扣。

2、发包人超过约定的支付时间不支付工程进度款，承包人应及时向发包人发出要求付款的通知，发包人收到承包人通知后仍不能按要求付款，可与承包人协商签订延期付款协议，经承包人同意后可延期支付，协议应明确延期支付的时间和从工程计量结果确认后第15天起计算应付款的利息（利率按同期银行贷款利率计）。

3、发包人不按合同约定支付工程进度款，双方又未达成延期付款协议，导致施工无法进行，承包人可停止施工，由发包人承担违约责任。

CHAPTER 4

第四编

工程结算与工程款

本编综述

建设工程价款是建设工程施工合同实质性内容之一，多数建设工程施工合同纠纷都是由于工程价款结算争议导致的，工程价款应当如何结算自然成为建设工程施工合同纠纷案件中常见的焦点争议问题。司法实务中，对于建设工程施工领域常见的无效合同、黑白合同、未完工程、挂靠转包工程的情形如何确定工程价款需要适用不同的结算规则。本文对司法实践中施工企业在工程款结算过程中遇到的情形及常见的法律难点问题进行分析，总结工程结算阶段的主要风险点，并结合司法核心观点解析对工程款结算风险防范提出相应措施。

一、工程价款结算概述

（一）工程价款的构成

工程价款是承包人按照施工合同约定完成全部施工内容后应当获得的合同对价。根据《建设工程施工发包与承包价格管理暂行规定》（建标〔1999〕1号）第五条规定："工程价格的构成。工程价格由成本（直接成本、间接成本）、利润（酬金）和税金构成。工程价格包括：合同价款、追加合同价款和其他款项。合同价款系指按合同条款约定的完成全部工程内容的价款。追加合同价款系指在施工过程因设计变更、索赔等增加的合同价款以及按合同条款约定的计算方法计算的材料价差。其他款项系指在合同价款之外甲方应支付的款项。"此外，根据《建筑安装工程费用项目组成》（建标〔2013〕44号）规定，建筑安装工程费用项目按费用构成要素组成划分为人工费、材料费、施工机具使用费、企业管理费、利润、规费和税金。

（二）工程价款的计价依据

合同价款的有关事项由发、承包双方约定，一般包括合同价款约定方式，预付工程款、工程进度款、工程竣工价款的支付和结算方式，以及合同价款的调整情形等。合同价款有关事项的约定是发包人与承包人结算工程价款的基本依据。根据《建筑法》第十八条规定："建筑施工企业对工程的施工质量负责。建筑施工企业必须按照工程设计图纸和施工技术标准施工，不得偷工减料。工程设计的修改由原设计单位负责，建筑施工企业不得擅自修改工程设计。"因此，发包人与承包人对于工程价款的约定应当符合国家有关规定。根据《建设工程施工发包与承包价格管理暂行规定》（建标〔1999〕1号）的有关规定，工程价格分为三类：一是固定价格，简称固定价，是指工程价格在合同实施期间不因价格变化而调整，在工程价格中应考虑价格风险因素并在合同中明确固定价格包括的范围；二是可调价格，简称可调价，是指工程价格在合同实施期间可随价格变化而调整，调整的范围和方法应在合同条款中约定；三是工程成本加酬金确定的价格，简称成本加酬金，是指工程成本按现行计价依据以合同约定的办法计算，酬金按工程成本乘以通过竞争确定的费率计算，从而确定工程竣工结算价。工程价格的计价依据包括：①现行预算定额、费用定额；②工程造价管理机构根据市场价格的变化对人工、材料和施工机械台班单价发布的价格信息；③工程造价管理机构发布的补充定额；④施工企业制定的本企业定额；⑤工程造价管理机构制定的施工措施费、安全措施费和索赔费用的计算方法、计算标准。

根据《建筑工程施工发包与承包计价管理办法》（住房和城乡建设部令第16号）第六条规定："全部使用国有资金投资或者以国有资金投资为主的建筑工程（以下简称国有资金投资的建筑工程），应当采用工程量清单计价；非国有资金投资的建筑工程，鼓励采用工程量清单计价。国有资金投资的建筑工程招标的，应当设有最高投标限价；非国有资金投资的建筑工程招标的，可以设有最高投标限价或者招标标底。最高投标限价及其成果文件，应当由招标人报工程所在地县级以上地方人民政府住房城乡建设主管部门备案。"第十三条规定："发承包双方在确定合同价款时，应当考虑市场环境和生产要素价格变化对合同价款的影响。实行工程量清单计价的建筑工程，鼓励发承包双方采用单价方式确定合同价款。建设规模较小、技术难度较低、工期较短的建筑工程，发承包双方可以采用总价方式确定合同价款。紧急抢险、救灾以及施工技术特别复杂的建筑工程，发承包双方可以采用成本加酬金方式确定合同价款。"随着我国建筑市场的不断发展，市场竞争日趋激烈，合同价格的高低成为施工企业承揽项目的重要决定因素。由于工程量清单计价模式采用按量计价的方式，可以较为公平、准确地计算合同价格，发承包双方在签订建设工程施工合同时多数约定采用工程量清单计价方式。

（三）工程价款的结算原则

工程价款结算是指发包人与承包人对建设工程合同价款进行约定和依据合同约定进行工程预付款、工程进度款、工程竣工价款结算的活动。根据《建设工程工程量清单计价规范》GB 50500—2013 第 2.0.27 条规定：“竣工结算价（合同价格）是指发、承包双方依据国家有关法律、法规和标准规定，按照合同约定确定的，包括在履行合同过程中按合同约定进行的工程变更、索赔和价款调整，是承包人按合同约定完成了全部承包工作后，发包人应付给承包人的合同总金额。”根据《建设工程价款结算暂行办法》（财建〔2004〕369 号）第五条规定：“从事工程价款结算活动，应当遵循合法、平等、诚信的原则，并符合国家有关法律、法规和政策。”第十一条规定：“工程价款结算应按合同约定办理，合同未作约定或约定不明的，发、承包双方应依照下列规定与文件协商处理：（一）国家有关法律、法规和规章制度；（二）国务院建设行政主管部门、省、自治区、直辖市或有关部门发布的工程造价计价标准、计价办法等有关规定；（三）建设项目的合同、补充协议、变更签证和现场签证，以及经发、承包人认可的其他有效文件；（四）其他可依据的材料。”据此，工程价款的结算应当遵循以下原则：①合法、平等、诚信，并符合国家有关法律、法规和政策；②应当按照发、承包双方的合同约定办理；③合同未作约定或约定不明的，发、承包双方应依照法律法规和规章制度规定、工程造价计价标准、施工过程中双方认可的有效文件等协商处理。

（四）工程价款的结算方式

工程价款的结算包括工程预付款、工程进度款、工程竣工价款结算。根据《建设工程价款结算暂行办法》（财建〔2004〕369 号）的规定：“1. 工程预付款结算方式为：（1）包工包料工程的预付款按合同约定拨付，原则上预付比例不低于合同金额的 10%，不高于合同金额的 30%，对重大工程项目，按年度工程计划逐年预付；（2）在具备施工条件的前提下，发包人应在双方签订合同后的一个月内或不迟于约定的开工日期前的 7 天内预付工程款。2. 工程进度款结算方式为：(1) 按月结算与支付。即实行按月支付进度款，竣工后清算的办法。合同工期在两个年度以上的工程，在年终进行工程盘点，办理年度结算。(2) 分段结算与支付。即当年开工、当年不能竣工的工程按照工程形象进度，划分不同阶段支付工程进度款。具体划分在合同中明确。3. 工程竣工价款结算方式为：按照约定的合同价款及合同价款调整内容以及索赔事项，进行工程竣工结算，包括单位工程竣工结算、单项工程竣工结算和建设项目竣工总结算。”

工程价款的结算须经发包人的审查。一般而言，单项工程竣工后，承包人应在提交竣工验收报告的同时，向发包人递交竣工结算报告及完整的结算资料，发包人应按约定时限进行核对（审查）并提出审查意见。发包人收到承包人递交的竣工结算报告及完整的结算资料后，应按合同约定的期限进行核实，给予确认或者提出修改意见。发包人最终根据确认的竣工结算报告向承包人支付工程竣工结算价款。

二、无效施工合同的结算

（一）无效施工合同的认定。施工合同效力是施工合同纠纷案件审理中关系到发包人和承包人切身利益的重大法律问题，也是人民法院在案件审理过程中首要审查的问题。由于建设工程具有专业性和复杂性，我国多部法律、法规对建设工程做出了多项强制性规定，施工合同当事人违反相关强制性规定的，可能导致合同无效。在目前的司法实践中，建筑领域合同无效的情形非常常见。根据现行规定，施工合同无效的情形主要包括：①违反招标投标法律法规导致施工合同无效。一是《新建设工程司法解释（一）》第一条第三款规定，建设工程必须进行招标而未招标或者中标无效的，发包人与承包人签订的建设工程施工合同无效；二是《新建设工程司法解释（一）》第二条第二款规定，招标人和中标人在中标合同之外就明显高于市场价格购买承建房产、无偿建设住房配套设施、让利、向建设单位捐赠财物等另行签订合同；三是根据《招标投标法》第四十一条第二款规定，以低于工程建设成本的工程项目标底订立的施工合同无效。②违反建筑领域资质管理法律法规导致施工合同无效。一是根据《新建设工程司法解释（一）》第一条第一款规定，承包人未取得建筑施工企业资质或者超越资质等级承揽建设工程签订的施工合同无效；二是根据《新建设工程司法解释（一）》第一条第二款规定，没有资质的实际施工人借用有资质的建筑施工企业名义签订的施工合同无效，即实际施工人“挂靠”情形。根据《发包与承包违法行为认定查处管理办法》的规定，挂靠是指单位或个人以其他有资质的施工单位的名义承揽工程的行为，包括参与投标、订立合同、办理有关施工手续、从事施工等活动。③违反建筑领域承包管理法律法规导致施工合同无效。根据《发包与承包违法行为认定查处管理办法》的规定，转包是指承包单位承包工程后，不履行合同约定的责任和义务，将其承包的全部工程或者将其承包的全部工程肢解后以分包的名义分别转给其他单位或个人施工的行为。违法分包是指承包单位承包工程后违反法律法规规定，把单位工程或分部分项工程分包给其他单位或个人施工的行为。④违反建筑领域建筑许可管理法律法规导致施工合同无效。根据《新建设工程司法解释（一）》第三条规定，对于当事人未取得建设工程规划许可证等规划审批手续而签订的施工合同无效。⑤违反建筑领域质量安全标准管理法律法规导致合同约定无效。根据《八民会议纪要》（民事部分）第三十条规定，当事人违反工程建设强制性标准，任意压缩合理工期、降低工程质量标准的合同约定无效。

（二）无效施工合同的结算依据。对于施工合同无效，承包人主张工程价款是否应当予以支持，《民法典》第七百九十三条关于建设工程施工合同无效的处理作出了明确规定：①建设工程施工合同无效，但建设工程经竣工验收合格，承包人请求参照合同约定支付工程价款的，应予支持；②建设工程施工合同无效，且建设工程经竣工验收不合格的，修复后的建设工程经竣工验收合格，发包人请求承包人承担修复费用的，应予支持；③建设工程施工合同无效，且建设工程经竣工验收不合格的，修复后的建设工程经竣工验收不合格，承包人请求支付工程价款的，不予支持。根据《建筑法》第三条规定：“建筑活动应当确保建筑工程质量和安全，符合国家的建筑工程安全标准。”对于发包人而言，由于建筑工程是否质量合格、是否达到安全使用标准决定了该建筑工程的使用价值，工程质量合格是发包人对承包人履行建设工程施工合同最基本的要求。因此，即使在合同无效情形下，建设工程质量合格依然是承包人请求支付工程价款的前提条件。对于施工合同无效，但建设工程质量合格的，承包人可以主张参照合同约定结算工程价款。对于施工合同无效，但建设工程质量不合格的，承包人应当根据《民法典》第七百九十三条和《建设工程质量管理条例》第三十二条的规定进行修复、返工或者改建，经修复、返工或者改建后质量合格的，承包人可以主张参照合同约定结算工程价款。如经修复、返工或者改建后质量仍不合格的，则承包人主张工程价款的请求将不会得到支持。

司法实践中，对于施工合同无效情形下，是否应当参照合同结算工程价款存在不同的观点。第一种观点认为，根据《民法典》第一百五十五条规定，无效的合同自始没有法律约束力，参照无效合同结算工程价款实质上将无效合同视为有效合同适用，违反了《民法典》第一百五十五条规定。第二种观点认为，根据《民法典》规定，合同无效或者被撤销后，因该合同取得的财产，应当予以返还；不能返还或者没有必要返还的，应当折价补偿。参照合同约定结算只是一种比较符合实际和公平的折价补偿计算方式，有利于保护当事人双方的合法利益。笔者倾向于第二种观点，理由如下：首先，承包人在建设工程施工过程中已将材料和劳动物化于建筑物中，在施工合同被认定无效情形下，该部分财产已不能返还或没有必要返还，应当予以折价补偿。其次，发包人与承包人在签订施工合同时，关于合同计价、计量、工程款支付比例、工程款结算等约定内容，均是当事人充分协商后决定的真实意思表示，以参照合同约定结算工程价款既符合双方当事人订立合同时的真实意思表示，也符合折价补偿的立法本意。最后，参照合同约定结算工程价款可以较为真实、准确地确定工程折价款，避免发生当事人因合同无效而获得比合同有效更多的利益。另外，对于建设工程施工合同无效，建设工程经竣工验收合格的，合同约定的哪些条款可以参照适用？在最高人民法院（2013）民提字第59号中认为："按照最高人民法院《最高人民法院关于审理建设工程施工合同纠纷案件适用法律问题的解释》（已废止）第二条规定：'建设工程施工合同无效，但建设工程经竣工验收合格，承包人请求参照合同约定支付工程价款的，应予支持。'该规定确立了建设工程施工合同无效而建设工程经竣工验收合格的情形下，可参照合同约定结算工程价款的折价补偿原则。从本案建设工程实际履行情况来看，合同被确认无效后，如果采取鉴定结论2的结算方式，会造成无效合同比有效合同的工程价款还高，这不仅超出了当事人签订合同时的预期，也会导致合同当事人反而因无效合同获得额外利益。因此，除非双方当事人另行协商一致达成新的结算合意，否则，均应当参照合同约定进行结算。”

（三）“三无工程”的结算。建筑工程领域的“三无工程”是指未取得建设用地规划许可证、国有土地使用权证和建设工程规划许可证的建设工程。根据《城乡规划法》第四十条第一款规定：“在城市、镇规划区内进行建筑物、构筑物、道路、管线和其他工程建设的，建设单位或者个人应当向城市、县人民政府城乡规划主管部门或者省、自治区、直辖市人民政府确定的镇人民政府申请办理建设工程规划许可证。”《建筑法》第七条规定：“建筑工程开工前，建设单位应当按照国家有关规定向工程所在地县级以上人民政府建设行政主管部门申请领取施工许可证；但是，国务院建设行政主管部门确定的限额以下的小型工程除外。按照国务院规定的权限和程序批准开工报告的建筑工程，不再领取施工许可证。”我国现行法律法规对建筑活动采取严格的审批许可监管制度，对于未取得建设工程规划审批手续的建设工程，《城乡规划法》第六十四条规定：“未取得建设工程规划许可证或者未按照建设工程规划许可证的规定进行建设的，由县级以上地方人民政府城乡规划主管部门责令停止建设；尚可采取改正措施消除对规划实施的影响的，限期改正，处建设工程造价百分之五以上百分之十以下的罚款；无法采取改正措施消除影响的，限期拆除，不能拆除的，没收实物或者违法收入，可以并处建设工程造价百分之十以下的罚款。”而对于当事人就“三无工程”签订建设工程施工合同的效力如何认定，司法实务中存在不同的观点：有的观点认为，根据《民法典》第一百五十三条第一款规定：“违反法律、行政法规的强制性规定的民事法律行为无效。但是，该强制性规定不导致该民事法律行为无效的除外。”上述规定中的“强制性规定”是指效力性强制性规定，而《城乡规划法》《建筑法》关于建设工程办理建设用地规划许可证、国有土地使用权证和建设工程规划许可证的规定属于行政管理性规定，并未明确规定未办理相关行政审批手续所签订的合同无效。也有点观点认为，办理建设工程规划审批手续属于法律效力性强制规定，“三无工程”属于违法建设工程，基于违法建设工程签订的建设工程施工合同应当无效。笔者倾向于第二种观点，理由是：根据最高人民法院发布的《关于当前形势下审理民商事合同纠纷案件若干问题的指导意见》（法发〔2009〕40号）第15条规定：“正确理解、识别和适用合同法第五十二条第（五）项中的“违反法律、行政法规的强制性规定”，关系到民商事合同的效力维护以及市场交易的安全和稳定。人民法院应当注意根据《合同法司法解释（二）》第十四条之规定，注意区分效力性强制规定和管理性强制规定。违反效力性强制规定的，人民法院应当认定合同无效；违反管理性强制规定的，人民法院应当根据具体情形认定其效力。”建筑活动涉及社会公共利益和民众公共安全，建设用地规划和建设工程规划直接关系城市土地合理使用、城市建筑合理布局，采取建设工程规划审批管理的目的就是为了维护公共利益和保障公共安全，建设工程合法建设的前提条件是取得建设工程规划许可证，《建筑法》《城乡规划法》的上述规定属于效力性强制性规定。“三无工程”属于未取得建设工程规划许可审批手续即进行建设，属于法律明确禁止的行为，建设单位与施工单位签订的施工合同因属违法而无效。对此，《新建设工程司法解释（一）》第三条也作出了明确规定：“当事人以发包人未取得建设工程规划许可证等规划审批手续为由，请求确认建设工程施工合同无效的，人民法院应予支持，但发包人在起诉前取得建设工程规划许可证等规划审批手续的除外。发包人能够办理审批手续而未办理，并以未办理审批手续为由请求确认建设工程施工合同无效的，人民法院不予支持。”对于“三无工程”的工程价款如何结算的问题，司法实务中也存在两种观点：第一种观点认为，应当参照《民法典》第七百九十三条的规定处理，建设工程经竣工验收合格的，参照合同约定结算工程价款。因建设工程不合格造成损失的，发包人和承包人按照过错大小承担相应的责任。第二种观点认为，“三无工程”属于违章建筑，应当按照《城乡规划法》第六十四条规定予以拆除，发包人与承包人签订的施工合同不应当予以保护，承包人主张支付工程价款的，不应当予以支持，因合同无效造成的损失，由双方按照过错大小承担相应的责任。

笔者认为，对于“三无工程”的结算应当区分不同情况予以处理：①经建设单位整改取得了建设工程规划许可证等规划审批手续的，“三无工程”转变为合法工程，不影响施工合同效力，发包人与承包人应当按照合同约定结算工程价款。②经建设单位整改仍未取得建设工程规划许可证等规划审批手续，且经当地城乡规划主管部门责令拆除的，或实际已经被拆除的，发包人与承包人应当按照过错大小承担实际损失赔偿责任。③经建设单位整改仍未取得建设工程规划许可证等规划审批手续，且经当地城乡规划主管部门确认不予拆除的，应当参照《民法典》第七百九十三条的规定处理，建设工程经竣工验收合格的，参照合同约定结算工程价款。

三、“黑白合同”的结算

（一）“黑白合同”的认定

根据《招标投标法》第四十六条规定：“招标人和中标人应当自中标通知书发出之日起三十日内，按照招标文件和中标人的投标文件订立书面合同。招标人和中标人不得再行订立背离合同实质性内容的其他协议。招标文件要求中标人提交履约保证金的，中标人应当提交。”我国现行法律法规对建设工程“黑白合同”没有明确定义，在2003年10月27日第十届全国人民代表大会常务委员会第五次会议上，时任全国人大常委会副委员长李铁映在《全国人大常委会执法检查组关于检查〈中华人民共和国建筑法〉实施情况的报告》中提及“工程招投标中‘黑白合同’问题突出”，并说明：“所谓‘黑合同’，就是建设单位在工程招投标过程中，除了公开签订的合同外，又私下与中标单位签订合同，强迫中标单位垫资带资承包、压低工程款等。”该报告说明对黑白合同认定有三个基本因素：一是建设工程经过招投标程序，二是发包人与承包人签订了中标合同，三是发包人与承包人在中标合同之外另行签订了与中标合同不一致的实际履行的合同。根据《新建设工程司法解释（一）》第二十三条规定：“发包人将依法不属于必须招标的建设工程进行招标后，与承包人另行订立的建设工程施工合同背离中标合同的实质性内容，当事人请求以中标合同作为结算建设工程价款依据的，人民法院应予支持，但发包人与承包人因客观情况发生了在招标投标时难以预见的变化而另行订立建设工程施工合同的除外。”根据《住房城乡建设部关于修改 < 房屋建筑和市政基础设施工程施工招标投标管理办法 > 的决定》（中华人民共和国住房和城乡建设部令第43号，2018年9月28日起施行）第五点：删去第四十七条第一款中的“订立书面合同后7日内，中标人应当将合同送工程所在地的县级以上地方人民政府建设行政主管部门备案。”即中标合同已不再要求向建设主管部门备案。结合上述法律及部门规章规定。笔者认为，建筑工程领域的黑白合同是指招标人与中标人针对同一建设项目签订的两份或多份实质性内容不一致的合同，经过招投标签订的中标合同称为白合同，与中标合同实质性内容不一致的合同称为黑合同。所谓“实质性内容不一致”，按照《浙江省高级人民法院民事审判第一庭关于审理建设工程施工合同纠纷案件若干疑难问题的解答》认为，主要包括合同中的工程价款、工程质量、工程期限三部分。

（二）“黑白合同”的情形

建筑工程领域常见的“黑白合同”情形主要包括：1.强制招标投标项目经过招标投标，且招标投标合法有效，发包人与承包人在签订中标合同后另行签订与中标合同实质性内容不一致的施工合同。根据《招标投标法》第三条：“在中华人民共和国境内进行下列工程建设项目包括项目的勘察、设计、施工、监理以及与工程建设有关的重要设备、材料等的采购，必须进行招标：（一）大型基础设施、公用事业等关系社会公共利益、公众安全的项目；（二）全部或者部分使用国有资金投资或者国家融资的项目；（三）使用国际组织或者外国政府贷款、援助资金的项目。前款所列项目的具体范围和规模标准，由国务院发展计划部门会同国务院有关部门制订，报国务院批准。法律或者国务院对必须进行招标的其他项目的范围有规定的，依照其规定。”根据《必须招标的工程项目规定》第二条：“全部或者部分使用国有资金投资或者国家融资的项目包括：（一）使用预算资金200万元人民币以上，并且该资金占投资额10%以上的项目；（二）使用国有企业事业单位资金，并且该资金占控股或者主导地位的项目。”第三条：“使用国际组织或者外国政府贷款、援助资金的项目包括：（一）使用世界银行、亚洲开发银行等国际组织贷款、援助资金的项目；（二）使用外国政府及其机构贷款、援助资金的项目。”第四条：“不属于本规定第二条、第三条规定情形的大型基础设施、公用事业等关系社会公共利益、公众安全的项目，必须招标的具体范围由国务院发展改革部门会同国务院有关部门按照确有必要、严格限定的原则制订，报国务院批准。”根据国家发展和改革委员会2018年6月6日施行的《必须招标的基础设施和公用事业项目范围规定》第二条：“不属于《必须招标的工程项目规定》第二条、第三条规定情形的大型基础设施、公用事业等关系社会公共利益、公众安全的项目，必须招标的具体范围包括：(一)煤炭、石油、天然气、电力、新能源等能源基础设施项目；(二)铁路、公路、管道、水运，以及公共航空和A1级通用机场等交通运输基础设施项目；(三)电信枢纽、通信信息网络等通信基础设施项目；(四)防洪、灌溉、排涝、引(供)水等水利基础设施项目；(五)城市轨道交通等城建项目。”2. 非强制招投标项目经过招投标，且招投标合法有效，发包人与承包人在签订中标合同后另行签订与中标合同实质性内容不一致的施工合同。按照《招标投标法》第二条规定：“在中华人民共和国境内进行招标投标活动，适用本法。”该规定并未区分强制招投标项目和非强制招投标项目，但制定《招标投标法》的目的是为了规范招标投标活动，保护国家利益、社会公共利益和招标投标活动当事人的合法权益。因此，对于非强制招投标的建设工程项目若采用招标投标方式的，亦应当遵守招投标法的相关规定，在签订中标合同后不得另行签订与中标合同实质性内容不一致的合同。

(三)“黑白合同”的结算依据

一般认为，招标人与投标人签订的“黑合同”违反了《招标投标法》第四十六条关于“招标人和中标人不得再行订立背离合同实质性内容的其他协议”的规定而应认定为无效。根据《新建设工程司法解释(一)》第二条规定：“招标人和中标人另行签订的建设工程施工合同约定的工程范围、建设工期、工程质量、工程价款等实质性内容，与中标合同不一致，一方当事人请求按照中标合同确定权利义务的，人民法院应予支持。招标人和中标人在中标合同之外就明显高于市场价格购买承建房产、无偿建设住房配套设施、让利、向建设单位捐赠财物等另行签订合同，变相降低工程价款，一方当事人以该合同背离中标合同实质性内容为由请求确认无效的，人民法院应予支持。”据此，黑白合同情形下，发包人与承包人应当以白合同也就是中标合同作为工程价款结算的依据。2012年《浙江省高级人民法院民事审判第一庭关于审理建设工程施工合同纠纷案件若干疑难问题的解答》第十六条规定：“当事人就同一建设工程另行订立的建设工程施工合同与中标合同实质性内容不一致的，不论该中标合同是否经过备案登记，均应当按照最高人民法院《关于审理建设工程施工合同纠纷案件适用法律问题的解释》第二十一条的规定，以中标合同作为工程价款的结算依据。当事人违法进行招投标，当事人又另行订立建设工程施工合同的，不论中标合同是否经过备案登记，两份合同均为无效；应当按照最高人民法院《关于审理建设工程施工合同纠纷案件适用法律问题的解释》第二条的规定，将符合双方当事人的真实意思，并在施工中具体履行的那份合同，作为工程价款的结算依据。”

四、逾期默认条款的结算

（一）默认条款的约定

建设工程施工合同中的逾期默认条款又称“以送审价为准”，一般是指合同约定发包人收到承包人提交的竣工结算文件后，在约定期限内不予答复视为认可结算文件，双方按照承包人提交的竣工结算文件确定工程结算价款。建设工程施工合同中设置默认条款的目的是为了防止发包人拖延结算的行为。《建设工程施工合同（示范文本）》（GF—2017—0201）通用条款第14.2条第一款约定：“除专用合同条款另有约定外，监理人应在收到竣工结算申请单后14天内完成核查并报送发包人。发包人应在收到监理人提交的经审核的竣工结算申请单后14天内完成审批，并由监理人向承包人签发经发包人签认的竣工付款证书。监理人或发包人对竣工结算申请单有异议的，有权要求承包人进行修正和提供补充资料，承包人应提交修正后的竣工结算申请单。发包人在收到承包人提交竣工结算申请书后28天内未完成审批且未提出异议的，视为发包人认可承包人提交的竣工结算申请单，并自发包人收到承包人提交的竣工结算申请单后第29天起视为已签发竣工付款证书。”

（二）默认条款的结算依据

关于默认条款的适用，《新建设工程司法解释（一）》第二十一条规定：“当事人约定，发包人收到竣工结算文件后，在约定期限内不予答复，视为认可竣工结算文件的，按照约定处理。承包人请求按照竣工结算文件结算工程价款的，人民法院应予支持。”司法实践中，由于工程价款结算涉及建设工程施工合同双方当事人的根本利益，人民法院在案件审理中对于适用逾期视为默认条款较为谨慎，主要考虑有两点：一是承包人提交的结算文件系单方意思表示，未经发包人审核同意，不能形成结算合意；二是承包人提交的结算价普遍虚高，未经发包人审核确认而直接认可不能真实准确反映工程造价。默认条款结算适用，关键是判断发包人与承包人是否明确约定了"在合同约定的期限内不予答复视为认可竣工结算文件"。如果合同没有明确约定逾期视为认可，仅仅约定审价的期限，则不当然产生"按照竣工结算文件进行工程价款结算"的法律后果。最高人民法院《民事审判指导与参考》2016年第3辑（总第67辑）认为："《最高人民法院关于审理建设工程施工合同纠纷案件适用法律问题的解释》第二十条规定的适用有严格条件，一是合同通用条款或者专用条款明确约定'第二十一条当事人约定，发包人收到竣工结算文件后，在约定期限内不予答复，视为认可竣工结算文件的，按照约定处理。承包人请求按照竣工结算文件结算工程价款的，人民法院应予支持。'；二是发包人确实没有答复，如果发包人有回复，亦不能适用该规定。承包人提交的竣工结算文件不符合合同约定或法律规定的条件，发包人逾期未予回复，承包人主张按照竣工结算文件结算工程价款的，不予支持，但可从逾期答复之日起计付应付工程款的利息，合同另有约定的除外。"

结合上述法律规定和司法意见，适用默认条款结算应当符合以下条件：①发包人与承包人签订的施工合同合法有效；②合同中明确约定了逾期不答复视为认可竣工结算问题；③合同中明确约定了发包人对承包人提交的竣工结算文件的审核期限；④承包人已向发包人完整提交了结算文件资料；⑤发包人收到结算文件资料后，在约定的结算期限内未提出异议。

五、未完工程的结算

（一）未完工程的结算前提

未完工程又称"半拉子工程""烂尾工程"，指建设工程施工合同在履行过程中，承包人承建的工程未能全部完工，处于停工状态或由其他施工主体进行施工的工程。实践中，导致建设工程未能完工的原因很多，既有可能是发包人的原因，也有可能是承包人的原因。虽然工程未完工，但承包人已投入了相当的人工和材料，只要已完成的工程质量合格，承包人有权向发包人主张相应的工程价款。即使由于承包人的原因导致工程未能完工或存在其他违约情形，发包人可追究承包人的违约责任，但不得以此为由拒绝支付已完工程的工程价款。如果是由于发包人的原因导致工程未能完工的，则发包人应当对已完成的工程价款进行结算，并赔偿承包人因工程烂尾造成的损失。也就是说，未完工程的结算前提是已完工程质量合格。

（二）未完工程的结算依据

对于未完工程中已完成的建设工程，应当按照合同约定进行结算支付相应的工程价款。但由于工程价款结算方式的不同，特别是采取固定总价方式结算的施工合同，在建设工程未能全部完成的情况下，应当如何确定已完工程的工程价款，实务中往往产生较多争议。固定总价合同又称包干合同、闭口合同，参照《建设工程施工合同（示范文本）》（GF—2017—0201）中的定义，固定总价合同是指合同当事人约定以施工图、已标价工程量清单或预算书及有关条件进行合同价格计算、调整和确认的建设工程施工合同，在约定的范围内合同总价不作调整。固定总价合同结算方式较为简单，只要承包人完成了合同约定范围的全部工程，如不存在增加或变更的工程，则发包人应当按照合同约定的总价款支付工程款。但对于固定总价合同出现未完工程情形如何结算，现行建设工程司法解释未有明确规定，部分地方法院出台了相关指导意见或规定，实践中主要有以下三种计算方式：

1. 按定额标准计算。按定额标准结算是指以建设行政管理部门发布的建筑工程定额取费标准，根据已完成的工程量核定工程价款。《重庆市高级人民法院关于当前民事审判若干法律问题的指导意见》第 15 条规定：“固定价合同的结算。建设工程合同中当事人约定按固定价结算，或者总价包干，或者单价包干的，承包人按照合同约定范围完工后，应当严格按照合同约定的固定价结算工程款。如果承包人中途退出，工程未完工，承包人主张按定额计算工程款，而发包人要求按定额计算工程款后比照包干价下浮一定比例的，应予支持。”按照定额计算已完工程的造价，主要是以取费标准的公平实现工程造价的结算公平，但对于采用工程量清单计价方式的工程项目而言，建筑施工企业可以根据工程项目施工内容、施工难度、人工材料机械成本等综合因素提出报价，有可能低于定额标准，也有可能高于定额标准。因此，对未完工程项目采取定额标准计算已完工程部分的造价，相比较合同价格，可能会出现承包人未完成全部施工反而获取更多利益，从而增加发包人价款支付义务的情形，也可能出现承包人对已完成部分工程获得亏损利益，从而减少发包人价款支付义务的情形。

2. 按工程价款比例折算。按工程价款比例折算是指以合同约定的固定总价为基准，在同一取费标准下计算出已完工程部分的价款占整个合同约定工程的总价款的比例，确定发包人应付的工程款。即：已完工程结算价款 = 合同约定的固定总价 ×（同一取费标准计算已完工程价款 / 同一取费标准计算合同约定全部工程价款）。按工程价款比例折算方式操作相对复杂，但是计算结果相对合理，也更符合实际，目前司法实践中包括司法工程造价鉴定也大多倾向于采用此种方法。

3. 按工程量比例折算。按工程量比例折算是指以合同约定的固定总价为基准，按已完工程量占合同约定总工程量的比例为系数进行折算。计算公式如下：即：已完工程结算价款 = 合同约定的固定总价 ×（已完工程量 / 合同约定工程量）。《四川省高级人民法院关于审理建设工程施工合同纠纷案件若干疑难问题的解答》第25条规定："约定工程价款实行固定总价结算的建设工程施工合同在未全部完成施工即终止履行，承包人已施工的工程质量合格，承包人要求发包人支付工程价款的，由双方协商确定已施工的工程价款，协商不成的，由鉴定机构根据工程设计图纸、施工图纸、施工签证、交接记录等资料以及现场勘验结果对已完成工程量占合同工程量比例计算系数，再用合同约定的固定价款乘以该系数确定发包人应付的工程价款。当事人就已施工的工程量存在争议的，应当根据双方在撤场交接时签订的会议纪要，交接记录以及监理材料，后续施工资料等文件予以确定；不能确定的，应根据承包人撤场时未能办理交接及工程未能完工的原因等因素合理分配举证责任。"按工程量比例折算方式操作相对简便，但由于各分部分项工程的计量单位、计量价格不同，而且多数存在不平衡报价的情形，对于只完成少部分工程量的项目，按照此种方式计算的工程造价欠缺合理性。

六、结算协议问题

（一）结算协议的性质

建筑工程领域，发包人与承包人通常以签订结算审定单或结算审核定案表的形式对工程价款结算达成一致意见，但对于结算过程中存在争议事项或对工程款结算、结算款支付达成新约定的，发包人与承包人通常以签订结算协议书的方式完成结算。无论采取何种方式完成结算，都是发包人与承包人对工程价款最终结算相互协商的结果。根据《建设工程施工合同（示范文本）》（GF—2017—0201）通用条款第 14 条约定，工程竣工结算通常包括结算申请和结算审核，具体为：①承包人在工程竣工验收合格后 28 天内向发包人和监理人提交竣工结算申请单，并提交完整的结算资料；②监理人在收到竣工结算申请单后 14 天内完成核查并报送发包人，发包人在收到监理人提交的经审核的竣工结算申请单后 14 天内完成审批；③监理人或发包人对竣工结算申请单有异议的，有权要求承包人进行修正和提供补充资料，承包人应提交修正后的竣工结算申请单；④发包人在收到承包人提交竣工结算申请书后 28 天内未完成审批且未提出异议的，视为发包人认可承包人提交的竣工结算申请单。承包人提交竣工结算申请单，除专用合同条款另有约定外，应包括以下内容：竣工结算合同价格；发包人已支付承包人的款项；应扣留的质量保证金；发包人应支付承包人的合同价款。根据《民法典》第四百六十四条第一款规定：“合同是民事主体之间设立、变更、终止民事法律关系的协议。”从《建设工程施工合同（示范文本）》（GF—2017—0201）关于竣工结算的约定内容可以看出，竣工结算是发包人与承包人共同沟通协商的结果，是施工单位与业主就工程价款、工期责任、质量责任、工程索赔等一揽子事项达成的新的协议。根据《新建设工程司法解释（一）》第二十九条规定：“当事人在诉讼前已经对建设工程价款结算达成协议，诉讼中一方当事人申请对工程造价进行鉴定的，人民法院不予准许。”该条规定说明法院认可了结算协议是当事人之间形成的独立于施工合同的新协议，结算协议签订后，发包人与承包人双方应当严格按照协议履行。

（二）结算协议的效力

关于结算协议的效力，司法实践中有不同的观点，但大部分法院均持结算协议有效的观点。主要理由如下：①结算协议系发包人与承包人双方的真实意思表示，不违反法律法规强制性效力性规定，应当合法有效。工程价款结算是发包人与承包人对应付工程款充分协商的过程，签订结算协议系双方达成合意的结果，体现了当事人的意思自治和真实意思表示，如不存在违反法律法规强制性效力性规定的情形，结算协议应当合法有效。②施工合同的效力不影响结算协议的效力。合同的从属性主要表现在合同的成立、存续、消灭上具有从属关系。从合同以主合同的有效为前提，主合同有效从合同有效，主合同无效从合同亦无效；从合同以主合同的存在为前提主合同变更或消灭，从合同原则上随之变更或消灭。典型的从合同有保证合同、定金合同、抵押合同、质押合同等。而结算协议与施工合同明显不存在主从合同关系，结算协议完全独立于施工合同，其效力并不以施工合同的有效存在为前提。③结算协议可以减少诉讼成本，提高审判效率。由于结算协议独立于施工合同，结算价款系当事人双方的真实意思表示，依据结算协议认定工程价款，符合当事人双方的利益，避免采取司法鉴定等方式确定工程价款，既减少了当事人双方的诉讼成本，也提高了法院的审判效率。《北京市高级人民法院关于审理建设工程施工合同纠纷案件若干疑难问题的解答》（京高法发〔2012〕245号）第7条规定："当事人在诉讼前已就工程价款的结算达成协议，一方要求重新结算的，如何处理？当事人在诉讼前已就工程价款的结算达成协议，一方在诉讼中要求重新结算的，不予支持，但结算协议被法院或仲裁机构认定为无效或撤销的除外。建设工程施工合同无效，但工程经竣工验收合格，当事人一方以施工合同无效为由要求确认结算协议无效的，不予支持。"

七、施工企业建设工程价款结算法律风险防范

（一）规范订立合同，使用示范合同文本

合同是确定双方当事人权利义务的基础，建设工程项目资金投入大、建设周期长，合同履行过程中涉及双方当事人的权利义务内容较多，订立建设工程合同需要一定的工程实务经验和必要的法律知识。为指导和规范建筑行业订立合同行为，住房和城乡建设部会同国家工商行政管理局制定了多种建设工程相关的示范合同，如2017年出台的《建设工程施工合同（示范文本）》

（GF—2017—0201），示范合同较为全面地约定了合同当事人的各项权利和义务，为合同当事人订立合同提供了专业的指导和参考，避免合同内容缺项漏项，防止事后发生合同纠纷。

（二）明确约定结算送审逾期不予答复视为认可的法律后果

工程结算送审是承包人与发包人在结算过程中发生争议较多的环节，发包人为了拖延工程款支付时间，往往对承包人提交的结算报告长时间不予审定，造成承包人无法及时结算工程价款。根据《新建设工程司法解释（一）》第二十一条规定，如合同当事人明确约定，发包人收到竣工结算文件后，在约定期限内不予答复，视为认可竣工结算文件的，按照约定处理。承包人请求按照竣工结算文件结算工程价款的，人民法院应予支持。因此，承包人应当在合同当中明确发包人的结算异议期限及逾期不予答复的法律后果。例如《建设工程施工合同（示范文本）》（GF—2017—0201）第 14.2 条第一款约定："发包人在收到承包人提交竣工结算申请书后 28 天内未完成审批且未提出异议的，视为发包人认可承包人提交的竣工结算申请单，并自发包人收到承包人提交的竣工结算申请单后第 29 天起视为已签发竣工付款证书。"

（三）明确约定价格调整风险范围，谨慎选择固定总价结算方式

由于建设工程合同履行周期较长，施工过程中经常遇到人工、材料价格波动的情形，如价格大幅上涨，将造成承包人施工成本大幅上升。采取固定总价结算方式的承包人可能为了避免重大亏损而无法继续完成施工，造成项目烂尾。因此，施工企业在签订合同时，应该按照工程项目具体情况对合同结算方式作出有利于自己的选择，并明确约定价格调整风险范围，谨慎选择固定总价结算方式。

（四）重视签证函件，注意收集结算证据

施工企业在施工过程中，对于涉及施工内容变更、施工项目增加、工程价款调整等与工程价款结算相关的事项均应当按照合同约定期限和方式向发包人签证。此外，必须注意收集各项施工基础资料以及相关函件资料，作为结算证据资料做好存档工作。对于涉及工期延误、停窝工损失等事项，应当按照合同约定及时申请工期顺延及工期索赔，为可能出现的结算纠纷提供充分的证据支持。

（五）充分借助专业法律服务，维护自身合法权益

建筑工程领域纠纷涉及的法律关系较为复杂，涉及的工程专业知识较多，施工企业应当充分借助专业法律服务，采用“律师全程参与模式”，由律师事务所指派专业工程律师提供全过程咨询服务，从招投标、合同谈判、合同签订、合同履行到竣工结算全程参与，维护自身合法权益。

八、结语

由于建筑工程项目投资大、工期长、工作面多、涉及当事人法律关系复杂，导致建设工程施工合同具有履行期限长、法律风险高、当事人纠纷多的特点。司法实践中，由于现行法律法规的不完善，导致法院或仲裁机构对工程价款结算争议纠纷审判解决思路不尽统一。

核心观点解析 28：非根据招标投标结果签订的“中标合同”与招标投标文件载明的工程价款不一致的，以招标投标文件作为结算依据

观点评述：

在实践中，常见发承包双方就同一建设工程项目签订多份建设工程施工合同情形。一般来说，当事人另行签订的建设工程施工合同与经过备案的中标合同实质性内容不一致，应当以备案的中标合同作为结算工程价款的依据。然而，以备案的中标合同作为结算工程价款依据的前提条件是备案合同合法有效。

《招标投标法》第四十六条规定：“招标人和中标人应当自中标通知书发出之日起三十日内，按照招标文件和中标人的投标文件订立书面合同。招标人和中标人不得再行订立背离合同实质性内容的其他协议。招标文件要求中标人提交履约保证金的，中标人应当提交。”据此，中标合同必须按照招标投标文件进行签订，其实质内容应当与招标文件、中标通知书保持一致。此外，由《新建设工程司法解释（一）》第二十二条规定可知，当事人签订的建设

工程施工合同与招标文件、投标文件、中标通知书载明的工程范围、建设工期、工程质量、工程价款不一致，应以招标文件、投标文件、中标文件作为结算依据。

综上，笔者认为，工程价款属于实质性条款，在建设工程招投标活动中，招标属于要约邀请，投标属于要约行为，招标人发出中标通知书即为承诺，此时在当事人之间已成立合同关系，对发承包双方已产生法律拘束力。故发承包双方应根据招标投标文件的内容订立合同，如果所订立的施工合同工程价款与招标投标内容不一致的，则以招投标文件作为结算依据。

最高人民法院案例索引:（2020）最高法民申4566号

裁判要旨:

案涉备案的《建设工程施工合同》关于工程价款的约定与案涉招标投标文件载明的工程价款不一致，并非根据招标投标结果签订的合同，不属于司法解释规定的“中标合同”。故不以经备案的建设工程施工合同作为工程价款结算依据，以招投标文件作为结算依据。

实务建议:

发承包双方应根据招标投标文件签订施工合同，当建设工程施工合同与招标投标文件不一致时，司法解释明确规定以招投标文件作为结算工程价款的依据。值得注意的是，以招标投标文件作为最终结算依据的前提是招标投标活动合法有效，如果招标投标活动本身就不具备合法性，因招标投标行为无效而导致招标投标文件及所签订相应施工合同无效，则招标投标的文件不能作为结算依据。在此种情形下，则应当根据多份无效合同，以当事人实际履行的合同作为最终的结算依据。因此，发承包双方除应注意招标投标活动的合法性以外，同时需要注意保存合同实际履行的相关证据，以便争议时举证。

参考法条

《招标投标法》

第四十六条　招标人和中标人应当自中标通知书发出之日起三十日内，按照招标文件和中标人的投标文件订立书面合同。招标人和中标人不得再行订立背离合同实质性内容的其他协议。

招标文件要求中标人提交履约保证金的，中标人应当提交。

《新建设工程司法解释（一）》

第二十二条　当事人签订的建设工程施工合同与招标文件、投标文件、中标通知书载明的工程范围、建设工期、工程质量、工程价款不一致，一方当事人请求将招标文件、投标文件、中标通知书作为结算工程价款的依据的，人民法院应予支持。

核心观点解析29：补充协议未对中标合同的实质性内容进行变更的，该补充协议合法有效，可作为工程价款的结算依据

观点评述：

一般来说，补充协议是对主合同的补充或者变更。而“补充”与“变更”分属两个不同的法律概念，“补充”是指因主合同约定不明或没有约定而加以添补；“变更”是指对主合同已约定的事项进行改变。因此，对于仅起补充作用的“补充协议”而言，是对主合同内容的补充和细化，并未对主合同已约定的实质性事项进行改变。《民法典》第五百一十条规定：“合同生效后，当事人就质量、价款或者报酬、履行地点等内容没有约定或者约定不明确的，可以协议补充；不能达成补充协议的，按照合同相关条款或者交易习惯确定。”第五百四十三条规定：“当事人协商一致，可以变更合同。”笔者认为即使没经

过招标投标程序而签订的补充协议，未对中标合同的实质性内容进行变更的，该补充协议不存在违反法律强制性规定情形的，应认定为合法有效协议，可作为工程价款的最终结算依据。

最高人民法院案例索引:（2021）最高法民申1144号

裁判要旨：

《补充协议》虽然未经过招投标程序签订，但《补充协议》属于对备案的《建设工程施工合同》的内容的补充和细化，并未对实质性内容进行变更。本案并不存在适用《最高人民法院关于审理建设工程施工合同纠纷案件适用法律问题的解释》（已废止）第二十一条关于“当事人就同一建设工程另行订立的建设工程施工合同与经过备案的中标合同实质性内容不一致的，应当以备案的中标合同作为结算工程价款的根据。”规定的情形。因此，判决认定《补充协议》属于双方当事人在合同履行过程中经协商一致的合同变更，《补充协议》可以作为双方工程款的结算依据。

实务建议：

《补充协议》是在中标的施工合同之后签订的，常见的补充合同也往往会涉及合同价格或者施工工期的变更，一般应属于对实质内容的改变。虽然《补充协议》涉及合同价格或者施工范围、施工工期等实质性条款，但是所涉及的内容并非就实质性内容进行修改、变更，而是对实质性内容进一步具体和细化，此情形之下不应当认定为变更了中标合同的实质性条款，不宜一概据此即认定补充协议无效。建议发承包双方在订立《补充协议》之时，考量所需要补充约定的工程价款的调整比例、施工工期调整比例，是否存在变更或增量等情形，如价款变更相对于中标合同所约定的实质性内容，只是稍有调整，不会出现双方当事人利益失衡的情形的，该补充协议中的变更或补充系双方当事人的真实意思表示，应当认定《补充协议》有效；反之，如调整幅度或比例较大，则有存在《补充协议》被认定无效的风险。

参考法条

《新建设工程司法解释（一）》

第二十二条　当事人签订的建设工程施工合同与招标文件、投标文件、中标通知书载明的工程范围、建设工期、工程质量、工程价款不一致，一方当事人请求将招标文件、投标文件、中标通知书作为结算工程价款的依据的，人民法院应予支持。

核心观点解析 30：合法有效的中标备案合同不因约定“本合同仅作备案作用，不作为施工结算的依据”而影响其作为结算工程价款的依据

观点评述：

一般情况下，民事法律行为后果遵循有约先从约，无约就依法的适用原则，但其适用前提必须是当事人的“约定”不违反相关法律强制性规定，或者不能损害国家利益、集体利益或他人利益，否则该约定应当认定为无效的约定。司法实践中，因当事人的“约定”不合法，存在合同无效和部分合同条款约定无效的情形。无效合同自始不具有法律约束力；而部分合同条款约定无效，不影响其他部分效力的，其他部分仍然有效。在中标合同中约定“本合同仅作备案作用，不作为施工结算的依据”明显有违维护中标合同的法律效力、规范建筑市场规则的目的。故合法有效的中标备案合同不因约定“本合同仅作备案作用，不作为施工结算的依据”而影响其作为结算工程价款的依据。

最高人民法院案例索引：（2021）最高法民申 66 号

裁判要旨：

《湘岳兰庭（一期）续建工程合同》并未因违反强制性法律规定而无效，

且双方将该合同进行了备案，故该合同为有效合同。对于合同结尾注明的“本合同仅作备案作用，不作为施工结算的依据”的内容，明显有违《最高人民法院关于审理建设工程施工合同纠纷案件适用法律问题的解释》（已废止）第二十一条关于维护中标合同的法律效力，规范建筑市场的规则目的。故人民法院认为《湘岳兰庭（一期）续建工程合同》的备注内容不影响该合同作为案涉工程的结算依据。

参考法条

《新建设工程司法解释（一）》

第二十二条 当事人签订的建设工程施工合同与招标文件、投标文件、中标通知书载明的工程范围、建设工期、工程质量、工程价款不一致，一方当事人请求将招标文件、投标文件、中标通知书作为结算工程价款的依据的，人民法院应予支持。

《北京市高级人民法院关于审理建设工程施工合同纠纷案件若干疑难问题的解答》（京高法发〔2012〕245号）

15、“黑白合同”中如何结算工程价款？

法律、行政法规规定必须进行招标的建设工程，或者未规定必须进行招标的建设工程，但依法经过招标投标程序并进行了备案，当事人实际履行的施工合同与备案的中标合同实质性内容不一致的，应当以备案的中标合同作为结算工程价款的依据。

法律、行政法规规定不是必须进行招标的建设工程，实际也未依法进行招投标，当事人将签订的建设工程施工合同在当地建设行政管理部门进行了备案，备案的合同与实际履行的合同实质性内容不一致的，应当以当事人实际履行的合同作为结算工程价款的依据。

备案的中标合同与当事人实际履行的施工合同均因违反法律、行政法规的强制性规定被认定为无效的，可以参照当事人实际履行的合同结算工程价款。

核心观点解析31：参照招投标文件确定工程范围或工程结算的前提条件是招投标活动合法有效

观点评述：

以中标合同确定工程范围、工程价款等的前提条件是中标合同有效，无效的中标合同自始没有法律约束力。由于实践中常见“明招暗定”“围标串标”“先定后招”等违法行为的存在，严重干扰了招标投标市场的秩序，根据《招标投标法》的规定，上述行为均违反了法律法规的强制性规定，由此所订立的合同应当认定为无效合同。由于招投标行为存在违法性，也不能反映当事人之间的真实意思表示，也不宜依据由此所形成的系列无效合同作为认定发承包双方关于工程范围、工程价款、建设工期或工程质量的认定依据。工程范围应当以双方签订的有效合同进行确定，若双方签订的合同均为无效合同，则应当以实际履行的合同确定工程范围。

最高人民法院案例索引：（2020）最高法民申5258号

裁判要旨：

凯信公司主张《招标文件》等证据可以证明双方之间约定的建筑施工范围包括内墙砌筑和抹灰。根据原审查明的事实，案涉工程相关协议实际是王军和凯信公司签订的，因王军缺乏施工资质而无效。而《最高人民法院关于审理建设工程施工合同纠纷案件适用法律问题的解释（二）》（已废止）第一条、第十条规定适用前提是中标有效。故在王军伪造他人印章，以他人名义投标并签订中标合同等均无效的情形下，凯信公司主张按照中标文件而不是双方签订的合同确定工程范围不符合上述法律规定。

参考法条

《民法典》

第一百五十五条　无效的或者被撤销的民事法律行为自始没有法律约束力。

《新建设工程司法解释（一）》

第二十二条　当事人签订的建设工程施工合同与招标文件、投标文件、中标通知书载明的工程范围、建设工期、工程质量、工程价款不一致，一方当事人请求将招标文件、投标文件、中标通知书作为结算工程价款的依据的，人民法院应予支持。

核心观点解析 32：分包合同约定“背靠背”条款，承包人怠于履行催收工程款义务的，应认定分包合同的工程款已经具备付款条件

观点评述：

“背靠背”条款是指，总承包人为转移发包人支付不能的风险，在分包合同中约定以发包人支付工程款为前提的付款条款。

总包合同和分包合同为两个独立的合同，发包人和总承包人之间、总承包人和分包人之间两个独立的法律关系，两者之间的法律性质、效力、法律后果等不存在必然的法律关系，“背靠背”条款则是将两者进行挂钩的条款，属于附条件的条款，是当事人的真实意思表示，合法有效。

根据《民法典》第一百五十九条规定：“附条件的民事法律行为，当事人为自己的利益不正当地阻止条件成就的，视为条件已经成就；不正当地促成条件成就的，视为条件不成就。”实务中，判断分包合同中约定“背靠背”条款是否成就，着重审查总承包人是否怠于履行向发包人主张支付工程价款的义

务，积极促成付款条件成就，从而避免对分包人合法利益的侵害。通常情况下，特别是涉及国有资金投资的建设工程，发包人和总承包人约定以发包人财政审计结果或发包人委托第三方审定结果为结算依据并以此支付工程款，分包合同的“背靠背”条款则以此为付款条件，承包人应积极履行协助验收、协助结算、协助催款及审计等催收工程款义务，如承包人已履行催收义务而发包人仍未支付工程款的，则“背靠背”条款付款条件未成就。反之，如总承包人怠于履行催收，不正当阻止验收、付款条件成就，或怠于履行催告验收、审计等义务，则视为“背靠背”条款付款条件已成就。

最高人民法院案例索引：(2020)最高法民终106号

裁判要旨：

关于“背靠背”付款条件是否已经成就，中建一局提出双方约定了在大东建设未支付工程款情况下，中建一局不负有付款义务。但是，中建一局的该项免责事由应以其正常履行协助验收、协助结算、协助催款等义务为前提，作为大东建设工程款的催收义务人，中建一局并未提供有效证据证明其在盖章确认案涉工程竣工后至本案诉讼前，已积极履行以上义务，对大东建设予以催告验收、审计、结算、收款等。相反，中建一局工作人员房某的证言证实中建一局主观怠于履行职责，拒绝祺越公司要求，始终未积极向大东建设主张权利，该情形属于《合同法》第四十五条第二款规定附条件的合同中当事人为自己的利益不正当地阻止条件成就的，视为条件已成就的情形，故中建一局关于“背靠背”条件未成就、中建一局不负有支付义务的主张，理据不足。

实务建议：

合同约定“背靠背”条款的，作为承包人一方，应积极履行协助验收、协助结算、协助催款及审计等催收工程款义务，督促发包人按时支付工程款。如总包合同约定以发包人财政审计结果或发包人委托审定结果为结算依据支付工程款的，合同中应明确约定发包人提交审计或委托审定的期限。同时，在履行中加强证据意识，注意保留发包人故意延迟提交审计或委托审定的证据，以及承包人积极履行催收工程款义务的证据。

参考法条

《民法典》

第一百五十九条　附条件的民事法律行为，当事人为自己的利益不正当地阻止条件成就的，视为条件已经成就；不正当地促成条件成就的，视为条件不成就。

核心观点解析 33：发包人与总承包人之间的结算不能直接作为总承包人与分承包人之间的结算依据

观点评述：

根据合同相对性原则，发包人和总承包人所签订的总承包合同约束的是发包人和总承包人，总承包人和分承包人所签订的分包合同约束的是总承包人和分承包人，两个合同是独立的，不可突破合同相对性而要求合同以外第三人按合同约定履行，但合同以外第三人明确认可按合同约定履行除外。因此，如总承包人拟以总包合同项下的结算作为总承包人与分承包人之间的结算依据的，应取得分承包人认可。否则，总包合同项下的结算不能作为分包合同价款结算的依据。

最高人民法院案例索引：（2020）最高法民申 746 号

裁判要旨：

迟屹峰在再审申请中提供了竣工结算单、单项工程竣工结算汇总表等新的证据材料，其中竣工结算单载明大桥整体工程中标价格与结算价格分别为182985669.33 元、227112428.1 元，单项工程竣工结算汇总表载明排水工程造价、给水工程造价分别为12545423.04元、1460884.39元（给水、排水工程造价合计14006307.43元）。上述新的证据材料系迟屹峰与利民投资公司总包合同项下的结算文件，未取得弘宇公司的认可。根据合同相对性原则，迟屹峰与他人形成的结算文件不能当然作为弘宇公司与迟屹峰之间分包合同项下的结算依据，故迟屹峰补充提供上述新的证据材料并不能推翻一、二审判决。

参考法条

《民法典》

第四百六十五条　依法成立的合同，受法律保护。

依法成立的合同，仅对当事人具有法律约束力，但是法律另有规定的除外。

《新建设工程司法解释（一）》

第十九条　当事人对建设工程的计价标准或者计价方法有约定的，按照约定结算工程价款。

因设计变更导致建设工程的工程量或者质量标准发生变化，当事人对该部分工程价款不能协商一致的，可以参照签订建设工程施工合同时当地建设行政主管部门发布的计价方法或者计价标准结算工程价款。

建设工程施工合同有效，但建设工程经竣工验收不合格的，依照民法典第五百七十七条规定处理。

核心观点解析34：双方未约定以审计报告作为工程价款结算依据的，审计报告不应作为结算的依据

观点评述：

建设工程施工合同中，双方未约定以审计报告作为工程价款结算依据，

建筑工程施工发包与承包价在政府宏观调控下，由市场竞争形成，应该充分尊重当事人的意思自治，有约从约。审计是国家对建设单位的一种行政监督，审计人与被审计人间因审计发生的法律关系与施工合同之间的法律关系性质不同，施工合同当事人双方是平等民事主体之间的民事法律关系。审计部门的监督职能不能延伸到平等民事主体的合同领域，改变合同内容，审计并不影响施工合同效力，审计结论作为发承包工程价款的结算依据必须以当事人明确约定为前提。《新建设工程司法解释（一）》也明确规定，当事人对建设工程的计价标准或者计价方法有约定的，按照约定结算工程价款。如果双方当事人没有约定以审计机关作出的审计报告作为工程价款结算依据，则不能以审计报告作为工程价款的结算依据。所以合同双方应当在合同明确约定工程价款是否以审计报告为结算依据，以免出现因约定不明引发的合同争议。

最高人民法院案例索引：（2019）最高法民终1588号

裁判要旨：

太平洋公司主张本案应当以淮南市审计局于2014年8月29日出具的《审计报告》审计的价款为依据确定案涉工程施工图纸范围内工程价款，但审计是国家对建设单位的一种行政监督，以审计机关作出的审计报告作为工程价款结算依据，应当以双方合同有明确约定为前提。本案中，《建设工程施工合同》并未明确约定以审计报告作为工程价款结算依据，况且该《审计报告》审计的42167.41万元并非仅针对案涉工程施工图纸范围内工程价款作出的审计，还包含除变更签证手续不全部分和部分钢材调差争议部分费用外的变更签证工程价款，且根据淮南市审计局于2015年10月27日又向太平洋公司送达审计报告征求意见书，太平洋公司亦就此提出针对性意见的事实来看，上述《审计报告》并非最终稿，相应的造价数额不能作为确定案涉工程最终造价的依据。

参考法条

《建筑法》

第十八条　建筑工程造价应当按照国家有关规定，由发包单位与承包单位在合同中约定。公开招标发包的，其造价的约定，须遵守招标投标法律的规定。

发包单位应当按照合同的约定，及时拨付工程款项。

《建筑工程施工发包与承包计价管理办法》

第三条　建筑工程施工发包与承包价在政府宏观调控下，由市场竞争形成。

工程发承包计价应当遵循公平、合法和诚实信用的原则。

《新建设工程司法解释（一）》

第十九条　当事人对建设工程的计价标准或者计价方法有约定的，按照约定结算工程价款。

因设计变更导致建设工程的工程量或者质量标准发生变化，当事人对该部分工程价款不能协商一致的，可以参照签订建设工程施工合同时当地建设行政主管部门发布的计价方法或者计价标准结算工程价款。

建设工程施工合同有效，但建设工程经竣工验收不合格的，依照民法典第五百七十七条规定处理。

核心观点解析 35：合同中虽未明确约定由哪个审计机关审计，但承包人在发包人将结算资料递交审计机关审计时未提异议，且参与审计过程的，应视为承包人对合同约定的审计结算方式及具体审计机关的认可

观点评述：

以建设工程造价审计结论作为结算工程价款的依据，必须以发承包双方在建设工程施工合同中明确约定为前提，或者虽没有约定或者约定不明，但双方达成补充协议以审计价为结算依据的。要结合建设工程施工合同的约定和合同履行中双方当事人的行为综合判断当事人的真实意思表示。双方在合同中约定了工程价款以审计报告为结算依据，但并没有约定审计单位的，为约定不明。如果在合同履行中对对方当事人选定的审计机构没有异议，并且参与审计过程，推定对审计结算方式和审计机关的认可。

最高人民法院案例索引：（2020）最高法民申 2425 号

裁判要旨：

2007 年 10 月 19 日铭胜公司与华宁县住房和城乡建设局签订的《华宁县宁州大河防洪水系综合整治二期工程市政建设协议》中约定，“整个工程由监理公司监理，质量监督站负责监督甲方委派工程技术人员现场指挥，工程量计算，材料采购需监理工程师、甲方工程技术人员、乙方施工人员三方签字认可，以实际工程量计算编制决算书报审计部门审核为准。”其中关于“以实际工程量计算编制决算书报审计部门审核为准”的约定，意思表示明确，即工程款结算价以审计部门审核为准。铭胜公司主张该条约定仅为“工程现场的管理规范”，而非工程结算条款的理由不成立。合同中约定的“审计部门”虽然没有写明审计机关全称，但铭胜公司向华宁县审计局报送预结算书，并且参与了审计过程中的多次座谈会，签收审计报告等事实行为，表明铭胜公司对合同约定的审计结算方式及具体审计机关的认可。

参考法条

《民法典》

第一百三十三条　民事法律行为是民事主体通过意思表示设立、变更、终止民事法律关系的行为。

第一百四十条　行为人可以明示或者默示作出意思表示。

沉默只有在有法律规定、当事人约定或者符合当事人之间的交易习惯时，才可以视为意思表示。

《新建设工程司法解释（一）》

第十九条　当事人对建设工程的计价标准或者计价方法有约定的，按照约定结算工程价款。

因设计变更导致建设工程的工程量或者质量标准发生变化，当事人对该部分工程价款不能协商一致的，可以参照签订建设工程施工合同时当地建设行政主管部门发布的计价方法或者计价标准结算工程价款。

建设工程施工合同有效，但建设工程经竣工验收不合格的，依照民法典第五百七十七条规定处理。

核心观点解析36：审计条款约定不明的，负责工程全过程造价咨询公司所出具的工程结算书可作为发、承包人之间工程款结算依据

观点评述：

施工合同约定最终结算以审计单位的审计结果为准情形下，审计单位约定不明，合同双方也没有就审计单位的确定达成一致意见，应视为双方未约定。

一般情形下，建设工程施工合同中约定以审计机构的审计结果为结算

依据，但往往没有明确约定是具体是哪个审计机构，或者约定了具体审计机构但未及时进行审计结算，甚至无限拖延结算时间。此时，应如何确定最终结算以有效保障施工单位合法权益？一般处理方式有两种，一是由双方直接达成结算意见，二是共同委托第三方鉴定或诉讼过程中申请工程造价鉴定。但无论是哪一种，都存在执行难、时间长的弊端。而（2020）最高法民申 2193 号中突破了以往惯用方式，直接以负责工程全过程造价咨询公司所出具的工程结算书作为发、承包人之间工程款结算依据。此认定的关键在于，造价咨询服务公司所作结算是否基于依据施工合同约定、当事人签署的核价单、工程签证、相关图纸等工程资料作出，且发、承包人对据以作出结算的工程资料均是确认的。也就是说，直接以负责工程全过程造价咨询公司所出具的工程结算书作为发、承包人之间工程款结算依据需要同时具备三个条件。第一，造价咨询服务公司是双方认可的，不能是单方委托的造价咨询机构。第二，造价咨询服务公司必须是负责并参与工程项目全过程造价咨询工作。第三，所作出的结算必须是依据合同约定和双方认可的工程签证、工程图纸等工程资料，如没有依据合同约定的计价方法，或者所依据的工程资料并未得到合同双方的确认，所做的结算文件不能作为结算的依据。

最高人民法院案例索引：（2020）最高法民申 2193 号

裁判要旨：

首先，虽然案涉施工合同第二十六条约定："……最终工程造价以相关部门的审计结果为准，审计结果产生后 15 日内，发包人支付至审定总造价的 95%，剩余 5% 作为质量保修金……"。第 33.1 条约定："……竣工结算以最终审计单位的审定结果为准"。但案涉施工合同并未约定"最终审计单位"如何确定，亦未约定云南省农信社另行委托跟踪审计单位以外的审计机构进行最终审计。华建公司是云南省农信社经过招投标方式确定，受云南省农信社委托，并经承包人、监理人认可的建设工程造价咨询公司，负责案涉工程项目全过程造价咨询服务，当然包括案涉工程造价的最终审核；

其次，华建公司的审核贯穿了案涉整个工程的施工过程，其出具的《工程结算书》是依据施工合同约定、当事人签署的核价单、工程签证、相关图纸等工程资料作出。而亚太公司系云南省农信社单方委托的工程造价咨询公司，其审核所依据的工程资料是否真实、完整，并未得到安徽大富公司及监理人的确认，且亚太公司对案涉工程单价、工程量的调整亦未得到安徽大富公司的认可，故原审判决采信华建公司出具的《工程结算书》作为案涉工程款结算依据并无不当。

实务建议：

本核心观点解析的立足之处在于造价咨询服务公司所做的结算报告是具有公平性、无争议性的，所有据以结算的资料都是由双方认可，造价咨询服务公司本身也是由双方认可的。因此，如需以造价咨询服务公司所做的结算报告，需在项目的施工全过程中充分做好项目管理工作，严格按照合同约定履行，及时报量、进行工程签证等，同时联动各方做好涉及工程造价方面的确认。

参考法条

《新建设工程司法解释（一）》

第十九条　当事人对建设工程的计价标准或者计价方法有约定的，按照约定结算工程价款。

因设计变更导致建设工程的工程量或者质量标准发生变化，当事人对该部分工程价款不能协商一致的，可以参照签订建设工程施工合同时当地建设行政主管部门发布的计价方法或者计价标准结算工程价款。

建设工程施工合同有效，但建设工程经竣工验收不合格的，依照民法典第五百七十七条规定处理。

核心观点解析 37：当事人约定以具体审计部门的审计结果作为工程款结算依据的，应当按照约定处理。但审计部门长期未出具审计结论，人民法院可以通过司法鉴定方式确定工程价款

观点评述：

审计是单方的行政行为，不得干预发承包人平等民事主体之间的结算。审计机关对政府投资和以政府投资为主的建设项目预算执行情况和决算进行审计监督，主要目的在于监督建设单位的财政、财务收支是否真实、合法、有效，从而维护国家财政经济秩序，审计属于行政内部监督手段。工程建设是以施工合同为基础确定双方的权利和义务，是公平市场交易行为，是合同行为，体现了自愿、平等和意思自治，建设工程施工合同的当事人法律地位平等，行政行为不能对此进行干预。

2017 年 5 月国务院法制办公室的复函以及 2017 年 6 月全国人大常委会法工委复函中均确认：地方性法规中直接以审计结果作为竣工结算依据和应当在招标文件中载明或者在合同中约定以审计结果作为竣工结算依据的规定，限制了民事权利，超越了地方立法权限，应当予以纠正。2017 年 8 月 16 日，广西壮族自治区政府办公厅发文要求清理规范文件中以审计结果作为政府投资建设项目竣工结算依据的通知中明确审计不能直接作为结算依据。此外，最高人民法院公报指导案例（2012）民提字第 205 号认为："根据审计法的规定，国家审计机关对工程建设单位进行审计是一种行政监督行为，审计人与被审计人之间因国家审计发生的法律关系与本案当事人之间的民事法律关系性质不同。因此，在民事合同中，当事人对接受行政审计作为确定民事法律关系依据的约定，应当具体明确，而不能通过解释推定的方式，认为合同签订时，当事人已经同意接受国家机关的审计行为对民事法律关系的介入。在双方当事人已经通过结算协议确认了工程结算价款并已基本履行完毕的情况下，国家审计机关做出的审计报告，不影响双方结算协议的效力。"

退一步而言，即使发承包双方在合同中约定了具体的审计部门，如审计部门拖延审计的，仍然可以通过司法鉴定方式确定工程造价。广西壮族自治

区高级人民法院《民事、行政审判规范指引》（桂高法〔2019〕173 号）（附件五）第四部分第二条第三项“当事人约定以行政审计、财政评审作为工程价款结算依据的问题”中明确：“当事人约定以行政审计、财政评审作为工程结算依据的，按照约定处理。但行政审计、财政评审部门明确表示无法进行审计或者在合理期限内未出具审计结论，当事人申请进行司法鉴定的，可以准许。”一方面，如上所述行政审计的行政行为干预民事审判的，全国人大法工委已明确要求清理；另一方面，当事人申请工程造价鉴定也能尽快解决纠纷争议。因此，即使合同明确约定工程结算需要进行审计，但审计部门长期未出具审计结论，人民法院可以通过司法鉴定方式确定工程价款。

最高人民法院案例索引:（2020）最高法民终 630 号

裁判要旨:

关于采用政府审核价格还是鉴定价格的问题。一般而言，当事人约定以审计部门的审计结果作为工程款结算依据的，应当按照约定处理。但审计部门无正当理由长期未出具审计结论，经当事人申请，且符合具备进行司法鉴定条件的，人民法院可以通过司法鉴定方式确定工程价款。本案中，郴投公司于 2014 年 1 月 7 日向郴州市审计局出具《关于郴州市苏仙湖、王仙湖项目竣工结算报送审计的函》后，至黄厚忠 2017 年提起本案诉讼，郴州市审计局始终未作出审计结论，原审法院根据黄厚忠的申请，委托进行造价鉴定，并无不当。

参考法条

《民法典》

第五条　民事主体从事民事活动，应当遵循自愿原则，按照自己的意思设立、变更、终止民事法律关系。

《最高人民法院关于人民法院在审理建设工程施工合同纠纷案件中如何认定财政评审中心出具的审核结论问题的答复》（〔2008〕民一他字第4号）

福建省高级人民法院：

你院（2007）闽民他字第12号请示收悉。关于人民法院在审理建设工程施工合同纠纷案件中如何认定财政评审中心出具的审核结论问题，经研究，答复如下：

财政部门对财政投资的评定审核是国家对建设单位基本建设资金的监督管理，不影响建设单位与承建单位的合同效力及履行。但是，建设合同中明确约定以财政投资的审核结论作为结算依据的，审核结论应当作为结算的依据。

《最高人民法院关于建设工程承包合同案件中双方当事人已确认的工程决算价款与审计部门审计的工程决算价款与审计部门审计的工程决算价款不一致时如何适用法律问题的电话答复意见》（〔2001〕民一他字第2号 2001年4月2日）

河南省高级人民法院：

你院“关于建设工程承包合同案件中双方当事人已确认的工程决算价款与审计部门审计的工程决算价款不一致时如何适用法律问题的请示”收悉。经研究认为，审计是国家对建设单位的一种行政监督，不影响建设单位与承建单位的合同效力。建设工程承包合同案件应以当事人的约定作为法院判决的依据。只有在合同明确约定以审计结论作为结算依据或者合同约定不明确、合同约定无效的情况下，才能将审计结论作为判决的依据。

其他参考案例索引：

（2012）民提字第205号

核心观点解析 38：合同约定固定价款的，如工程量发生增减，可以采用工程造价鉴定的方式确定工程价款

观点评述：

固定价款合同包括固定总价合同和固定单价合同，根据《新建设工程司法解释（一）》第二十八条规定，合同约定按照固定价结算工程价款，原则上不采用工程造价鉴定方式确定工程价款，工程量存在增减例外。即固定总价合同除约定价款调整情形和发包方增减工程量及设计变更，一律不做调整；固定单价合同除约定工程价款调整情形出现，单价一律不做调整。原因在于，在合同双方约定采用固定价款合同时，如允许一方当事人申请鉴定以重新确定工程价款，实质上是推翻双方订立合同时对工程计价方式、组价方式、利润和成本等合意，助长了承包人以低价中标或者低价签订合同后，再通过申请鉴定推翻合同约定计价方式，违背诚实守信原则。但是，如工程量发生增减或设计变更，即便采用固定价款合同，双方对工程造价存在争议的，仍可通过工程造价鉴定方式确定，并不违反法律规定，也没有推翻双方合同对工程价款的约定。

最高人民法院案例索引:（2020）最高法民申 5352 号

裁判要旨：

案涉合同虽然约定了合同价款为 4180 万元，也同时约定采用固定单价而非总价。原判决认定该 4180 万元仅是预估价，并无不当。由于设计图纸在实际施工中有所变动，双方当事人对实际施工工程量无法达成一致等情况，一审法院基于中交工程公司的申请，委托鉴定机构对案涉工程造价进行评估鉴定，作为工程价款的认定依据，符合本案实际情况。

参考法条

《新建设工程司法解释（一）》

第十九条　当事人对建设工程的计价标准或者计价方法有约定的，按照约定结算工程价款。

因设计变更导致建设工程的工程量或者质量标准发生变化，当事人对该部分工程价款不能协商一致的，可以参照签订建设工程施工合同时当地建设行政主管部门发布的计价方法或者计价标准结算工程价款。

建设工程施工合同有效，但建设工程经竣工验收不合格的，依照民法典第五百七十七条规定处理。

第二十八条　当事人约定按照固定价结算工程价款，一方当事人请求对建设工程造价进行鉴定的，人民法院不予支持。

核心观点解析 39：合同约定固定总价的，未完工工程按比例折算确定工程价款

观点评述：

固定总价合同约定的固定价款，是以完成承包范围内所有施工内容为前提，在约定风险范围内工程价款不做调整。承包人只有完成所有施工内容，才能以合同约定的固定总价主张支付工程款。如中途离场导致工程未完工，则不能按固定总价主张工程价款。对于未完工程，一般采用“按比例折算”确定已完工程价款。实践中，“按比例折算”通常有两种做法。一是，按工程量比例折算，以承包人实际完成的工程量为确定工程价款前提，不注重考虑违约方的过错。所谓工程量比例折算，是根据承包人实际已完工程量占合同约定的承包范围内的总工程量的比例，再以合同约定的固定总价按该比例确定已完工程价款。二是，综合合同约定因素、违约方责任和合同组价方式及

取费标准等因素，采取不利于违约方的计价方式，以平衡守约方利益。

参照《建设工程造价鉴定规范》GB/T 51262—2017 第 5.10.7 条规定的未完工程的鉴定三个原则：第一，有约定依约处理，体现尊重当事人意思自治；第二，承包人违约，未完部分按定额计价，并以合同总价扣除，体现对承包人的惩罚；第三，发包人违约，按定额计算已完工程价款，保护承包人利益。因为定额计价时按照社会平均水平，合同约定的价格一般是按照定额计价并做下浮，考虑承包人违约会使扣减的未完工程部分计算的价款多，相应得到的工程价款少，体现出对承包人的惩罚性。如果发包人违约，按照定额计算已完工价款，不考虑让利下浮，保护了守约方承包人的利益。按照同一取费标准下分别计算出已完工程部分的价款和整个合同工程的总价款，两者对比计算出相应系数，再用合同约定的固定价乘以该系数确定发包人应付的工程款。

最高人民法院案例索引：（2020）最高法民申 2229 号

裁判要旨：

《最高人民法院关于审理建设工程施工合同纠纷案件适用法律问题的解释》第二十二条规定："当事人约定按照固定价结算工程价款，一方当事人请求对建设工程造价进行鉴定的，不予支持。"案涉《建设工程施工合同》约定采用固定价格，合同价款为 1360 万元。鉴于卢国义在未完工情况下中途退出施工，二审法院对于其实际完成的部分工程的价款采取按比例折算的方式计算，即先计算出已完工的部分工程的价款占全部工程总价款（该已完工的部分工程的价款和全部工程总价款可按照定额标准鉴定得出）的比例，然后按照该比例乘以合同约定的固定价款，计算得出实际完成的部分工程的价款为 9869054.75 元。

参考法条

《新建设工程司法解释（一）》

第十九条 当事人对建设工程的计价标准或者计价方法有约定的，按照约定结算工程价款。

因设计变更导致建设工程的工程量或者质量标准发生变化，当事人对该部分工程价款不能协商一致的，可以参照签订建设工程施工合同时当地建设行政主管部门发布的计价方法或者计价标准结算工程价款。

建设工程施工合同有效，但建设工程经竣工验收不合格的，依照民法典第五百七十七条规定处理。

第二十八条 当事人约定按照固定价结算工程价款，一方当事人请求对建设工程造价进行鉴定的，人民法院不予支持。

《建设工程造价鉴定规范》GB/T 51262—2017

第 5.10.7 条 总价合同解除后的争议，按以下规定进行鉴定，供委托人判断使用：

1. 合同中有约定的，按合同约定进行鉴定；

2. 委托人认定承包人违约导致合同解除的，鉴定人可参照工程所在地同时期适用的计价依据计算出未完工程价款，再用合同约定的总价款减去未完工程价款计算；

3. 委托人认定发包人违约导致合同解除的，承包人请求按照工程所在地同时期适用的计价依据计算已完工程价款，鉴定人可采用这一方式鉴定，供委托人判断使用。

核心观点解析40：当事人一方不认可政府部门自行委托出具的工程预（决）算评审报告的，该报告不能作为结算依据

观点评述：

预（决）算评审主要是以施（竣）工图纸和招投标文件等基础资料为依据，根据建设行政主管部门颁布的计价规定和办法，计算工程量、套用定额标准、调整生产要素（人工、材料和机械）价格和取定工程相关费用，并参照市场行情合理确定的建筑工程投资预算。在国有资金投资的项目，政府部门为了监督、跟踪国有资金使用情况，往往会对工程进行预（决）算评审，而评审行为实质上是行政监督行为，并非民事行为，且评审目的、评审依据、评审方法和程序均与工程造价的审计或鉴定有一定区别。因此，除合同明确约定外，原则上不约束民事主体，不能作为工程结算依据。如当事人一方不认可预（决）算评审报告作为双方结算依据的，不能作为双方工程结算的依据。

最高人民法院案例索引：（2020）最高法民申5266号

裁判要旨：

固阳县政府、固阳县交通局均主张《预（决）算评审报告》是内蒙古自治区财政厅对国有资金使用情况的跟踪审计，不能作为案涉工程结算依据。从《预（决）算评审报告》内容看，该评审报告是佳世达造价公司根据内蒙古自治区财政厅的通知要求，对案涉项目预算进行的评审，评审目的、评审依据、评审方法和程序均与工程造价的审计或鉴定有一定区别。据此，发包方不认可此审定报告为工程造价结算，具有事实依据。

参考法条

《新建设工程司法解释（一）》

第十九条　当事人对建设工程的计价标准或者计价方法有约定的，按照约定结算工程价款。

因设计变更导致建设工程的工程量或者质量标准发生变化，当事人对该部分工程价款不能协商一致的，可以参照签订建设工程施工合同时当地建设行政主管部门发布的计价方法或者计价标准结算工程价款。

建设工程施工合同有效，但建设工程经竣工验收不合格的，依照民法典第五百七十七条规定处理。

核心观点解析41：施工合同无效，独立性结算协议仍然有效

观点评述：

合同无效，合同约定自始没有法律约束力，合同的权利义务终止。但具有独立性的结算协议不宜认定为无效。在建设工程合同纠纷中，因违反招标投标规定、超越、借用或无资质等导致合同无效的情形时有发生，但双方签订合同时，或者在诉前、诉中达成的结算协议中关于对工程的结算程序、结算价款的支付的约定，是基于双方真实意思的表示，具有独立性，在协议内容不违反法律情形下，应认定为有效。在结算协议不存在无效情形时，各方合同当事人应当恪守承诺，以结算协议作为结算依据。

最高人民法院案例索引：（2020）最高法民申3395号

裁判要旨：

《中华人民共和国合同法》第九十八条规定，“合同的权利义务终止，不影响合同中结算和清理条款的效力。”双方对案涉工程的补偿费、设备收购款

共同结算，最终达成的《结算支付协议》是具有独立性的约定。即使《施工承包合同》无效，也并不影响《结算支付协议》的效力。本院认为，应对当事人之间基于真实意思表示的上述约定予以尊重。

实务建议：

结算条款及结算协议如何认定，是审判实践中存在较大争议的问题。笔者认为，一般结算条款及结算协议除了包括工程价款确定方式、计价标准等内容，还包括付款条件、付款时间、付款方式、工程款的扣减、质量保证金扣留及返还事项等内容。如何判断是否属于结算条款及结算协议，应从实质内容方面考虑，所约定的内容是否能作为确定工程价款的依据，如若不能，则不属于结算条款及结算协议。

参考法条

《民法典》

第五百六十七条　合同的权利义务关系终止，不影响合同中结算和清理条款的效力。

其他参考案例索引：

（2019）最高法民终 1618 号

核心观点解析 42：“逾期答复视为认可结算”规则的适用，必须以合同明确约定为前提

观点评述：

《新建设工程司法解释（一）》第二十一条关于“逾期答复视为认可”的规则，属于一种拟制结算，目的是防止发包人拖延结算，致使工程款长

期无法确定，损害承包人的利益。该条款适用前提是建设工程合同中必须明确约定承包人提交的结算文件后，发包人未在约定期限答复的，以承包人提交的结算文件作为工程价款的结算依据。反之，则不能适用。《关于审理建设工程施工合同纠纷案件适用法律问题的解释第二十条的复函》（〔2005〕民一他字第23号）已明确“如果发承包双方未对此有特别约定，则承包人不得依据格式文本主张发包人逾期答复视为对工程结算文件的认可。”可见，即便通用条款中约定该规则，但原则上通用条款是格式文本，格式文本不能完全代替双方当事人直接做出自主意思表示，并不能说明发承包双方就此约定做出真实意思表示。因此，如未在专用条款中明确约定“承包人提交的结算文件发包人未在约定期限答复的，以承包人提交的结算文件作为工程价款的结算依据”，或者特别约定适用通用条款的约定，则认为双方对此有特别约定，可适用拟制结算。

最高人民法院案例索引：（2020）最高法民申4587号

裁判要旨：

新通建筑公司再审申请中提交了其出具的案涉工程《建筑工程决算书》，称其将此决算书交付远东房地产公司，远东房地产公司未答复，认为应当按照《最高人民法院关于审理建设工程施工合同纠纷案件适用法律问题的解释》第二十条的规定，以此决算书认定工程价款。对此本院认为，首先，《建筑工程决算书》记载的时间为2013年1月18日，系在原审中已经形成的证据。其次，根据该第二十条“当事人约定，发包人收到竣工结算文件后，在约定期限内不予答复，视为认可竣工结算文件的，按照约定处理。承包人请求按照竣工结算文件结算工程价款的，应予支持”的规定，本案中承包人新通建筑公司并未举证证明双方有上述规定的“发包人收到竣工结算文件后，在约定期限内不予答复，视为认可竣工结算文件”约定，因此新通建筑公司认为应当适用该第二十条的理由不能成立。再次，《建筑工程决算书》系新通建筑公司单方作出，没有证据证明远东房地产公司认可该结算；而且在本案一审中系新通建筑公司申请对案涉工程价款进行鉴定。故《建筑工程决算书》

不属于足以推翻原判决的新证据，新通建筑公司认为应当以《建筑工程决算书》认定工程价款的再审申请理由不能成立。

实务建议：

适用《新建设工程司法解释（一）》第二十一条规定，对合同约定、合同履行及举证责任的要求极高，需注意以下问题。首先，合同必须明确约定，不仅要明确约定“逾期不答复视为认可”，还应明确约定答复期限。其次，承包人在提交结算文件给发包人时，应注意结算资料的完整性、准确性，承包人应严格按照合同约定提交全部竣工结算文件，避免存在过错。最后，承包人在递交结算文件给发包人时，还应注意文件移交的签收，否则，承包人将存在无法举证证明已提交竣工结算文件且发包人已收到的可能，将承担举证不能的不利后果。

参考法条

《新建设工程司法解释（一）》

第二十一条　当事人约定，发包人收到竣工结算文件后，在约定期限内不予答复，视为认可竣工结算文件的，按照约定处理。承包人请求按照竣工结算文件结算工程价款的，人民法院应予支持。

核心观点解析 43：承包人提交的结算资料不完整，不能以“逾期答复视为认可”为由主张工程价款

观点评述：

根据《建设工程价款结算暂行办法》第十四条、十六条规定，承包人递交的竣工结算报告及结算资料应当是完整的。即承包人在递交结算资料时，应严格依据合同约定及相关法律法规的规定，提交完整、准确的结算资料。

实践中，多出现承包人高估冒算的情形，如不慎重拟制结算的适用，势必会出现以承包人高估冒算的竣工结算资料作为结算依据，违背公平原则。因此。如承包人提交的结算资料不完整，或者有证据证明工程还没有正式竣工验收、结算材料存在错误显失公平的，承包人请求适用《新建设工程司法解释（一）》第二十一条规定的，不具有事实和法律依据。

最高人民法院案例索引:（2020）最高法民申 4837 号

裁判要旨：

虽豪世公司、通力公司与杨焕尧在《补充协议书》中约定豪世公司在收到通力公司结算书之日起 90 天内审核完毕，同时出具完整有效的审价报告，逾期视为同意结算书，豪世公司亦认可 2012 年 12 月 28 日收到通力公司邮寄的结算资料。但从原审查明的合同实际履行情况来看，2013 年 1 月 10 日，豪世公司与杨焕尧在璜泾镇派出所和司法办的协调下形成会议纪要，表示在 2013 年 1 月 15 日双方就工程造价结算，商定初步审核结果进行沟通；通力公司于 2013 年 1 月 29 日向豪世公司出具承诺函，请求豪世公司先行在四方验收资料上盖章，但不作为验收通过的法律依据，待整改、正式四方验收通过后签字盖章为准。其后，豪世公司、通力公司与杨焕尧等于 2013 年 3 月 15 日形成的会议纪要载明，与会各方均应做好项目的竣工验收准备工作，待整改完成后即进入竣工验收结算。以上事实能够与通力公司 2014 年 5 月 13 日函告杨焕尧尽快提交完整结算资料的事实相互印证，且通力公司在原审中亦明确其于 2012 年 12 月 28 日提交结算材料时资料不全，表明各方当事人就案涉工程结算审核和竣工验收事宜仍在协商处理。杨焕尧关于其已提交完整结算资料并据此主张以送审价作为案涉工程结算价的再审申请事由不能成立。

参考法条

《新建设工程司法解释（一）》

第二十一条　当事人约定，发包人收到竣工结算文件后，在约定期限内不予答复，视为认可竣工结算文件的，按照约定处理。承包人请求按照竣工结算文件结算工程价款的，人民法院应予支持。

《建设工程价款结算暂行办法》

第十四条　工程完工后，双方应按照约定的合同价款及合同价款调整内容以及索赔事项，进行工程竣工结算。

（一）工程竣工结算方式

工程竣工结算分为单位工程竣工结算、单项工程竣工结算和建设项目竣工总结算。

（二）工程竣工结算编审

1、单位工程竣工结算由承包人编制，发包人审查；实行总承包的工程，由具体承包人编制，在总包人审查的基础上，发包人审查。

2、单项工程竣工结算或建设项目竣工总结算由总（承）包人编制，发包人可直接进行审查，也可以委托具有相应资质的工程造价咨询机构进行审查。政府投资项目，由同级财政部门审查。单项工程竣工结算或建设项目竣工总结算经发、承包人签字盖章后有效。

承包人应在合同约定期限内完成项目竣工结算编制工作，未在规定期限内完成的并且提不出正当理由延期的，责任自负。

（三）工程竣工结算审查期限

单项工程竣工后，承包人应在提交竣工验收报告的同时，向发包人递交竣工结算报告及完整的结算资料，发包人应按以下规定时限进行核对（审查）并提出审查意见。

	工程竣工结算报告金额	审查时间
1	500万元以下	从接到竣工结算报告和完整的竣工结算资料之日起20天
2	500万元～2000万元	从接到竣工结算报告和完整的竣工结算资料之日起30天
3	2000万元～5000万元	从接到竣工结算报告和完整的竣工结算资料之日起45天
4	5000万元以上	从接到竣工结算报告和完整的竣工结算资料之日起60天

建设项目竣工总结算在最后一个单项工程竣工结算审查确认后15天内汇总，送发包人后30天内审查完成。

（四）工程竣工价款结算

发包人收到承包人递交的竣工结算报告及完整的结算资料后，应按本办法规定的期限（合同约定有期限的，从其约定）进行核实，给予确认或者提出修改意见。发包人根据确认的竣工结算报告向承包人支付工程竣工结算价款，保留5%左右的质量保证（保修）金，待工程交付使用一年质保期到期后清算（合同另有约定的，从其约定），质保期内如有返修，发生费用应在质量保证（保修）金内扣除。

（五）索赔价款结算

发承包人未能按合同约定履行自己的各项义务或发生错误，给另一方造成经济损失的，由受损方按合同约定提出索赔，索赔金额按合同约定支付。

（六）合同以外零星项目工程价款结算

发包人要求承包人完成合同以外零星项目，承包人应在接受发包人要求的7天内就用工数量和单价、机械台班数量和单价、使用材料和金额等向发包人提出施工签证，发包人签证后施工，如发包人未签证，承包人施工后发生争议的，责任由承包人自负。

第十六条　发包人收到竣工结算报告及完整的结算资料后，在本办法规定或合同约定期限内，对结算报告及资料没有提出意见，则视同认可。

承包人如未在规定时间内提供完整的工程竣工结算资料，经发包人催促后14天内仍未提供或没有明确答复，发包人有权根据已有资料进行审查，责任由承包人自负。

根据确认的竣工结算报告，承包人向发包人申请支付工程竣工结算款。发包人应在收到申请后15天内支付结算款，到期没有支付的应承担违约责任。承包人可以催告发包人支付结算价款，如达成延期支付协议，承包人应按同期银行贷款利率支付拖欠工程价款的利息。如未达成延期支付协议，承包人可以与发包人协商将该工程折价，或申请人民法院将该工程依法拍卖，承包人就该工程折价或者拍卖的价款优先受偿。

核心观点解析44：一方当事人所提出的计价标准符合市场合理价格，另一方既不提异议也未举证证明计价标准不符合市场价格，且经法官释明未申请工程造价鉴定的，该计价标准可以作为结算依据

观点评述：

在建设工程领域，原则上工程款结算所依据的计价标准应由发、承包双方合意。一方所提出的计价标准仅是一方意见，不能作为结算依据，不约束另一方，但也存在例外。《民事诉讼证据的若干规定》第四条规定：“一方当事人对于另一方当事人主张的于己不利的事实既不承认也不否认，经审判人员说明并询问后，其仍然不明确表示肯定或者否定的，视为对该事实的承认。”如双方长期未就结算达成合意，甚至存在发包人故意拖延结算时，一方所提出的计价标准也可考虑作为结算依据。按照推定自认的规则，一方所提出的计价标准是符合市场合理价格的，而在质证阶段，另一方当事人既不提异议也不表示反对，也没有提供证据证明该一方所提出的计价标准不符合市场合理价格，且在诉讼阶段也未申请工程造价鉴定的，视为对该计价标准的认定。

需明确，推定自认规则仍然需要通过审判员释明，在释明后当事人仍不明示可否的，应承担推定自认的不利后果。

最高人民法院案例索引：（2020）最高法民申3683号

裁判要旨：

罗海斌在一审期间已提交证据证明其主张的各项新增工程量的计价标准符合合理的市场价格。任初忠在原审期间对罗海斌主张既不提出异议，也不提交证据证明计价标准不合理，亦未向原审法院申请造价鉴定。在此情况下，原审法院按罗海斌主张的各项计价标准计算新增工程量造价，并无明显不当，本院予以维持。

实务建议：

本规则目前在审判实践中存在较大争议，适用需谨慎。在诉讼过程中，一方提交单方结算报告并主张以此作为工程价款结算依据的情形并不少见。作为发包人，应衡量该单方结算报告是否对己方不利。如不利，建议申请工程造价鉴定，由法院委托第三方机构鉴定工程造价。作为承包人，如单方结算报告是承包人提供的，应举证证明该单方结算报告是符合市场合理价格。还应注意，如发包人对该单方结算报告既不提异议也不表示反对，而法院审理案件时释明是否申请工程造价鉴定的，建议申请工程造价鉴定，以避免法院以双方未结算且经释明未申请造价鉴定，工程价款无法确定，从而驳回全部诉求。

参考法条

《民法典》

第五百一十一条　当事人就有关合同内容约定不明确，依据前条规定仍不能确定的，适用下列规定：

（一）质量要求不明确的，按照强制性国家标准履行；没有强制性国家标准的，按照推荐性国家标准履行；没有推荐性国家标准的，按照行业标准履行；没有国家标准、行业标准的，按照通常标准或者符合合同目的的特定标准履行。

（二）价款或者报酬不明确的，按照订立合同时履行地的市场价格履行；依法应当执行政府定价或者政府指导价的，依照规定履行。

（三）履行地点不明确，给付货币的，在接受货币一方所在地履行；交付不动产的，在不动产所在地履行；其他标的，在履行义务一方所在地履行。

（四）履行期限不明确的，债务人可以随时履行，债权人也可以随时请求履行，但是应当给对方必要的准备时间。

（五）履行方式不明确的，按照有利于实现合同目的的方式履行。

（六）履行费用的负担不明确的，由履行义务一方负担；因债权人原因增加的履行费用，由债权人负担。

《民事诉讼证据的若干规定》

第四条　一方当事人对于另一方当事人主张的于己不利的事实既不承认也不否认，经审判人员说明并询问后，其仍然不明确表示肯定或者否定的，视为对该事实的承认。

核心观点解析45：合同中对新增的合同外工程约定结算方式，应按合同约定结算

观点评述：

建设工程合同履行过程中，因设计变更等引起增加合同外工程量屡见不鲜。《建设工程施工合同（示范文本）》（GF—2017—0201）第10.4.1条

和《建设工程工程量清单计价规范》GB 50500—2013 第 9.3.1 条均对于变更工作内容的估价做出规定，解决发生工程变更后，变更或新产生的分部分项或措施项目如何重新计价的问题。即采用变更估价三原则重新确定综合单价，合同中有相同项目的，按照合同约定计价，如没有相同项目但有类似项目的，参照合同约定确定综合单价，如没有相同项目也没有类似项目的，通过协商来确定，协商不成，此时采用合同漏洞填补规则确定综合单价。民商事法律遵循的是当事人意思自治原则，以当事人之间的约定为准。如合同履行过程新增加了合同外的施工内容，原则上应依据当事人合同中对合同外施工内容结算方式的约定结算。如合同没有约定，可采用变更估价三原则确定。如一方当事人主张按照实际发生费用结算，既未能提出双方存在对变更估价的特别约定推翻合同关于结算的约定，又未能提供证据证明实际发生的费用，应依据合同约定进行结算。

最高人民法院案例索引：（2020）最高法民终 398 号

裁判要旨：

江苏建设公司上诉主张负二层属于合同外施工内容，实际施工时大庆市造价价格信息的人工费标准远高于合同单价，造价应按施工时实际发生人工费结算。但是，江苏建设公司未能举证证实双方对于负二层工程结算存在特别约定，用以推翻《工程施工合同》中关于工程款结算的约定。并且，江苏建设公司仅提交案外人情况说明而非转款凭证证明支出数额，故一审法院对于审计单位府正公司按照合同约定，对于设计变更依据定额结算的意见予以确认，并无不当。

参考法条

《建设工程施工合同（示范文本）》（GF—2017—0201）

10.4.1　变更估价原则

除专用合同条款另有约定外，变更估价按照本款约定处理：

（1）已标价工程量清单或预算书有相同项目的，按照相同项目单价认定；

（2）已标价工程量清单或预算书中无相同项目，但有类似项目的，参照类似项目的单价认定；

（3）变更导致实际完成的变更工程量与已标价工程量清单或预算书中列明的该项目工程量的变化幅度超过15%的，或已标价工程量清单或预算书中无相同项目及类似项目单价的，按照合理的成本与利润构成的原则，由合同当事人按照第4.4款〔商定或确定〕确定变更工作的单价。

《建设工程工程量清单计价规范》GB 50500—2013

9.3.1　因工程变更引起已标价工程量清单项目或其工程数量发生变化，应按照下列规定调整：

1. 已标价工程量清单中有适用于变更工程项目的，应采用该项目的单价；但当工程变更导致该清单项目的工程数量发生变化，且工程量偏差超过15%，该项目单价的调整应按照本规范第9.6.2条的规定调整。

2. 已标价工程量清单中没有适用但有类似于变更工程项目的，可在合理范围内参照类似项目的单价。

3. 已标价工程量清单中没有适用也没有类似于变更工程项目的，应由承包人根据变更工程资料、计量规则和计价办法、工程造价管理机构发布的信息价格和承包人报价浮动率提出变更工程项目的单价，并应报发包人确认后调整。承包人报价浮动率可按下列公式计算：

招标工程：承包人报价浮动率 L=（1—中标价 / 招标控制价）×100%

非招标工程：承包人报价浮动率 L=（1—报价 / 施工图预算）×100%

4. 已标价工程量清单中没有适用也没有类似于变更工程项目，且工程造价管理机构发布的信息价格缺价的，应由承包人根据变更工程资料、计量规则、计价办法和通过市场调查等取得有合法依据的市场价格提出变更工程项目的单价，并应报发包人确认后调整。

《建设工程价款结算暂行办法》

第十一条 工程价款结算应按合同约定办理，合同未作约定或约定不明的，发、承包双方应依照下列规定与文件协商处理：

（一）国家有关法律、法规和规章制度；

（二）国务院建设行政主管部门、省、自治区、直辖市或有关部门发布的工程造价计价标准、计价办法等有关规定；

（三）建设项目的合同、补充协议、变更签证和现场签证，以及经发、承包人认可的其他有效文件；

（四）其他可依据的材料。

核心观点解析46：工程款数额未经真实对账、结算而产生且与实际完成的工程造价数额不相当的，不可认定为双方确认的最终结算数额

观点评述：

工程进度款和最终结算款是两个不同阶段的工程款项。进度款属于期中付款，当承包人完成一定阶段的工程量时，承包人依据合同约定的时间、程序将当期完成的计量上报发包人申请支付进度款，由发包人依约核量后按比例支付。最终结算款属于最终结清款项，发、承包人就承包人已完工程造价进行结算，经过真实对账、结算而产生，确定承包人最终应得款项数额。当事人在签订结算协议时，对工程进度款和结算款的表述存在张冠李戴的情形时有发生，因此，在区分工程进度款和最终结算款时，不能单

纯从当事人约定的字面含义认定。判断结算协议中的数额是工程进度款还是最终结算款时，要结合数额形成的依据、经过、程序等方面判断，并考虑数额与承包人实际完成的工程造价数额是否相当。如数额并非经过真实对账、结算而产生，且远远小于承包人实际完成的工程造价数额，该数额则不认定为最终结算款。

最高人民法院案例索引:（2020）最高法民申 5132 号

裁判要旨：

东胜公司与河北四建是否已实际完成结算，各方存在争议。东胜公司主张双方于 2015 年 12 月 8 日签订的《工程合同终止协议书》中已确认结算金额为 107689297 元；河北四建、桥意公司均主张该协议中写明的数额是各方确认的实际收取工程款的数额，双方并没有实际结算。对此，二审法院认为，东胜公司无证据证明《工程合同终止协议书》中确认的结算金额是经过真实对账、结算而产生。且该协议中记载的金额与施工过程中东胜公司支付的进度款数额分文不差，不符合常理。因此认定东胜公司与河北四建尚未真实结算。本院认为，结合二审查明的河北四建报送东胜公司《省四建截止到 2015 年 7 月底工程进度分项明细表》中记载河北四建于 2015 年 7 月底已完成产值 132755320 元，已超过《工程合同终止协议书》中记载的 107689297 元的事实，结合本案实际情况，二审有关该问题的认定，并无不当。

参考法条

《新建设工程司法解释（一）》

第四十三条　实际施工人以转包人、违法分包人为被告起诉的，人民法院应当依法受理。

实际施工人以发包人为被告主张权利的，人民法院应当追加转包人或者违法分包人为本案第三人，在查明发包人欠付转包人或者违法分包人建设工程价款的数额后，判决发包人在欠付建设工程价款范围内对实际施工人承担责任。

《民事诉讼法解释》

第一百零八条 对负有举证证明责任的当事人提供的证据，人民法院经审查并结合相关事实，确信待证事实的存在具有高度可能性的，应当认定该事实存在。

对一方当事人为反驳负有举证证明责任的当事人所主张事实而提供的证据，人民法院经审查并结合相关事实，认为待证事实真伪不明的，应当认定该事实不存在。

法律对于待证事实所应达到的证明标准另有规定的，从其规定。

核心观点解析 47：经当事人签认的会议纪要可作为计量、计价的依据

观点评述：

会议纪要一般是建设工程施工过程，发包人、承包人、监理人、设计单位等之间就工程建设过程中存在的问题或工程进度、设计变更、工程洽商等内容开会讨论、确定，从而形成会议记录、纪要文件。因此，会议纪要可真实反映工程建设的真实情况，还原施工事实。在工程建设中，发包人、承包人、监理人常常以会议纪要形式对工程量、工程进度、工程造价等进行协商、确认。如会议纪要是经当事人签认的，该会议纪要则属于当事人之间所达成的合意以及对事实的确认、认可，是当事人的真实意思表示，可约束当事人。同理，如经当事人签认的会议纪要中对工程款的计量和结算内容进行约定，具有法律约束力，各方应遵守诚实信用原则，应当履行对已经形成的结算形式、金额等内容，故可按照会议纪要记载的内容进行结算。

最高人民法院案例索引:(2020)最高法民终371号

裁判要旨:

城源公司与伟太公司在兴义市住房和城乡建设局协调下形成《兴义市马岭镇经济适用房龙井苑小区A区建设项目结算会议纪要》和《兴义市马玲镇经济适用房龙井苑小区B区建设项目结算会议纪要》均列明:1.一层地面、散水:由甲方施工,不进入本次结算;2.二层及以上地面、天棚未施工,不进入本次结算……5.屋面:找平、刚性防水层待定,待甲乙双方提供相关资料方可进入本次结算。城源公司与伟太公司参会人员在该会议纪要上签字确认。双方在案涉工程停工之后以会议纪要的形式确认A区和B区天棚、一层及二层以上地面未施工,不进入案涉工程结算。因此该会议纪要可以作为结算依据。

参考法条

《新建设工程司法解释(一)》

第二十九条　当事人在诉讼前已经对建设工程价款结算达成协议,诉讼中一方当事人申请对工程造价进行鉴定的,人民法院不予准许。

《建设工程价款结算暂行办法》

第十一条　工程价款结算应按合同约定办理,合同未作约定或约定不明的,发、承包双方应依照下列规定与文件协商处理:

(一)国家有关法律、法规和规章制度;

(二)国务院建设行政主管部门、省、自治区、直辖市或有关部门发布的工程造价计价标准、计价办法等有关规定;

(三)建设项目的合同、补充协议、变更签证和现场签证,以及经发、承包人认可的其他有效文件;

(四)其他可依据的材料。

核心观点解析 48：非授权人员所签认的工程签证单，不作为工程计量、计价依据

观点评述：

工程签证必须经双方当事人共同签字，仅有一方当事人签字的，单方的意思表示不构成双方法律行为。并且，工程签字主体必须经过有效授权，无授权人员不具有签字确认工程量的权限，其所签署的工程签证效力待定，需经过追认方对被代表人发生法律效力。如未经追认，该签证对被代表人不发生法律效力，不能成为有效签证，不作为工程计量、计价的依据。签字人员是否经过有效授权，要综合多方面判断。当事人在施工合同中就有权对工程量和价款变更等材料进行签证确认的人员有明确约定，依照合同约定。如没有明确约定，结合是否属于履行职务行为或者有效授权进行综合判断。

最高人民法院案例索引:（2020）最高法民终 750 号

裁判要旨：

关于涉案项目一部、项目二部签证价款的认定。对于这两部分签证价款，一审法院仅以屈某某签字的结算书作为认定依据，但屈某某并非涉案《建筑安装工程扩大劳务承包合同》中约定的发包方施工代表或结算负责人，其签字并不能代表结算工作完成，一审法院该部分认定不当，本院予以纠正。

参考法条

《民法典》

第一百七十条　执行法人或者非法人组织工作任务的人员，就其职权范围内的事项，以法人或者非法人组织的名义实施的民事法律行为，对法人或者非法人组织发生效力。

法人或者非法人组织对执行其工作任务的人员职权范围的限制，不得对抗善意相对人。

第一百七十一条　行为人没有代理权、超越代理权或者代理权终止后，仍然实施代理行为，未经被代理人追认的，对被代理人不发生效力。

相对人可以催告被代理人自收到通知之日起三十日内予以追认。被代理人未作表示的，视为拒绝追认。行为人实施的行为被追认前，善意相对人有撤销的权利。撤销应当以通知的方式作出。

行为人实施的行为未被追认的，善意相对人有权请求行为人履行债务或者就其受到的损害请求行为人赔偿。但是，赔偿的范围不得超过被代理人追认时相对人所能获得的利益。

相对人知道或者应当知道行为人无权代理的，相对人和行为人按照各自的过错承担责任。

《新建设工程司法解释（一）》

第二十条　当事人对工程量有争议的，按照施工过程中形成的签证等书面文件确认。承包人能够证明发包人同意其施工，但未能提供签证文件证明工程量发生的，可以按照当事人提供的其他证据确认实际发生的工程量。

核心观点解析49：仅有监理代表和施工单位签字的签证单可作为计价依据

观点评述：

本规则是存在瑕疵的工程签证单是否可以作为计价的依据。建筑工程由于建设周期长，可变因素多，从施工到竣工存在大量的变更，工程签证单在工程结算价款中具有重要地位。司法实践中，针对工程签证单的举证质证以及证据认定非常多，争议也比较多，最常见的争议是存在瑕疵的工程签证单能否作为工程价款计算的依据。签证单上是否必须有建设单位签字才能作为依据，原则上有约从约。如合同没有明确约定，根据监理规范并结合施工惯例认定，监理的职责范围为代表工程建设方对建设工程的质量、造价、进度等进行控制管理，包括工程量计量、工程签证、工程洽商等。

因此，在合同未明确排除监理签证权利时，监理的行为代表的是发包人，具有监理代表和施工单位签字的签证单，实质是发包人与承包人之间达成的合意，可作为计价依据。为了避免纠纷，实践中应该在合同中明确约定有效的签证单具体形式，是否需要由发包人代表签字。如有瑕疵的工程签证单属于合同中明确约定无效签证单的范围，则不能作为工程价款计算的依据。如有瑕疵的工程签证单不属于合同中约定的无效范围，则需要根据实践中施工惯例、监理规范等综合判断工程签证是否可以作为工程价款计算的依据。

最高人民法院案例索引：(2019)最高法民终1401号

裁判要旨：

签证程序不完善的部分虽然只有监理代表和施工单位签字，没有建设方签字确认，但是根据建设工程监理工作规范，监理单位代表工程建设方对建设工程的质量、造价、进度等进行控制管理。建设单位与承包单位之间就工程建设有关的联系活动，一般通过监理单位进行。签署工程计量凭证、审查处理工程洽商变更，亦在监理单位职责范围之内。因此在签证有监理代表签字认可的情况下，潭衡公司关于签证未经其签字确认即工程尚未施工的主张，依法不予采信。原审法院将其计入工程造价并无不当，本院予以维持。

参考法条

《建设工程监理规范》GB/T 50319—2013

2.0.2　建设工程监理

工程监理单位受建设单位委托，根据法律法规、工程建设标准、勘察设计文件及合同，在施工阶段对建设工程质量、造价、进度进行控制，对合同、信息进行管理，对工程建设相关方的关系进行协调，并履行建设工程安全生产管理法定职责的服务活动。

2.0.3　相关服务

工程监理单位受建设单位委托，按照建设工程监理合同约定，在建设工程勘察、设计、保修等阶段提供的服务活动。

核心观点解析 50：结算文件加盖真实印章且结算符合工程结算的一般流程、模式，结算文件中的不真实签字不影响结算文件真实性

观点评述：

公司印章，是一个公司最具有权威性外观表象，最能代表公司的真实意思表示。在工程价款结算文件中，既加盖了真实印章，且结算也符合工程结算的一般流程、模式，一般认为该结算文件是真实的，可作为工程款结算依据。如一方主张印章真实但个人签字不真实，从而认为结算文件不能作为结算依据的，不予支持。根据优势证据规则，印章的证明力优于个人签字，当证据显示待证事实存在的可能性明显大于不存在的可能性，可据此进行合理判断以排除疑问。真实印章已能充分反映当事人的真实意思表示，已达到能确信结算文件存在且真实的程度，结算文件具有高度盖然性。因此，即使结算文件中的签字不是真实的，也不影响结算文件作为结算依据。

最高人民法院案例索引：（2020）最高法民终 1147 号

裁判要旨：

中天公司提交《豪都华庭工程二期竣工决算书》上下册，其中上册首页为《基本建设结算审核定案单》，定案单落款处加盖施工单位中天公司、发包人豪都华庭公司印章，签章日期为 2015 年 10 月 13 日。该决算书形成于案涉工程竣工验收移交使用且工程量结算书亦全部移交豪都华庭公司之后，定案单载明中天公司报审金额为 269028603.90 元，豪都华庭公司经审核核减 31226538.61 元，最终审定金额 237477195.80 元，符合工程款结算的一般流程及模式。虽然经鉴定豪都华庭公司签章处“王海宁”的签字非本人所签，但豪都华庭公司印章真实。豪都华庭公司在定案单中加盖公司印章，即表明其对定案单中的工程造价金额予以认可。因此，采信该定案单作为认定案涉工程造价的依据。豪都华庭公司申请鉴定定案单中其公司印章与定案单文字形成时序等事项，均不能推翻印章的真实性。

参考法条

《新建设工程司法解释（一）》

第二十九条　当事人在诉讼前已经对建设工程价款结算达成协议，诉讼中一方当事人申请对工程造价进行鉴定的，人民法院不予准许。

《民事诉讼法解释》

第一百零八条　对负有举证证明责任的当事人提供的证据，人民法院经审查并结合相关事实，确信待证事实的存在具有高度可能性的，应当认定该事实存在。

对一方当事人为反驳负有举证证明责任的当事人所主张事实而提供的证据，人民法院经审查并结合相关事实，认为待证事实真伪不明的，应当认定该事实不存在。

法律对于待证事实所应达到的证明标准另有规定的，从其规定。

核心观点解析51：承包人在新政府计价文件实施前进场施工，进场后补签合同，如合同未约定执行新政府计价文件的，以进场时间为据适用当时的计价文件进行结算

观点评述：

对如何衔接适用新、旧政府计价文件的问题，建议从新政府计价文件对衔接适用的规定以及合同签订时间、实际进场施工时间、当事人之间的约定等方面综合考虑。原则上，以当事人的约定为准。当事人在建设工程合同中没有约定以政府相关计价文件为工程价款的结算标准和依据的，不能当然适用政府计价文件作为结算依据。如当事人在合同中明确约定适用政府计价文件，但是没有明确约定适用哪一份政府计价文件，也未约定对政府计价文件发生调整后如何衔接适用的，合同中另有约定除外，一般情况下，合同的签订、履行在新政府计价文件出台之前，适用旧政府计价文件；合同的签订、履行在新政府计价文件出台之后，适用新政府计价文件。如承包人在新政府计价文件实施前已实际进场施工，在新政府计价文件实施后签订施工合同的，以合同约定以及新政府计价文件的规定为准。

最高人民法院案例索引：（2020）最高法民申3463号

裁判要旨：

关于应否执行豫建设标〔2014〕29号文件，增加工程造价1044649元的问题。2014年6月27日开始施工，表明双方之间的工程施工合同自该日即开始实际履行，双方于2014年8月19日签订的《亿祥美郡施工总承包合同》系施工后补签的合同。豫建设标〔2014〕29号文件规定："本文件自2014年7月1日起执行，此前已招标或签订合同的工程按原约定"。因本案双方未在《亿祥美郡施工总承包合同》明确约定适用该标准，故一二审判决根据案涉工程实际开工日期的情况，认定案涉工程不适用豫建设标〔2014〕29号文件，并对该项费用不予增加，并无不当。

参考法条

《新建设工程司法解释（一）》

第十九条　当事人对建设工程的计价标准或者计价方法有约定的，按照约定结算工程价款。

因设计变更导致建设工程的工程量或者质量标准发生变化，当事人对该部分工程价款不能协商一致的，可以参照签订建设工程施工合同时当地建设行政主管部门发布的计价方法或者计价标准结算工程价款。

建设工程施工合同有效，但建设工程经竣工验收不合格的，依照民法典第五百七十七条规定处理。

核心观点解析 52：发包人怠于履行组织竣工验收的义务，不得以未竣工验收为由主张付款条件未成就

观点评述：

建设工程的竣工验收是建设全过程对工程质量进行控制的最后的一个重要环节，是检验承包方是否完成合同约定的施工义务，是承包方请求支付价款的前提条件，影响给付工程款本金及利息起算点、计算违约金数额及风险转移等。依据《建设工程质量管理条例》第十六条规定："建设单位收到建设工程竣工报告后，应当组织设计、施工、工程监理等有关单位进行竣工验收。……建设工程经验收合格的，方可交付使用。"《建筑工程施工质量验收统一标准》GB 50300—2013 第 6.0.6 条规定："建设单位收到工程竣工报告后，应由建设单位项目负责人组织监理、施工、设计、勘察等单位项目负责人进行单位工程验收。"组织竣工验收是发包人的义务，发包人应在承包人完工后及时组织竣工验收。

实践中，常常有发包人为了拖延支付工程款，在收到承包人递交的竣工验收报告后，迟延验收或者无正当理由不组织竣工验收，或者是在组织竣工

验收后的合理时间不提出整改意见也不表示批准，以各种理由迟延验收进而以未竣工验收为由主张付款条件未成就。依据《民法典》关于“附条件的民事法律行为，当事人为自己的利益不正当地阻止条件成就的，视为条件已经成就。”的规定，建设单位为了自己利益不正当阻止条件成就，视为条件已成就，即视为建设工程已完成竣工验收且合格。同时，为了体现对发包人延迟验收恶意阻止条件成就的惩罚，原则上应以竣工验收合格日为实际竣工日的，现以承包人提交验收报告日为竣工日。笔者建议，为防止发包人恶意拖延竣工验收时间，施工合同中应对竣工验收程序、期限等明确约定，并约定相应违约责任及法律后果。

最高人民法院案例索引:(2020)最高法民终431号

裁判要旨：

案涉《建设工程施工合同》约定，毕节博泰应在工程竣工验收合格、结算审定后一个月内支付到工程结算总价款的97%，余下3%作为工程质量保修金留存。案涉工程一期于2016年11月15日竣工验收。毕节博泰于2018年11月1日对项目二期进行了竣工验收，虽然该表上无勘察、设计和监理单位盖章，但重庆建工作为施工单位已经通知毕节博泰验收，毕节博泰作为建设单位应该组织相关单位参加验收，其他相关单位未签章的责任不在重庆建工，故应视为重庆建工已履行了竣工验收义务。案涉项目2018年7月1日移交完毕，已经满足合同约定的付款条件，毕节博泰、中京博泰、天厦公司关于付款条件不具备的意见不能成立。

参考法条

《民法典》

第七百九十九条　建设工程竣工后，发包人应当根据施工图纸及说明书、国家颁发的施工验收规范和质量检验标准及时进行验收。验收合格的，发包人应当按照约定支付价款，并接收该建设工程。

建设工程竣工经验收合格后，方可交付使用；未经验收或者验收不合格的，不得交付使用。

《新建设工程司法解释（一）》

第九条 当事人对建设工程实际竣工日期有争议的，人民法院应当分别按照以下情形予以认定：

（一）建设工程经竣工验收合格的，以竣工验收合格之日为竣工日期；

（二）承包人已经提交竣工验收报告，发包人拖延验收的，以承包人提交验收报告之日为竣工日期；

（三）建设工程未经竣工验收，发包人擅自使用的，以转移占有建设工程之日为竣工日期。

核心观点解析 53：发包人不得以承包人没有交付工程施工资料为由拒付工程款

观点评述：

《建筑法》规定，交付竣工验收的建筑工程，必须符合规定的建筑工程质量标准，有完整的工程技术经济资料和经签署的工程保修书，并具备国家规定的其他竣工条件。建筑工程竣工经验收合格后方可交付使用；未经验收或者验收不合格的，不得交付使用。《建设工程质量管理条例》第十六条规定："建设工程竣工验收应当具备下列条件：……（二）有完整的技术档案和施工管理资料"。根据以上规定，建设工程施工资料是工程竣工验收的前提，实践中经常遇到，承包人提供的工程施工资料不完整或者不提供工程施工资料，发包人无法组织工程竣工验收。那么，发包人能否以承包人不提供或者提供工程施工资料不合格为由主张不给付工程价款？

建设工程施工合同属于双务合同，承包人完成了合同项下的施工义务，发包人应当依约支付工程价款，而承包人交付建筑工程施工资料属于合同附随义务，与发包人支付工程款的义务不是对等对价，不能成为给付工程价款的前提条件。只要承包人完成了工程施工，就已经履行了主要义务，发包方应当支付工程价款，不得以承包方没有交付工程施工资料拒付工程款。实践中，发包人为了避免承包方不交付工程施工资料带来的不能竣工验收的风险，可以在合同中约定承包方交付工程资料的违约责任，或者在付款条款约定以提供完整的工程竣工资料为条件。

最高人民法院案例索引：(2020)最高法民申5989号

裁判要旨：

嘉陵建筑公司提交的《单位工程质量验收记录》是由建设单位乐驰眼镜公司、施工单位嘉陵建筑公司、监理单位、设计单位、勘察单位五方对涉案工程的验收记录，足以证实涉案工程已按合同约定施工完毕。而根据双方合同第三部分第七条的约定，涉案工程已于2016年8月17日竣工验收合格，达到合同约定的支付工程款的条件，乐驰眼镜公司应按合同约定将工程款支付给嘉陵建筑公司。附属工程虽未签订合同、未进行竣工验收，但经原审庭审和实际勘察，附属工程已实际投入使用。当事人并未约定工程款的支付需以建修资料移交为条件，故无论建修资料是否移交均不影响乐驰眼镜公司应按合同约定支付工程款，如建修资料确未移交，乐驰眼镜公司可另行依法主张权利。乐驰眼镜公司与租赁企业签订的《房屋租赁合同》以及个别企业向乐驰眼镜公司缴纳房租费的事实，足以证实嘉陵建筑公司事实上已将涉案厂房移交给了乐驰眼镜公司，并非由苍溪县人民政府和被申请人控制。原审根据上述事实并依据相关司法解释规定，认定乐驰眼镜公司应按合同约定将工程款支付给嘉陵建筑公司不缺乏证据证明、适用法律亦无不当。

参考法条

《民法典》

第五百九十九条　出卖人应当按照约定或者交易习惯向买受人交付提取标的物单证以外的有关单证和资料。

第七百九十九条　建设工程竣工后，发包人应当根据施工图纸及说明书、国家颁发的施工验收规范和质量检验标准及时进行验收。验收合格的，发包人应当按照约定支付价款，并接收该建设工程。

建设工程竣工经验收合格后，方可交付使用；未经验收或者验收不合格的，不得交付使用。

《新建设工程司法解释（一）》

第二十七条　利息从应付工程价款之日开始计付。当事人对付款时间没有约定或者约定不明的，下列时间视为应付款时间：

（一）建设工程已实际交付的，为交付之日；

（二）建设工程没有交付的，为提交竣工结算文件之日；

（三）建设工程未交付，工程价款也未结算的，为当事人起诉之日。

其他参考案例索引：

（2020）最高法民申 6385 号

核心观点解析 54：发包人不能以工程质量不合格为由拒付工程进度款

观点评述：

工程进度款是指，合同约定当承包人完成一定工程量或施工至一定阶段时，发包人依据工程计量结果，支付施工过程中的工程价款。依据《建筑工程施工质量验收统一标准》GB 50300—2013第4.0.1条规定："建筑工程质量验收应划分为单位工程、分部工程、分项工程和检验批。"第5.0.6条规定："当建筑工程质量不符合要求时，应按下列规定进行处理：1. 经返工或返修的检验批，应重新进行验收。2. 经有资质的检测机构检测鉴定能够达到设计要求的检验批，应予以验收。3. 经有资质的检测机构检测鉴定达不到设计要求、但经原设计单位核算认可能够满足安全和使用功能的检验批，可予以验收。4. 经返修或加固处理的分项、分部工程，满足安全及使用功能要求时，可按技术处理方案和协商文件的要求予以验收。"施工过程中，工程质量以检验批验收为基础确定。目前，暂无法律规定发包人可以承包人的施工过程中存在的质量问题为由拒绝履行支付工程进度款。原因在于，承包人在申请进度款时，工程大多尚处于建设过程中，而不管工程施工过程中质量如何，承包人的施工进度到达合同约定的付款节点，发包方应当依约支付进度款。而工程质量合格作为支付工程价款的前提条件，针对的是整个工程最终完工状态下是否是质量合格的，而非工程建设中间过程的质量要求，如施工过程中工程存在质量问题，可要求承包人整改，只要最终工程竣工验收质量合格即可。也就是说，即使工程质量不合格，发包人仍应履行支付工程进度款义务，如最终工程质量不合格，发包人可以支付工程进度款之后向承包方主张要求整改，整改不合格，可以在结算款中减少工程价款或者扣减质量保证金。

建设工程合同作为民商事合同，仍应以当事人的真实意思表示为基础，有约从约。如合同中明确约定了发包人支付工程进度款以承包人所完成的工程质量合格为前提的，承包人主张工程进度款的，应确保此时所完成的工程质量是合格。同时，发包人应及时组织中间验收。

最高人民法院案例索引：（2020）最高法民终44号

裁判要旨：

案涉质量鉴定意见书不足以影响工程进度款的支付。根据案涉质量鉴定意见书，除地下室底板及基础承台下基底构造层（水泥砂浆找平层、垫层等）不符合设计要求，不具备返工、修复条件外，其余存在质量问题部分可以修复加固。案涉工程为在建工程，尚未竣工验收。在施工中，中铁公司向晓安公司提出的《工程产值确认表》，均有监理公司的签章。依照《建筑工程施工质量验收统一标准》第四条第一项之规定，工程质量验收范围从大到小，分为单位工程、分部工程、分项工程和检验批。施工过程中以检验批验收合格为基础，依次进行分项、分部、单位工程验收。在施工过程中应以检验批验收合格为基础确定工程质量，晓安公司以案涉工程质量鉴定意见书为依据阻却在建工程进度款支付，迟滞案涉工程施工进度，不符合合同目的。建设工程司法解释（一）第三条第一款第二项规定："修复后的建设工程经竣工验收不合格，承包人请求支付工程价款的，不予支持。"案涉工程未经竣工验收，亦未经过修复，当事人均要求继续履行案涉施工合同，晓安公司以工程质量不符合要求，拒绝支付工程进度款的主张不成立。

参考法条

《民法典》

第五百七十七条　当事人一方不履行合同义务或者履行合同义务不符合约定的，应当承担继续履行、采取补救措施或者赔偿损失等违约责任。

第五百八十二条　履行不符合约定的，应当按照当事人的约定承担违约责任。对违约责任没有约定或者约定不明确，依据本法第五百一十条的规定仍不能确定的，受损害方根据标的的性质以及损失的大小，可以合理选择请求对方承担修理、重作、更换、退货、减少价款或者报酬等违约责任。

《新建设工程司法解释（一）》

第十二条　因承包人的原因造成建设工程质量不符合约定，承包人拒绝修理、返工或者改建，发包人请求减少支付工程价款的，人民法院应予支持。

核心观点解析 55：社会保险费、安全文明施工费系不可竞争费，合同虽约定不予计取，但仍应计入工程造价

观点评述：

社会保险费是指国家法律、法规规定，由省级政府和省级有关权力部门规定必须缴纳或计取的费用，在建筑安装工程费用项目组成中属于规费。安全文明施工费是指承包人按照国家法律、法规、标准等规定，在合同履行中未保证安全施工、文明施工，保护现场内外环境和搭拆临时设施等所采用的措施发生的费用，在建筑安装工程费用项目组成中属于措施项目费里的总价措施费。规费和总价措施费均以计算基数按照费率计算得出。《建设工程工程量清单计价规范》GB 50500—2013 第 3.1.5 条规定："措施项目中的安全文明施工费必须按国家或省级、行业建设主管部门的规定计算，不得作为竞争性费用。"第 3.1.6 条规定："规费和税金必须按国家或省级、行业建设主管部门的规定计算，不得作为竞争性费用。"社会保险费、安全文明施工费系不可竞争费，按照公平原则平衡发承包双方利益，应计入工程总造价中，不能在合同中约定社会保险费、安全文明施工费不予计取。但也有观点认为，工程规费和安全文明施工费的计取有约定的从约定，其理由是意思自治是民法的基本原则，在不违反法律法规和社会公共利益的情况下，要尊重当事人意思自治。同时，《建设工程工程量清单计价规范》GB 50500—2013 不是强制性法律规定，当事人的约定不违反法律法规效力性规定，是双方当事人真实意思表示，不能擅自推翻当事人的约定，而另行确定结算标准。

最高人民法院案例索引：（2020）最高法民申 2649 号

裁判要旨：

本案中虽然双方当事人在预算几点说明中约定养老统筹、四项保险费、安全文明施工费不予计取，但二审法院综合考虑养老保险统筹费、四项保险费、安全文明施工费系不可竞争费用，且案涉工程质量合格，双方当事人约定工

程造价既不计取人工费调差、贷款利息、四项保险、安全文明施工费、养老保险统筹费，还要在总造价基础上下浮 8%作为最终结算价等多种因素，在工程造价中计入养老保险统筹费、四项保险费、安全文明施工费，并无不当。陕西省 1999 定额规定省级安全文明施工费费率为 1.6%，但陕西省建设厅陕建发（2007）232 号文件《关于调整房屋建筑和市政基础设施工程工程量清单计价安全文明施工措施费及综合人工单价的通知》已明确将房屋建筑工程的安全文明施工费费率调整至 2.6%，该通知自 2008 年 1 月 1 日起执行，此时案涉工程仍在施工过程中，原审判决根据调整后标准 2.6% 计算安全文明施工费，依据充分。虽然案涉工程并未进行安全文明施工情况考评，但案涉工程已竣工验收并投入使用，聚泉公司亦并未提供证据证明案涉工程施工过程中发生过安全事故或者不文明的施工行为，原审判决将属于不可竞争费用的安全文明施工费计入工程造价，并无不当。

参考法条

《建设工程工程量清单计价规范》GB 50500—2013

3.1.5　措施项目中的安全文明施工费必须按国家或省级、行业建设主管部门的规定计算，不得作为竞争性费用。

3.1.6　规费和税金必须按国家或省级、行业建设主管部门的规定计算，不得作为竞争性费用。

核心观点解析 56：承包人中途擅自停工退场的，安全文明施工费、临时措施费可以按照实际完工的工程量计取

观点评述：

未完工程的结算要综合考虑合同约定、违约方责任、合同价款计取办法等组价因素。清单计价法把措施项目费与工程实体项目进行分离，且措施项

目费又分为单价措施费和总价措施费，单价措施费与工程实体项目均按照工程量计算，但总价项目措施费不能与实体项目一样按工程量计算，需按照分部分项工程和单价措施费的总额乘费率计算得出。安全文明施工费属于总价措施费，系不可竞争费用。对于安全文明施工费又可分为基本费、现场考评费和奖励费。施工单位擅自停工退场，施工方违约责任比例较大，安全文明施工费如仍按全额计取，将损害发包人利益，故按照已完工程比例计取更为公平，即按照已完工程的分部分项工程和单价措施费总额乘以费率计取。

最高人民法院案例索引:(2020)最高法民申3463号

裁判要旨:

经查，鉴定机构已在《听证会对上海星宇建设集团有限公司异议的回复》第三项中就星宇公司该项异议作了答复，因星宇公司中途退场，鉴定机构按星宇公司已完工程计取安全文明施工费、临时措施费并无不当。在星宇公司未提交考评系数和奖励证书的情况下，鉴定机构无法计算安全文明考评费和奖励费，星宇公司应承担相应的不利后果，星宇公司关于应当计取考评费和奖励费的申请理由不能成立。

参考法条

《民法典》

第五百六十六条　合同解除后，尚未履行的，终止履行；已经履行的，根据履行情况和合同性质，当事人可以请求恢复原状或者采取其他补救措施，并有权请求赔偿损失。

合同因违约解除的，解除权人可以请求违约方承担违约责任，但是当事人另有约定的除外。

主合同解除后，担保人对债务人应当承担的民事责任仍应当承担担保责任，但是担保合同另有约定的除外。

核心观点解析 57：因发包人过错导致工程未完工，承包人有权要求发包人按已完工程比例支付考评费、奖励费

观点评述：

本规则的适用前提是发包人过错导致工程未完工，发包方要承担违约责任。安全文明施工费属总价措施费，为了保证安全文明施工的投入，各省市相继发布文件，指出安全文明施工费属于总价措施费，系不可竞争费用。对于安全文明施工费又可分为基本费、现场考评费和奖励费。其中基本费是施工企业在施工过程中必须发生的安全文明措施的基本保障费；现场考评费是施工企业执行有关安全文明施工规定，经考评组织现场核查打分和动态评价获取的安全文明措施增加费；奖励费是施工企业加大投入，加强管理，创建省、市级文明工地等的奖励费用。施工方按整个项目投入安全文明施工费中的基本费用，应全额计取。对于考评费和奖励费，是工程正常施工过程中根据工程情况核算和计取的费用。结合发包方违约行为使工程未完工，从平衡各方利益以及惩罚违约行为角度出发，承包人有权要求发包人按已完工程比例支付考评费、奖励费。

最高人民法院案例索引：（2020）最高法民终 1113 号

裁判要旨：

鉴定机构作出的《补充鉴定意见书》中载明考评费、奖励费系工程正常施工过程中根据工程情况核算和计取的费用。因杭建工公司系中广发公司中止合同后撤离工地，而且《补充鉴定意见书》也载明前期安全文明措施费已经投入，项目部临建房也未计算回收利用，未完工程仍可使用，一审判决判令中广发公司按杭建工公司已完工程比例承担上述考评费、奖励费并无不当。

参考法条

《民法典》

第五百六十六条　合同解除后，尚未履行的，终止履行；已经履行的，根据履行情况和合同性质，当事人可以请求恢复原状或者采取其他补救措施，并有权请求赔偿损失。

合同因违约解除的，解除权人可以请求违约方承担违约责任，但是当事人另有约定的除外。

主合同解除后，担保人对债务人应当承担的民事责任仍应当承担担保责任，但是担保合同另有约定的除外。

第八百零六条　承包人将建设工程转包、违法分包的，发包人可以解除合同。

发包人提供的主要建筑材料、建筑构配件和设备不符合强制性标准或者不履行协助义务，致使承包人无法施工，经催告后在合理期限内仍未履行相应义务的，承包人可以解除合同。

合同解除后，已经完成的建设工程质量合格的，发包人应当按照约定支付相应的工程价款；已经完成的建设工程质量不合格的，参照本法第七百九十三条的规定处理。

核心观点解析58：未完工工程的劳保基金未计入已完工工程造价的，施工单位缴纳后可向建设单位主张

观点评述：

根据当地劳保基金管理规定，劳保基金作为工程价款的组成部分，工程项目竣工结算后由建设单位按工程决算价与当地劳保基金管理机构结算劳保基金，由建设单位按照工程造价计取建安劳保费并支付给施工单位，再由施

工单位缴纳。劳保基金与工程造价相关，即便是未完工程，同样具有价值，劳保基金客观存在，属于未完工程的工程价款的一部分。劳保基金实行多退少补，未完工程实际缴纳的，施工企业可向建设单位主张。

最高人民法院案例索引:（2020）最高法民终 724 号

裁判要旨：

根据《住房和城乡建设部、财政部关于印发〈建筑安装工程费用项目组成〉的通知》（建标〔2013〕44 号）、《湖南省住房和城乡建设厅关于进一步明确我省建筑行业劳保基金管理相关事项的通知》（湘建建〔2015〕6 号）的相关规定，劳保基金是建筑安装工程费的一部分，由养老保险费、医疗保险费、失业保险费、生育保险费和工伤保险费组成。劳保基金由各级劳保基金管理机构先按建安工程中标价的 3.5% 向建设单位预收劳保基金，工程项目竣工结算后由建设单位按工程决算价与当地劳保基金管理机构结算劳保基金，实行多退少补。劳保基金管理机构代建筑企业代收取劳保基金后，再按规定拨付给建筑企业。

根据《湖南省人民政府办公厅关于废止建筑行业劳保基金统筹管理制度的通知》（湘政办发〔2016〕51 号）、《湖南省住房和城乡建设厅关于取消建筑行业劳保基金与增加社会保险费有关事项的通知》（湘建价〔2016〕134 号）的相关规定，自 2016 年 7 月 1 日起在湖南省范围内全面废止建筑行业劳保基金统筹管理制度，2016 年 7 月 1 日前已开工项目欠缴的劳保基金，由项目建设单位直接拨付给施工企业，用于缴纳社会保险费。案涉工程于 2016 年 6 月 6 日开工建设，因此，金汇公司应将劳保基金直接支付给裕达公司。但是，因《施工合同》为可调价合同，案涉工程并未竣工，属于未完工工程，故原判决未将劳保基金 361.416509 万元计入已完工工程造价，并无不当，裕达公司在向劳保基金管理机构缴纳劳保基金后，可另行向金汇公司主张。

核心观点解析 59：企业所得税不包含在工程费用中的税金里，不应纳入工程款范围

观点评述：

《建筑安装工程费用项目组成》（建标〔2013〕44 号）规定，税金是指国家税法规定的应计入建筑安装工程造价内的营业税、城市维护建设税、教育费附加以及地方教育附加。《住房和城乡建设部办公厅关于做好建筑业营改增建设工程计价依据调整准备工作的通知》（建办标〔2016〕4 号）规定，建筑安装工程税金是指按规定应计入建筑安装工程造价的增值税销项税额，城市维护建设税、教育费附加则计入企业管理费。营业税和增值税属于流转税，在 2016 年“营改增”前，营业税是工程价款的组成部分，2016 年“营改增”后，增值税作为工程价款的组成部分。而企业所得税是以收益额为征税对象的税种，所得税又称所得课税、收益税，指国家对法人、自然人和其他经济组织在一定时期内的各种所得征收的一类税收，即有收益才会征收，并不作为成本计入工程价款。

最高人民法院案例索引：（2020）最高法民申 5742 号

裁判要旨：

根据《建筑安装工程费用项目组成》的相关规定，工程费用中的税金，是指国家税法规定的应计入建筑安装工程造价内的营业税、城市维护建设税、教育费附加以及地方教育附加，并不包括企业所得税，吉源建设公司主张将企业所得税纳入工程款范围，没有事实和法律依据。

参考法条

《企业所得税法》

第一条　在中华人民共和国境内，企业和其他取得收入的组织（以下统称企业）为企业所得税的纳税人，依照本法的规定缴纳企业所得税。

个人独资企业、合伙企业不适用本法。

核心观点解析 60：以房抵顶工程款协议属于新债清偿协议，旧债务于新债务履行之前不消灭，旧债务和新债务处于衔接并存的状态，新债务合法有效并得以履行完毕后，旧债务才归于消灭

观点评述：

债务清偿期届满后当事人之间达成的以物抵债协议，可能构成债的更改或者新债清偿。根据当事人意思自治原则，除非当事人明确约定成立新债务同时消灭旧债务，否则应当构成新债清偿，即债务人在不免除旧债的情况下向债权人负担新债，新债清偿时旧债一并消灭。

最高人民法院公报案例（2016）最高法民终字第 484 号中认为："首先，以物抵债，系债务清偿的方式之一，是当事人之间对于如何清偿债务作出的安排，故对以物抵债协议的效力、履行等问题的认定，应以尊重当事人的意思自治为基本原则。一般而言，除当事人明确约定外，当事人于债务清偿期届满后签订的以物抵债协议，并不以债权人现实地受领抵债物，或取得抵债物所有权、使用权等财产权利，为成立或生效要件。只要双方当事人的意思表示真实，合同内容不违反法律、行政法规的强制性规定，合同即为有效（即抵顶协议有效）。其次，当事人于债务清偿期届满后达成的以物抵债协议，可能构成债的更改，即成立新债务，同时消灭旧债务；亦可能属于新债清偿，即成立新债务，与旧债务并存。基于保护债权的理念，债的更改一般需有当事

人明确消灭旧债的合意，否则，当事人于债务清偿期届满后达成的以物抵债协议，性质一般应为新债清偿。换言之，债务清偿期届满后，债权人与债务人所签订的以物抵债协议，如未约定消灭原有的金钱给付债务，应认定系双方当事人另行增加一种清偿债务的履行方式，而非原金钱给付债务的消灭。双方当事人签订《房屋抵顶工程款协议书》，如未约定因此而消灭相应金额的工程款债务，则该协议在性质上应属于新债清偿协议（抵顶协议有效，并不意味着工程款支付义务的消除）。再次，所谓清偿，是指依照债之本旨实现债务内容的给付行为，其本意在于按约履行。若债务人未实际履行以物抵债协议，则债权人与债务人之间的旧债务并未消灭。也就是说，在新债清偿，旧债务于新债务履行之前不消灭，旧债务和新债务处于衔接并存的状态；在新债务合法有效并得以履行完毕后，因完成了债务清偿义务，旧债务才归于消灭（抵顶工程款的房屋未交付承包人实际占有使用，亦未办理所有权转移登记的，则发包人未实际履行房屋抵顶的实际义务，故房屋所抵顶的相应工程款债权并未消灭，承包人仍有权主张工程款）。最后，当事人应当遵循诚实信用原则，按照约定全面履行自己的义务，这是合同履行所应遵循的基本原则，也是人民法院处理合同履行纠纷时所应秉承的基本理念。据此，债务人于债务已届清偿期时，应依约按时足额清偿债务。在债权人与债务人达成以物抵债协议、新债务与旧债务并存时，确定债权人应通过主张新债务抑或旧债务履行以实现债权，亦应以此作为出发点和立足点。若新债务届期不履行，致使以物抵债协议目的不能实现的，债权人有权请求债务人履行旧债务；而且，该请求权的行使，并不以以物抵债协议无效、被撤销或者被解除为前提。”

综上，以物抵债协议生效后，新债务与旧债务同时存在，若债务人不履行新债务的，债权人仍有权要求债务人履行旧债务；当事人约定自以物抵债协议生效时旧债务消灭的，从其约定。

最高人民法院案例索引:（2020）最高法民再197号

裁判要旨：

万邦公司与家和公司于2015年3月21日达成的《会议纪要》载明，万邦公司用其自有商铺依次冲抵工程款费用共计1200万元。其后，家和公司在房屋清单上盖章，对十八间商铺分别备案登记在肖体龙、孙磊、李辉平等人名下的事实予以确认，房屋清单上还载明："以上十八间铺面暂不办理手续"。《会议纪要》及基于《会议纪要》签订的十八份购房合同均为有效合同，对当事人产生约束力。因万邦公司与家和公司在《会议纪要》中并未约定原支付工程款的旧债消灭，故该《会议纪要》在性质上应属于新债清偿协议，即约定债务人在不免除旧债的情况下向债权人负担新债，新债清偿时旧债一并消灭。除当事人有特别约定外，债权人或债务人对于履行新债或旧债均不具有选择权。新债应优先于旧债履行，只有新债不能履行，新债清偿协议目的不能实现，或者存在其他导致新债清偿协议无效、应予撤销的情形，才回到旧债的履行。若赋予债权人对于新、旧债的履行选择权，会使得债务人应履行的债务内容处于无法预期的状态，不符合交易的稳定性要求，不利于平衡债权人与债务人的利益。本案中，十八间商铺已经办理预售合同备案登记，暂未办理过户登记也是基于双方的约定。现并无证据表明上述房屋不能办理过户登记，或以物抵债协议无法履行，二审法院以物权尚未发生变动为由否定新债的履行，适用法律错误，应予纠正。

参考法条

《九民会议纪要》

44.【履行期届满后达成的以物抵债协议】当事人在债务履行期限届满后达成以物抵债协议，抵债物尚未交付债权人，债权人请求债务人交付的，人民法院要着重审查以物抵债协议是否存在恶意损害第三人合法权益等情形，避免虚假诉讼的发生。经审查，不存在以上情况，且无其他无效事由的，人民法院依法予以支持。

当事人在一审程序中因达成以物抵债协议申请撤回起诉的，人民法院可予准许。当事人在二审程序中申请撤回上诉的，人民法院应当告知其申请撤回起诉。当事人申请撤回起诉，经审查不损害国家利益、社会公共利益、他人合法权益的，人民法院可予准许。当事人不申请撤回起诉，请求人民法院出具调解书对以物抵债协议予以确认的，因债务人完全可以立即履行该协议，没有必要由人民法院出具调解书，故人民法院不应准许，同时应当继续对原债权债务关系进行审理。

45.【履行期届满前达成的以物抵债协议】当事人在债务履行期届满前达成以物抵债协议，抵债物尚未交付债权人，债权人请求债务人交付的，因此种情况不同于本纪要第71条规定的让与担保，人民法院应当向其释明，其应当根据原债权债务关系提起诉讼。经释明后当事人仍拒绝变更诉讼请求的，应当驳回其诉讼请求，但不影响其根据原债权债务关系另行提起诉讼。

其他参考案例索引：

（2020）最高法民申1361号

CHAPTER 5

第五编

利息与违约金

本编综述

建设工程合同纠纷案件多数是因欠付工程款、工期逾期、工程质量等一系列行为引起的，违约方的行为给守约方造成了损失，使得双方利益不平衡，甚至造成合同目的难以实现。因此，为平衡利益失衡现象，鼓励合同主体积极依约履行合同，建立良好市场秩序，引导、保障建筑行业平衡、稳定发展，立法上针对违约责任、工程款利息进行了相关规定，但目前规定较为简单，而现实情况相对复杂，导致司法实践中存在分歧，不利于纠纷的解决。

一、施工合同中的违约责任

违约责任是合同责任中一种重要的形式，也是建设工程施工合同纠纷案件的核心问题，是指合同当事人不履行合同义务或者履行合同义务不符合合同约定而依法应当承担的民事责任。根据《民法典》第五百七十七条："当事人一方不履行合同义务或者履行合同义务不符合约定的，应当承担继续履行、采取补救措施或者赔偿损失等违约责任。"之规定，一般违约责任的承担方式有继续履行、采取补救措施、赔偿损失。在建设工程合同纠纷案件中，发包人的违约行为主要表现为拖延结算、逾期支付工程款等，承包人的违约行为主要表现为工期违约、工程施工质量不合格等，最常见的违约责任承担方式有赔偿损失，包括损害赔偿、支付违约金等。

（一）违约责任归责原则

目前我国确立的归责原则主要有严格责任归责原则和过错责任归责原则。严格责任归责原则和过错责任归责原则的本质区别在于，是否以合同当事人有过错为归责的核心要件。严格责任归责原则不以合同当事人主观上是否存在过错为前提，除发生免责事由外，只要合同当事人存在违约行为，且因违约行为造成了守约方损失的，违约方应当承担违约责任，而违约行为的认定和违约责任的承担主要依据合同约定或法律规定。如《民法典》第八百零三条规定："发包人未按照约定的时间和要求提供原材料、设备、场地、资金、技术资料的，承包人可以顺延工程日期，并有权请求赔偿停工、窝工等损失。”因此，在举证责任上，守约方需举证证明违约方存在违约行为、造成损害事实，损害事实与违约行为之间存在因果关系；违约方则需举证证明发生不可抗力事由或损害事实与违约行为之间不存在因果关系。

相比严格责任归责原则，过错责任归责原则须以合同当事人有过错为归责的核心要件。在违约事实发生，只有合同当事人有过错的，过错方才承担违约责任，反之无须承担责任。

（二）违约责任承担中的违约金和损害赔偿

1. 违约金

（1）违约金的概述及适用

《民法典》第五百八十五条第一款规定："当事人可以约定一方违约时应当根据违约情况向对方支付一定数额的违约金，也可以约定因违约产生的损失赔偿额的计算方法。”这是违约金的法律依据。违约金是指由当事人约定或法律规定，当一方不履行合同或不完全履行合同时，由违约方支付给守约方的一定数额的金钱。违约金必须以当事人约定的违约金条款为依据，无约定则无违约金。在适用违约金条款时，无论违约行为是否造成守约方损失，守约方都可以向违约方主张违约金。

在建设工程施工合同案件中，违约金的约定并不仅表现为要求支付一定违约金，还时常表现为奖惩条款。在施工合同中，关于工期和质量等奖惩办法的约定，也应视为违约金条款，适用违约金的相关法律规定。《河北省高级人民法院建设工程施工合同案件审理指南》第45条（冀高法〔2018〕44号）："建设工程施工合同中约定发包人可因工期、工程质量转包或违法分包等情形对承包人处以‘罚款’的，该约定应视为双方对违约责任的约定，罚款具有违约金的性质。经承包人确认的罚款数额，发包人主张从工程款中扣减的，人民法院应予支持。当事人要求对罚款的数额进行调整的，人民法院可按照《合同法》第一百一十四条的规定予以处理。”2012年《浙江省高级人民法院民事审判第一庭关于审理建设工程施工合同纠纷案件若干疑难问题的解答》第十九条："如何认定建设工程施工合同关于工期和质量等奖惩办法约定的性质？建设工程施工合同关于工期和质量等奖惩办法的约定，应当视为违约金条款。当事人请求按照《中华人民共和国合同法》第一百一十四条第二款，以及最高人民法院《关于适用〈中华人民共和国合同法〉若干问题的解释（二）》第二十七条、第二十八条、第二十九条的规定调整的，可予支持。”

（2）违约金数额的调整

为维护市场秩序，补偿和惩罚还需控制在一定程度，原则上以造成守约方的损失为参考因素。《民法典》第五百八十五条第二款规定：“约定的违约金低于造成的损失的，人民法院或者仲裁机构可以根据当事人的请求予以增加；约定的违约金过分高于造成的损失的，人民法院或者仲裁机构可以根据当事人的请求予以适当减少。”违约金作为违约责任承担方式之一，我国对违约金采取以补偿性为主、惩罚性为辅的立法原则，主要功能在于弥补守约方的损失。而违约金数额是在合同签订时预先约定的，存在约定过高或过低的可能，如约定过高或约定过低都有可能受到调整。

①关于约定的违约金低于损失的调整。

根据《民法典》第五百八十五条第二款规定，施工合同中约定的违约金低于造成的损失的，当事人可以请求予以增加违约金。增加的违约金以实际损失额为参考标准，增加的违约金数额不能超过实际损失额。在合同约定的违约金低于损失情形下，当事人选择增加违约金后，不可又要求对方赔偿损失。此时，由主张违约金过低的一方应就违约金是否过低承担举证责任。

②关于约定违约金过高的调整。

约定违约金过高是司法实践中最常见的，然我国法律关于违约金过高的认定、调整的规定并无具体操作规定，一般由法官自由裁量。《民法典》实施前，对于违约金过高的上限标准，一般根据《合同法司法解释（二）》第二十八条的规定，以造成的损失为判断标准，损失包括实际损失和合同履行后可以获得的利益，约定的违约金超过损失的30%即认定为过高。对违约金是否过高的举证责任由主张违约金过高的违约方承担。但《民法典》实施后，《民法典》中未对违约金过高标准明确规定，仅在第五百八十四条中规定：“当事人一方不履行合同义务或者履行合同义务不符合约定，造成对方损失的，损失赔偿额应当相当于因违约所造成的损失，包括合同履行后可以获得的利益；但是，不得超过违约一方订立合同时预见到或者应当预见到的因违约可能造成的损失。”具体何为过高，未做明确限制数额规定。

目前，司法实践中如何认定约定违约金是否过高以及如何调整有三种主流处理方式。

第一种，参照《最高人民法院关于审理民间借贷案件适用法律若干问题的规定》（已废止）第二十六条规定，确定施工合同的违约金计算标准上限，即违约金计算标准≤年利率 24%，如超过此计算标准则属于违约金约定过高情形，应予以调整。最高人民法院在（2017）最高法民申 3354 号案中，采用了该种处理方式，认为：“双方在《建设工程施工合同》专用条款第 35.1 条中约定按照日万分之五计算逾期支付工程款的违约金。中晟公司认为浙江花园公司未能如期收到工程款的损失仅为利息，原判决按照合同约定的‘日万分之五’计算违约金已远超银行同期贷款基准利率（折合为日万分之一点六）的百分之三十，故约定违约金过高，应予调整。但是，在现实经济活动中，借款成本或贷款收益常常要高于该利率。故银行同期贷款基准利率并非计算损失的唯一标准，甚至可以说该基准利率未必是在各种情形下最合理的标准。《最高人民法院关于审理民间借贷案件适用法律若干问题的规定》第二十六条第一款就规定：‘借贷双方约定的利率未超过年利率 24%，出借人请求借款人按照约定的利率支付利息的，人民法院应予支持。’可见，年利率 24% 以内的民间借贷收益是合法的、受保护的。据此可以认定，除经金融监管部门批准设立的从事贷款业务的金融机构及其分支机构，因发放贷款等相关金融业务产生的法律关系外，自然人、法人、其他组织之间及其相互之间约定迟延付款违约金未超过年利率 24% 的，可以不认定为‘过高’。浙江花园公司并非从事贷款业务的金融机构，双方约定按日万分之五计算违约金，并未超过受保护的年利率 24%，并不‘过高’。因此，原判决按照双方约定的日万分之五计算违约金，并无不当。但最新的《民间借贷案件司法解释》，已无年利率 24% 的上限，而是以 LPR 的 4 倍为上限，虽然目前仍有部分法院以此为判断违约金是否过高的标准，但是以后将会趋于减少。”

第二种，参照中国人民银行同期同类贷款利率，确定的违约金计算标准上限，即违约金计算标准≤中国人民银行同期同类贷款利率。此种处理方式的前提是无法证明实际损失，且发包人存在欠付工程款的情形。

第三种，确定违约金的计算标准≤实际损失（不能证明实际损失时为同期银行贷款利息）×1.3。对此，最高人民法院民事审判第一庭编著的《民事审判指导与参考》（2017年卷第73辑）之【民事审判信箱】中分析指出："至于何为'过分高于'，《合同法司法解释（二）》第二十九条第二款规定了一个一般性参考标准，即'损失的百分之三十'，此处的超过造成损失的'百分之三十'应理解为约定的违约金数额大于损失的百分之一百三十时，可认定为过分高于。比如损失为100万元时，约定的违约金数额若大于130万元，则可以认定为'过分高于'。当然，此处的'损失的百分之三十'只是一般情形下的参考标准，不可机械适用。根据《合同法司法解释（二）》第二十九条第一款，人民法院在调整违约金时，应当根据案件的具体情形，以违约造成的损失为基准，综合衡量合同履行程度、当事人的过错、预期利益、当事人缔约地位强弱、是否适用格式合同或条款等多项因素，根据公平原则和诚实信用原则予以综合权衡，避免简单采用固定比例等'一刀切'的做法。同样，《最高人民法院关于当前形势下审理民商事合同纠纷案件若干问题的指导意见》第七条规定：'人民法院根据《合同法》第一百一十四条第二款调整过高违约金时，应当根据案件的具体情形，以违约造成的损失为基准，综合衡量合同履行程度、当事人的过错、预期利益、当事人缔约地位强弱、是否适用格式合同或条款等多项因素，根据公平原则和诚实信用原则予以综合权衡，避免简单地采用固定比例等'一刀切'的做法，防止机械司法而可能造成的实质不公平。'根据上述规定，可以得出违约金数额不得超过实际损失1.3倍的结论。即违约金数额≤实际损失（不能证明实际损失时为同期银行贷款利息）×1.3。"在《九民会议纪要》中，关于违约金过高标准的规定，除借款合同外的双务合同，作为对价的价款或者报酬给付之债，并非借款合同项下的还款义务，不能以受法律保护的民间借贷利率上限作为判断违约金是否过高的标准，而应当兼顾合同履行情况、当事人过错程度以及预期利益等因素综合确定。此种处理方式否定了前两种处理方式，严格的适用合同法中关于调整违约金约定过高的规定。目前《合同法司法解释（二）》已废止，而《民法典》中未对违约金过高标准明确规定，不再以不能超过"损失的百分之三十”为上限标准。

2. 损害赔偿的相关问题

损害赔偿与违约金是两种不同的违约责任承担方式，违约金以合同有约定为构成要件，是否造成损失在所不问。但是，损害赔偿主张前提是一方当事人的违约行为给对方造成损失，并且违约行为与损失之间有因果关系。

（1）损害赔偿类型

结合《民法典》第五百八十四条规定：“当事人一方不履行合同义务或者履行合同义务不符合约定，造成对方损失的，损失赔偿额应当相当于因违约所造成的损失，包括合同履行后可以获得的利益；但是，不得超过违约一方订立合同时预见到或者应当预见到的因违约可能造成的损失。”和第五百八十五条第一款规定：“当事人可以约定一方违约时应当根据违约情况向对方支付一定数额的违约金，也可以约定因违约产生的损失赔偿额的计算方法。”损害赔偿分为法定赔偿和约定赔偿两种类型，两者的区别在于赔偿损失的前提依据的是法定事由还是约定事由。

（2）损害赔偿的范围

损害赔偿范围，就是赔偿损失的数额多少。目前，我国法律暂无赔偿损失数额的上限标准规定。结合《民法典》第五百八十四条的规定，损害赔偿的范围应当包括实际损失和合同履行后可以获得的利益（即可得利益损失）。损失数额的确定主要依赖主张赔偿损失的一方的举证责任予以确定。

3. 违约金与损害赔偿并用问题

（1）当约定的违约金低于损失的，守约方可同时主张违约金和损害赔偿，但违约金和损害赔偿之和不能超过实际损失额。《民法典》第五百八十五条规定：“当事人可以约定一方违约时应当根据违约情况向对方支付一定数额的违约金，也可以约定因违约产生的损失赔偿额的计算方法。约定的违约金低于造成的损失的，人民法院或者仲裁机构可以根据当事人的请求予以增加；约定的违约金过分高于造成的损失的，人民法院或者仲裁机构可以根据当事人的请求予以适当减少。当事人就迟延履行约定违约金的，违约方支付违约金后，还应当履行债务。”违约金与损害赔偿并用时，受到实际损失额的约束，且排除增加违约金的要求。

（2）当约定违约金高于损失的，守约方不能同时主张违约金和损害赔偿，且如违约金过分高于损失的，违约方可以请求适当减少。这里的“损失”即指实际损失和可得利益损失，即损害赔偿所赔偿的“损失”。违约金高于损失时，所获得的赔偿已覆盖守约方因违约方违约行为所应得的补充，如同时主张违约金和损害赔偿，守约方将获得双倍补偿，违背合同法的立法原则。

（三）关于施工合同无效、解除情形下的违约责任承担

1. 合同无效后，受损方可就合同无效造成的损失要求赔偿，但不可要求另一方承担违约责任

《民法典》第一百五十七条规定：“民事法律行为无效、被撤销或者确定不发生效力后，行为人因该行为取得的财产，应当予以返还；不能返还或者没有必要返还的，应当折价补偿。有过错的一方应当赔偿对方由此所受到的损失；各方都有过错的，应当各自承担相应的责任。法律另有规定的，依照其规定。”《九民会议纪要》指出：“在确定合同不成立、无效或者被撤销后财产返还或者折价补偿范围时，要根据诚实信用原则的要求，在当事人之间合理分配，不能使不诚信的当事人因合同不成立、无效或者被撤销而获益。合同不成立、无效或者被撤销情况下，当事人所承担的缔约过失责任不应超过合同履行利益。”笔者认为，建设工程施工合同无效后，合同条款对当事人不再具有任何约束力，违约责任条款亦失去效力，当事人不得再据此合同主张违约责任，当事人也不能基于合同约定的违约责任条款主张权利或享受相应权益。如守约方仍依合同约定主张违约责任的，实质上是额外补偿，已超过合同履行情形下所获得的合同利益。

另外，施工合同无效虽不需再承担违约责任，但并不意味着免除民事责任的承担。《新建设工程司法解释（一）》第六条规定：“建设工程施工合同无效，一方当事人请求对方赔偿损失的，应当就对方过错、损失大小、过错与损失之间的因果关系承担举证责任。损失大小无法确定，一方当事人请求参照合同约定的质量标准、建设工期、工程价款支付时间等内容确定损失大小的，人民法院可以结合双方过错程度、过错与损失之间的因果关系等因素作出裁判。”无过错的一方仍可要求有过错的一方赔偿损失。此处的“过错”仅指导致合同无效的过错，“损失”特指因合同无效造成的损失。就发包人而言，可

主张的损失包括工期逾期损失、建设工程质量不合格的损失等；就承包人而言，可主张的损失包括拖欠工程款损失、停窝工损失。但是，损失赔偿法律性质上属于缔约过失责任，无过错一方在举证责任上应就另一方存在过错、损失存在、损失数额、过错与损失之间存在因果关系承担举证责任。其中“过错与损失之间存在因果关系”是判定过错方应否赔偿损失的关键，有因果关系，即应赔偿损失；无因果关系，则无须赔偿损失。鉴于此，无论是发包人还是承包人，在主张损失赔偿时，必须先分清哪些损失是因合同无效造成的，哪些与合同效力没有因果关系。

2. 施工合同无效后，发、承包人就工程款结算、违约责任等达成协议的，应按该协议约定承担相应违约责任

发、承包人就工程款结算、违约责任等达成的协议，具有结算和清理条款性质，独立于无效合同存在。因此，只要该协议不存在合同无效的法定事由，应认定为有效，任一方存在违约行为的，应依据该协议的约定承担相应违约责任。

3. 施工合同解除后，在一定条件下，违约方应承担支付违约金的违约责任

针对施工合同解除后，守约方是否可主张违约责任的问题，目前存在两种说法。

否定说认为，根据《民法典》第五百六十六条：“合同解除后，尚未履行的，终止履行；已经履行的，根据履行情况和合同性质，当事人可以请求恢复原状或者采取其他补救措施，并有权请求赔偿损失。合同因违约解除的，解除权人可以请求违约方承担违约责任，但是当事人另有约定的除外。主合同解除后，担保人对债务人应当承担的民事责任仍应当承担担保责任，但是担保合同另有约定的除外。”之规定，合同解除后，合同当事人之间的法律关系消灭，合同权利义务终止，合同中的条款对双方都不再具有约束力，其中的违约条款自然也不再适用，此时的法律责任不表现为违约责任，而是表现为恢复原状、采取补救其他措施、赔偿损失民事责任。因此，施工合同解除后，守约方不能主张违约责任，但造成守约方损失的，可要求违约方赔偿损失。最高人民法院在（2009）民一终字第23号案中认可此观点，认为：“合同解除的法律效果是使合同关系归于消灭，解除合同的后果，违约方的责任承担方式也不表

现为支付违约金。因此，对桂冠公司要求支付违约金的主张，本院亦不予支持。鉴于本案合同解除后桂冠公司另行购买办公楼等需要支付费用，而泳臣公司专门按照桂冠公司的要求定向建设的住宅楼和商品住宅小区，合同不履行后也会给泳臣公司造成一定损失。综合考虑本案的实际情况，本院酌定泳臣公司赔偿桂冠公司损失 1000 万元。”

肯定说认为，根据最高人民法院发布的《关于当前形势下审理民商事合同纠纷案件若干问题的指导意见》（法发〔2009〕40 号）第 8 条规定：“为减轻当事人诉累，妥当解决违约金纠纷，违约方以合同不成立、合同未生效、合同无效或者不构成违约进行免责抗辩而未提出违约金调整请求的，人民法院可以就当事人是否需要主张违约金过高问题进行释明。人民法院要正确确定举证责任，违约方对于违约金约定过高的主张承担举证责任，非违约方主张违约金约定合理的，亦应提供相应的证据。合同解除后，当事人主张违约金条款继续有效的，人民法院可以根据合同法第九十八条的规定进行处理。”施工合同解除后，违约金条款具有结算和清理条款性质，不因合同的解除而失去法律效力，因此，守约方仍可依据合同中约定支付违约金条款要求违约方承担违约责任，并适用违约金相关法律规定。最高人民法院在（2014）民申字第 2208 号案中认可了此观点，认为：“根据《合同法》第九十八条‘合同的权利义务终止，不影响合同中结算和清理条款的效力’之规定，中远公司请求华北建设公司依约承担工程误期的违约赔偿责任 300 万元，并未超出合同约定的违约赔偿范围，华北建设公司在二审审理中亦未提出违约金予以酌减的事实和理由。据此，二审判决华北建设公司承担该项违约赔偿责任，事实和法律依据充分，并无不当。”

（四）守约方原因导致损失扩大的，扩大部分的损失由守约方自行承担

《民法典》第五百九十一条规定：“当事人一方违约后，对方应当采取适当措施防止损失的扩大；没有采取适当措施致使损失扩大的，不得就扩大的损失请求赔偿。当事人因防止损失扩大而支出的合理费用，由违约方负担。”守约方在违约方违约后，应当积极行使自身权利，及时采取措施防止损失的扩大，否则应就造成的扩大部分的损失自行承担责任。如发包人违约的，承包人应及时采取如解除合同、及时撤场、移交工程、另行安排工人、暂停机械租赁

等措施；如承包人违约的，发包人应及时采取解除合同、另行发包重新组织施工、甩项竣工、另行委托维修等措施。

二、工程款利息相关问题

在建设工程施工合同中，承包人的主要义务是按合同约定完成所有施工内容，发包人的主要义务是依约支付工程款。建设工程竣工验收合格并交付的，发包人即具有了支付工程款的义务。而工程款利息属于法定孳息，是依附工程款存在的，不以是否存在违约为支付前提。如发包人逾期支付工程款，支付利息也应当成为发包人的法定支付义务。同时，利息具有一定的惩罚性和补偿性。在发包人不积极依约履行支付工程款义务时，承包人有权向发包人主张欠付工程款的利息。在建设工程施工合同案件中，一般情况下，利息会受到欠付工程款（本金）数额、起算时间、计息标准、合同效力等因素影响。

（一）本金数额的确定

工程款是承包人依约履行合同施工义务后所应得的对价，利息依附工程款而存在，顾名思义，工程款利息的本金即为欠付工程款。因此，利息计算的前提是确定本金，即确定欠付工程款数额。一般工程款分为预付工程款、工程进度款、工程结算款、质量保证金。特殊情况下，还包括垫资。不同类型的工程款，确定数额的方式有所区别。

1. 预付工程款数额的确定。原则上，依据当事人合同中约定的预付款数额确定。

2. 工程进度款数额的确定。进度款计息的本金一般是承包方提交并经业主确认的进度款金额，包括业主认可的签证变更款、奖励款等金额。如对进度款数额的确定存在异议时，可先将没有异议部分作为本金，有异议部分工程款在确定后也可以作为本金。

3. 工程结算款数额的确定。工程结算款数额的确定是确定欠付工程款数额（本金）的基础，一般有两种途径，一是发、承包双方自行协商达成一致意见的结算协议，二是通过司法工程造价鉴定予以确认。工程款确定后，即可确定尚欠的工程款数额。

4. 质量保证金数额的确定。依据《建设工程施工合同（示范文本）》（GF—

2017—0201）通用条款第15.3.2条约定“发包人累计扣留的质量保证金不得超过工程价款结算总额的3%。”即质量保证金的确定以工程结算款的确定为前提。

5. 垫资款数额的确定。垫资款比较特殊，垫资款的本金确定存在不确定性，需要双方当事人进行明确约定，具体确定方式下文将进行详细论述。

（二）利息起算点相关问题

《新建设工程司法解释（一）》第二十七条规定：“利息从应付工程价款之日开始计付。当事人对付款时间没有约定或者约定不明的，下列时间视为应付款时间：（一）建设工程已实际交付的，为交付之日；（二）建设工程没有交付的，为提交竣工结算文件之日；（三）建设工程未交付，工程价款也未结算的，为当事人起诉之日。”该条明确约定了利息的起算点，工程款利息起算点应按“当事人明确约定应付款之日→工程交付之日→提交竣工结算文件之日→当事人起诉之日”这四个时点的先后顺序确定，只有前一个时点无法确定时才可采用后一个时点，不可同时或者择一适用。实践中，对有约定的按约定即可，但“视为应付款时间”的情形较难以把握。

1. 工程交付之日

建设工程已实际交付的，应付款时间为工程交付之日，利息即从工程交付之日起算。但在实践中，如何认定交付之日成为难题。交付分为两种形式[1]。一是现实交付，即发包人在形式上和实际上已对建设工程实际控制，实际控制的标准是建设工程的控制权在发包人手上，发包人可随时对建设工程行使占有、使用、收益等权利，而不以发包人是否对建设工程实际投入使用为判断标准。对于此种形式的交付，发、承包人之间一般有明确的外在交付行为，依据法律规定、合同约定或交易习惯办理相关交付移交手续，包括交付完整的工程技术资料。建设工程的交付，除建筑物本身外，承包方应同时交付完整的工程技术资料，包括竣工图、材料设备的使用说明和零部件或备件，并符合国家有关工程竣工交付的其他条件。如果工程交付时承包人未交付法定相关图纸、资料而发包人未使用工程的，视为未交付；发包人已使用的，承

[1] 最高人民法院民事审判第一庭. 民事审判指导与参考[M]. 总第63辑. 北京：人民法院出版社，2016：184-185.

包人承担延期交付工程技术资料的违约责任[1]。二是拟制交付，即发、承包人之间没有明确的交付行为，也未办理相关交付移交手续，但发包人对建设工程已实际投入使用，并实际行使着占有、使用、收益的权利，此种交付以发包方对建设工程实际投入使用为判断标准，发包人实际投入使用之日则被法律拟制为交付之日。最高人民法院在（2014）民一终字第54号案中认为："关于涉案工程何时交付，双方亦未有明确的交接手续，双方当事人仅认可涉案工程已于2007年12月底投入使用，一审法院综合本案的实际情况，以2008年1月1日起按同期人民银行贷款率计算涉案工程款利息并无不当。"即在双方未有明确交付行为时，以发包人实际投入使用建设工程之日确定为交付之日，以此作为利息的起算点。

那么，在实务中应当如何运用上述两种交付方式来判断交付之日呢？笔者认为，可结合实际情况并采用"两步法"进行判断。第一步，要判断建设工程是否存在现实交付，如已现实交付，则可通过办理交付手续的相关材料来确定实际交付时间，此时对施工单位工程项目管理要求较高，施工单位在履行施工合同过程中应当注意留存完整的工程技术资料以及交付手续材料；如未现实交付或无法提交交付手续相关材料的，则需通过第二步来判断交付之日。第二步，判断建设工程是否存在拟制交付，即以发包人是否对建设工程实际投入使用为判断标准。如发包人已对建设工程实际投入使用，则该实际投入使用之日为交付之日。如建设工程既未现实交付，也不存在拟制交付，原则上该建设工程属于未交付状态，计算欠付工程款利息时则不能以交付之日作为利息起算点。

2. 提交竣工结算文件之日

建设工程没有交付的，以提交竣工结算文件之日为应付款之日，利息从提交竣工结算文件之日起算。依据《建设工程施工合同（示范文本）》（GF—2017—0201）通用条款第14.1条约定："除专用合同条款另有约定外，承包人应在工程竣工验收合格后28天内向发包人和监理人提交竣工结算申请单，并提交完整的结算资料，有关竣工结算申请单的资料清单和份数等要求由合同

[1]　最高人民法院民事审判第一庭．最高人民法院建设工程施工合同司法解释的理解与适用[M]. 北京：人民法院出版社，2015：117.

当事人在专用合同条款中约定。除专用合同条款另有约定外，竣工结算申请单应包括以下内容：（1）竣工结算合同价格；（2）发包人已支付承包人的款项；（3）应扣留的质量保证金。已缴纳履约保证金的或提供其他工程质量担保方式的除外；（4）发包人应支付承包人的合同价款。”原则上，承包人仅需提交已依约提交完整竣工结算文件以及载明提交竣工结算文件时间的相关资料予以证明。因此，将承包人提交竣工结算文件之日作为应付工程款之日，并以提交竣工结算文件之日作为利息起算点，可有利于防止发包人故意拖延结算。这里需要注意的是，承包人所提交的竣工结算文件应当严格依据合同约定的期限以及提交清单要求提交完整的工程竣工结算文件，如承包人分阶段提交或发包人在约定的审核结算期限内要求补充提交的，应以提交完整竣工结算文件之日起算利息。

但是，实践中经常存在发包人故意拖延审核承包人提交的竣工结算文件，以拖延支付工程款，此时，是否也可将承包人提交竣工结算文件之日视为应付款之日？

《北京市高级人民法院关于审理建设工程施工合同纠纷案件若干疑难问题的解答》（京高法发〔2012〕245 号）第 35 条规定：“发包人无正当理由拒绝结算工程款的，欠付工程款利息的起算点如何确定？发包人在施工合同约定的审核结算期限内无正当理由拒绝结算或故意拖延结算，在审核期限届满后也未支付工程款，承包人要求发包人从合同约定的审核结算期限届满的次日起计算欠付工程款利息的，可予支持，但合同另有约定的除外。”《建设工程施工合同（示范文本）》（GF—2017—0201）通用条款第 14.2 条约定，（1）发包人在收到承包人提交竣工结算申请书后 28 天内未完成审批且未提出异议的，视为发包人认可承包人提交的竣工结算申请单，并自发包人收到承包人提交的竣工结算申请单后第 29 天起视为已签发竣工付款证书。发包人无正当理由怠于履行结算审核义务的，或发包人在审核期限届满后又以承包人提交的竣工结算文件不完整为由拒绝结算的，视为发包人认可承包人的竣工结算文件，发包人应自约定的审核结算期限届满之次日起支付承包人相应的足额工程款，如发包人未予以支付的，应从审核结算期限届满之次日起计算工程利息。

3. 当事人起诉之日

建设工程既未交付，承包人也未提交竣工结算文件，合同约定的工程款结算、支付条件难以成就或无法成就，难以确定应付工程款之日。在当事人向司法机关提起诉讼主张权利后，法院将会经过审理最终确定工程款数额，并认定发包人存在欠付承包人工程款的事实，原则上，此时发包人应当在法院确定最终工程款数额之日支付承包人工程款。但如在诉讼期间不计利息，将扩大承包人的损失[1]。因此，为了平衡双方利益，不扩大承包人的损失，立法上将当事人起诉之日拟制为应付工程款之日，并以此作为工程款利息的起算点。

（三）工程款利息的计息标准

1. 关于欠付工程款的利息的计息标准

针对发包人逾期支付工程款情形下的利息的计息标准，《新建设工程司法解释（一）》第二十六条规定："当事人对欠付工程价款利息计付标准有约定的，按照约定处理。没有约定的，按照同期同类贷款利率或者同期贷款市场报价利率计息。"该规定严格遵循当事人的意思自治原则，以当事人之间的约定为优先计息标准（在合同有效的前提下），在没有约定或约定无效的情形下才适用法定的计息标准，即按照中国人民银行发布的同期同类贷款利率计息/按照全国银行间同业拆借中心公布的贷款市场报价利率这一标准计息。

（1）在当事人有约定情形下，当事人约定的计息标准≤一年期贷款市场报价利率四倍

根据《新建设工程司法解释（一）》第二十六条规定，优先以当事人之间约定的利息计付标准计算利息，但是，当事人之间约定的计息标准无论多高是否都可获得法院支持？约定的计息标准是否存在上限？在施工合同纠纷中，法律未对此进行明确规定。

而《民间借贷案件司法解释》第二十八条第一款规定："借贷双方对逾期利率有约定的，从其约定，但是以不超过合同成立时一年期贷款市场报价利率四倍为限。"即利息计算标准以年利率一年期贷款市场报价利率四倍为上限。

[1] 王勇．建设工程施工合同纠纷实务解析[M]．北京：法律出版社，2017：188.

在建设工施工合同纠纷案件中，是否可以参照民间借贷纠纷案件的处理方式，设置欠付工程款的利息计息标准上限？对此，部分省份的高级人民法院进行了相应的规定，认为可参照民间借贷纠纷案件的处理方式，设置欠付工程款利息的计息标准上限为一年期贷款市场报价利率四倍（2019年8月19日以前为同期同类贷款利率四倍）。如2010年《江苏省高级人民法院建设工程施工合同案件审理指南》第七条第三款第三项规定："当事人在合同中约定的工程款利息，明显高于国家法定标准的，应当对该约定标准进行调整，调整的标准应当在国家法定标准的上下线左右。调整因素应当以欠付工程款的数额，占工程总造价的比例，拖欠工程款的时间，利息和本金的比例以及发包人的违约事实等作为依据。"2015年《四川省高级人民法院关于审理建设工程施工合同纠纷案件若干疑难问题的解答》第29条第一款规定："当事人对欠付工程价款利息计付标准有约定的，按照约定处理，但不得超过中国人民银行公布的同期同类贷款利率的4倍；没有约定的，按照中国人民银行发布的同期同类贷款利率计算。"笔者认为，当事人对欠付工程款利息的计息标准有约定的，该约定的计息标准应参照民间借贷纠纷案件的处理方式，当事人约定的计息标准≤一年期贷款市场报价利率四倍。

（2）施工合同中仅就进度款的利息及计息标准进行约定情形下，工程结算款利息计息的标准确定

在现实中，经常存在发、承包人在施工合同中仅就进度款的利息及计息标准进行约定而未对工程结算款利息及计息标准进行约定的情况，而承包人起诉时又多要求发包人支付工程结算款的利息，此时是否可主张工程结算款的利息以及利息计息标准如何确定？在施工合同中仅就进度款的利息及计息标准进行约定而未对工程结算款利息及计息标准进行约定的情形，工程结算款的利息及计息标准实际属于《新建设工程司法解释（一）》第二十六条中没有约定的情形，故应按规定按照中国人民银行发布的同期同类贷款利率计息/按照全国银行间同业拆借中心公布的贷款市场报价利率计息。

最高人民法院在（2017）最高法民终232号案中认为："从双方合同的约定可以得知，南天公司延期支付工程进度款应承担欠付金额3%/月的利息，参照我国民间借贷有关司法解释规定，双方约定的违约金高于2%/月，应当

进行调整，但考虑到双方于2016年4月8日共同签署《对账说明》，明确表示截至2016年3月31日南天公司支付太昌公司的工程款合计为70186408元，已经对进度款利息进行了处分，同时综合本案中南天公司亦未全额支付欠付进度款利息的实际情况，对双方工程价款结算确定日之前的工程进度款利息，不再进行计算。对双方对账确定日之后的利息，应当进行计算，但此时，欠付款项的性质已经转变为工程总价款而非工程进度款，从双方合同约定来看，并未就延期支付工程总价款约定明确的违约责任，因此，依照《最高人民法院关于审理建设工程施工合同纠纷案件适用法律问题的解释》第十七条'当事人对欠付工程价款利息计付标准有约定的，按照约定处理；没有约定的，按照中国人民银行发布的同期同类贷款利率计息'之规定，对于2016年4月8日之后欠付的工程价款，南天公司应按照同期银行贷款利息承担违约责任。"

2. 垫资利息的计息标准

所谓垫资，是指发、承包人在合同中明确约定，合同签订后，发包人不支付工程款或者仅支付部分工程款，承包人利用自有资金先施工，工程施工到一定阶段或者工程全部完成后，由发包人支付承包人垫付的工程款。例如，最高人民法院在（2013）民申字第1607号案中认为："当事人安装公司与海景公司在签订的合同专用条款第二十六条关于工程款（进度款）支付约定：双方约定的工程款（进度款）支付的方式和时间：承包人完成总工作量50%时，次月发包人开始按当月工程进度报表95%支付，工程竣工验收合格后两个月内支付至总工程量的97%，留3%质保金两年后付清。该约定最高人民法院认定为'安装公司垫资施工'。"

对于垫资款利息的计息标准，根据《新建设工程司法解释（一）》第二十五条规定："当事人对垫资和垫资利息有约定，承包人请求按照约定返还垫资及其利息的，人民法院应予支持，但是约定的利息计算标准高于垫资时的同类贷款利率或者同期贷款市场报价利率的部分除外。当事人对垫资没有约定的，按照工程欠款处理。当事人对垫资利息没有约定，承包人请求支付利息的，人民法院不予支持。"承包人主张垫资款的利息的，以合同中必须明确约定垫资施工为前提，即确认垫资款的存在，否则将按照工程欠款处理。

（1）约定垫资及利息情形下，利息计息标准不得高于同类贷款利率 / 同期贷款市场报价利率

《新建设工程司法解释（一）》第二十五条第一款已明确约定的垫资利息计算标准的上限为不得高于同类贷款利率或者同期贷款市场报价利率，这是毋庸置疑的。因此，在司法实践中，当事人约定的垫资利息计算标准突破上限的，原则上应调整为≤同类贷款利率或者同期贷款市场报价利率。

但是，也存在特殊例子。在（2018）最高法民再 324 号案中，二审法院认为："依据《最高人民法院关于审理建设工程施工合同纠纷案件适用法律问题的解释》（已废止）第六条第一款：'当事人对垫资利息有约定，承包人请求按照约定返还垫资及利息的，应予支持，但是约定的利息标准高于中国人民银行发布的同期同类贷款利率的部分除外'的规定，垫资的利息标准不应高于中国人民银行发布的同期同类贷款利率，而泰烜建设公司起诉请求的垫资利息 3035122.28 元系按照约定的月利率 15‰计算，明显高于上述司法解释规定的利息标准，故原判决完全支持泰烜建设公司的该项请求，显属不当，应予纠正。"而最高人民法院则认为："案涉《工程决算结算单》是泰烜建设公司将工程竣工经验收合格并交付后，双方就工程结算自愿达成的协议，其内容不违反法律法规强制性规定，不损害国家、社会公共利益和第三人的合法权益，应属有效。结算单通常是双方当事人基于种种考虑的妥协产物，各方都可能作出权利上的让步，故除非有法定事由，应当予以尊重。因此，众和置业公司应当按照结算单确定的数额履行付款义务。二审法院将双方约定的利息予以调减不当，本院予以纠正。"该案中，最高人民法院裁判是否违背了垫资利息上限规定？笔者认为，最高人民法院从尊重当事人意思自治考虑，将结算单可作为一个独立有效的合同看待，具有结算条款性质，关于垫资利息的约定是双方当事人自愿达成的，应予尊重。但该案的裁判观点属于特例，大多数最高人民法院倾向于将突破上限的计息标准应调整至≤中国人民银行发布的同期同类贷款利率。

（2）未约定垫资时的计息标准确定

根据《新建设工程司法解释（一）》第二十五条第二款规定，未约定垫资款的，按工程欠款处理。此时，计息标准应当依据《新建设工程司法解释（一）》

第二十六条规定确定，在此不再赘述。

（3）未约定垫资利息，承包人无权主张垫资款利息

未约定垫资的，可按工程款处理，承包人仍可依据相关法律规定主张利息。但约定垫资却未约定垫资利息的，承包人不可主张利息。这是从当事人意思自治原则考虑，与民间借贷纠纷中的借款利息约定相似。《民间借贷案件司法解释》第二十四条规定，借贷双方没有约定利息，出借人主张支付利息的，人民法院不予支持。自然人之间借贷对利息约定不明，出借人主张支付利息的，人民法院不予支持。除自然人之间借贷的外，借贷双方对借贷利息约定不明，出借人主张利息的，人民法院应当结合民间借贷合同的内容，并根据当地或者当事人的交易方式、交易习惯、市场报价利率等因素确定利息。为降低成本，笔者建议施工单位在与签订合同时，如已对垫资进行了明确约定，也应约定相应的利息。

（四）施工合同无效情形下工程款利息的支付

1. 施工合同无效，承包人仍可主张欠付工程款利息

《民法典》第七百九十三条第一款规定："建设工程施工合同无效，但是建设工程经验收合格的，可以参照合同关于工程价款的约定折价补偿承包人。"最高人民法院在（2013）民申字第 1947 号案中认为："《最高人民法院关于审理建设工程施工合同纠纷案件适用法律问题的解释》（已废止）第二条突破了无效合同处理后果的一般原则，确定了建设工程施工合同虽然被认定无效，但建设工程验收合格，施工方可参照合同约定支付工程价款的原则。该司法解释第十七条规定，当事人未对工程款利息计付标准进行约定的，应按照中国人民银行发布的同期同类贷款利率。依据此项规定，工程价款利息并非违约金而系法定孳息，因此无论合同是否有效，施工方基于其工程款请求权均有权主张利息损失。"

由于工程款利息在性质上属于法定孳息，附随于工程款，是承包人履行建设工程施工义务后应得的法定利益。即使施工合同无效，工程款的支付条件成就，发包人应依约支付工程款，否则产生相应的法定孳息，故施工合同的效力并不影响发包人支付欠付工程款的利息。

2. 施工合同无效，当事人约定的欠付工程款利息自始无效，应按照同类贷款利率 / 同期贷款市场报价利率计息

《民法典》第一百五十五条规定：“无效的或者被撤销的民事法律行为自始没有法律约束力。”《新建设工程司法解释（一）》第二十六条在施工合同有效情形下，优先适用当事人的约定。但合同无效，欠付工程款利息计息标准的约定不属于独立的结算条款，因合同的无效归于无效，此时，欠付工程款利息的计息标准不能依约处理，而应视为没有约定，《新建设工程司法解释（一）》第二十六条中关于“未约定利息”的规定处理。

3. 施工合同无效，当事人就工程款及欠付工程款利息计息标准形成结算协议的，欠付工程款的利息计息标准依据结算协议确定

施工合同无效，发、承包人在工程竣工验收合格的情况下就工程款及欠付工程款利息计息标准签署结算协议的，是对双方之间既存债权债务关系的结算和清理，该协议在法律效力上的独立性和约束力，属有效合同，因此该协议中关于欠付工程款的利息计息标准亦属有效，应依据该结算协议的约定确定利息计息标准。

但结算协议约定的利息计息标准不能过高，否则法院可能会进行适当调整。如在（2018）最高法民终 605 号案中，最高人民法院认为：“根据双方的对账，丹峰公司已支付万通公司 2016 年 7 月 6 日之前的利息共计 20811325 元，表明丹峰公司自愿按照上述约定进行了部分履行。此种情况下，丹峰公司已支付的利息本可不予调整，但原判决以月息 3 分标准超出了法律规定的 24% 上限为由，将丹峰公司已付及欠付工程款利息均调整为年利率 24%，已平衡了双方利益，因此本院对原审认定的利率予以维持。”在（2017）最高法民终 944 号案中，最高人民法院认为：“发包人对承包人已完成工程确认、明确欠付工程款数额以及明确逾期付款利息做出的《承诺书》，性质上属于发承包双方对既存债权债务的清理结算，不违反法律、行政法规的效力性强制性规定，不因施工合同无效而无效。发包人逾期支付工程款，可按照《承诺书》中约定的逾期利息执行。但因《承诺函》中约定的利息为每月三分，高于国家规定的利率标准，法院调整为月利率 2%。”

4. 施工合同无效，利息起算时间的确定

根据《民法典》第七百九十三条第一款规定：“建设工程施工合同无效，但是建设工程经验收合格的，可以参照合同关于工程价款的约定折价补偿承包人。”该规定中所陈述的“参照合同关于工程价款的约定”是否包括当事人对应付款时间的约定？目前，司法实践中未达成统一意见。

一种观点认为，《民法典》第七百九十三条第一款规定中所参照的支付工程价款约定包括应付款时间的约定。在（2018）最高法民终524号案中，最高人民法院认为：“合同约定结算审计完毕三个月内付至结算总价的95%，剩余5%的质量保修金在竣工满一年退还结算总价2%、竣工满二年退还结算总价2%、竣工满五年后退还结算总价1%。应根据上述付款节点分别起算利息。”

另一种观点认为，《民法典》第七百九十三条第一款规定中所参照的支付工程价款约定不包括应付款时间的约定，施工合同无效，关于工程款支付时间的约定亦无效。如广西壮族自治区高级人民法院在（2015）桂民四终字第19号案中认为：“因福建顺达公司与金东海公司之间《分包框架协议书》无效，合同中约定的付款时间对双方亦没有约束力，视为双方之间没有约定工程款的具体支付时间。”

三、欠付工程款情形下的违约金与利息并存问题

逾期支付工程款的违约金以违约事实的存在为基础，具有惩罚和补偿双重性质，且违约金还应由当事人在合同明确约定才可适用。而工程款利息则是法定孳息，不以当事人的约定、违约行为的存在或造成实际损失而存在，具有法定性、补偿性。两者在本质上存在明显区别，但是都具有一定的补偿性。在实践中，经常存在发、承包人在施工合同中同时约定逾期支付工程款的违约金和利息，当发包人出现逾期支付工程款情形时，承包人能否同时主张违约金和利息呢？

对此问题，司法实践中存在两种观点。

第一种观点认为，承包人不能按照建设工程施工合同的约定，既请求发包人承担逾期支付工程款的违约金，又同时请求支付相应利息。持此观点的认为，违约金和利息均具有补偿性，两者都是用于补偿承包人因发包人逾期

支付工程款而造成的损失，而该损失往往表现为利息损失，如同时主张将存在双重补偿、双重惩罚的情形，双方当事人利益严重失衡。

第二种观点认为，施工合同明确约定发包人逾期支付工程款，承包人可以同时主张逾期付款违约金和利息的，依照其约定，但约定的违约金和利息之和不能过分高于实际损失。结合两者的性质和司法实践，笔者认同第二种观点。

实践中，如承包人拟同时主张违约金和工程款利息，应当注意以下三个问题：

1. 承包人同时主张违约金和工程款利息的前提是，施工合同中必须对逾期付款的违约金和工程款进行明确约定，只约定其一，则不可同时适用。对此，最高人民法院民事审判第一庭编著的《民事审判指导与参考》（2012卷）之【民事审判信箱】中也分析指出，建设工程施工合同作为双务有偿合同，支付工程价款是发包人的主要义务；发包人违反合同约定欠付工程价款，则构成违约，应承担违约责任，而当事人之间对所欠付工程价款约定支付利息往往是承担违约责任的基本方式。《新建设工程司法解释（一）》第二十六条规定："当事人对欠付工程价款利息计付标准有约定的，按照约定处理。没有约定的，按照同期同类贷款利率或者同期贷款市场报价利率计息。"该规定是针对建设工程施工合同当事人之间关于利息问题争议的处理，应为当事人对欠付工程款并没有约定违约责任承担方式的适用；如果当事人在施工合同中已经约定逾期支付工程款所应承担的违约责任方式，则应优先适用该当事人之间的约定。因此，如果当事人在施工合同中明确约定了在承担利息之外还应赔偿承担其他违约责任的，则承包人在请求承担违约责任同时还请求支付相应约定的利息的，应当从其约定；相反，如果当事人仅仅约定承担违约责任的方式，而未约定工程款利息的，则此时不应再按照《新建设工程司法解释（一）》第二十六条规定承担支付利息的责任，即承包人无权在请求发包人承担违约责任之外，再请求发包人支付工程款利息；对承包人的该请求，人民法院也不应支持。

2. 合同约定的违约金和利息之和过分高于实际损失，发包人主张适当减少的，应予支持。

调整方式有两种，一是参照最高人民法院《民法典》第五百八十五条的规定予以调整。《北京市高级人民法院关于审理建设工程施工合同纠纷案件若干疑难问题的解答》（京高法发〔2012〕245号）第36条规定：“承包人同时主张逾期支付工程款的违约金和利息的，如何处理？建设工程施工合同明确约定发包人逾期支付工程款，承包人可以同时主张逾期付款违约金和利息的，依照其约定，发包人主张合同约定的违约金和利息之和过分高于实际损失请求予以适当减少的，按照《最高人民法院关于适用〈中华人民共和国合同法〉若干问题的解释（二）》第二十九条的规定处理；没有约定或约定不明的，对承包人的主张，一般不应同时支持，但承包人有证据证明合同约定的违约金或利息单独不足以弥补其实际损失的除外。”二是在同类贷款利率/同期贷款市场报价利率4倍范围内予以适当调整。如2013年安徽省高级人民法院《关于审理建设工程施工合同纠纷案件适用法律问题的指导意见（二）》第十六条规定：“当事人同时主张违约金和利息的，可予支持。当事人主张的总额在中国人民银行公布的同期同类贷款利率或贷款基础利率4倍范围内的，应当综合违约行为的情节、程度，给守约方造成损失的大小等因素进行确定。当事人主张的总额超出中国人民银行公布的同期同类贷款利率或贷款基础利率4倍范围的，应当举证证明实际损失的数额，人民法院按照《最高人民法院关于适用〈中华人民共和国合同法〉若干问题的解释（二）》第二十九条的规定处理。”

3. 施工合同中对逾期付款的违约金和工程款的约定不明，或者没有约定的，承包人同时主张违约金和利息的，根据《北京市高级人民法院关于审理建设工程施工合同纠纷案件若干疑难问题的解答》（京高法发〔2012〕245号）第36条规定，一般不予同时支持，但承包人有证据证明合同约定的违约金或利息单独不足以弥补其实际损失的除外。

四、优先受偿权

根据《新建设工程司法解释（一）》第四十条规定，承包人就逾期支付建设工程价款的利息、违约金、损害赔偿金等主张优先受偿的，人民法院不予支持。因此，无论是逾期支付工程款的违约金还是利息，均不属于建设工程价款优先受偿的范围。

核心观点解析61：建设工程施工合同无效，人民法院可参照无效合同中的违约金条款确定损失

观点评述：

合同无效的，当事人不能依据合同约定要求对方承担违约责任，但守约一方仍然有权请求违约一方承担赔偿损失的责任。实践中，承包人存在逾期完工的事实，但发包人难以举证其实际损失。人民法院根据公平原则，从减少当事人诉累、有效解决纠纷的角度出发，参照无效合同中的逾期完工违约金条款作为确定损失的依据。

当然，参照无效合同的处理方式，并不等同于将无效合同有效化。在我国《民法典》第七百九十三条中亦有参照无效合同约定折价补偿的处理规定。这主要是考虑到虽然建设工程施工合同无效，但当事人在签订施工合同时，对于质量标准、建设工期、工程价款支付时间等约定内容，均是当事人的真实意思表示。因此，参照前述合同约定内容来确定实际损失大小，不但没有违背当事人的原有之意，而且也避免当事人因无效合同获得比有效合同更多的利益。

最高人民法院在无效合同违约条款的处理上存在不同的观点，例如最高人民法院在（2020）最高法民终398号案中认为，案涉施工合同无效，违约金约定亦无效。因无效的或者被撤销的民事法律行为自始没有法律约束力，故当事人主张参照无效约定计算损失缺乏依据，不予支持。

因此，在建设工程施工合同无效的情形下，并非必须参照合同约定计算损失。故当事人应当注意收集“对方过错程度”及“自身实际损失”的证据材料，降低索赔风险。

最高人民法院案例索引：（2020）最高法民申3158号

裁判要旨：

在紫城公司难以举证其实际损失的情况下，二审判决依据《最高人民法

院关于审理建设工程施工合同纠纷案件适用法律问题的解释（二）》（已废止）第三条之规定参照无效合同中的逾期完工违约金条款作为确定损失的依据，有事实和法律依据，并未超出紫城公司的诉讼请求范围。二审判决结合紫城公司支付工程进度款确有不足的情况，将逾期完工损失赔偿数额标准酌情调整为 26000 元 / 天，系充分考虑了双方的过错程度以及过错与损失之间的因果关系。

参考法条

《民法典》

第一百五十五条　无效的或者被撤销的民事法律行为自始没有法律约束力。

第五百八十三条　当事人一方不履行合同义务或者履行合同义务不符合约定的，在履行义务或者采取补救措施后，对方还有其他损失的，应当赔偿损失。

第七百九十三条　建设工程施工合同无效，但是建设工程经验收合格的，可以参照合同关于工程价款的约定折价补偿承包人。

建设工程施工合同无效，且建设工程经验收不合格的，按照以下情形处理：

（一）修复后的建设工程经验收合格的，发包人可以请求承包人承担修复费用；

（二）修复后的建设工程经验收不合格的，承包人无权请求参照合同关于工程价款的约定折价补偿。

发包人对因建设工程不合格造成的损失有过错的，应当承担相应的责任。

《新建设工程司法解释（一）》

第六条　建设工程施工合同无效，一方当事人请求对方赔偿损失的，应当就对方过错、损失大小、过错与损失之间的因果关系承担举证责任。

损失大小无法确定，一方当事人请求参照合同约定的质量标准、建设工期、工程价款支付时间等内容确定损失大小的，人民法院可以结合双方过错程度、过错与损失之间的因果关系等因素作出裁判。

核心观点解析62：违约金经法院依法调减后，除非有证据证明调整后的违约金仍过高，否则不再给予调整

观点评述：

认定约定违约金是否过高，一般以当事人实际损失作为判断基准。在双方无法确定损失数额时，人民法院可以依据双方所签订的合同约定并兼顾合同履行情况、当事人过错程度以及预期利益等案涉因素综合判断认定，酌情调整违约金。经法院调减后的违约金，是人民法院根据案件基本事实、合同目的、履约过错等因素综合评判得出的结果。如违约方再次要求调减的，需有充分证据证明过分高于实际损失，否则不再调整。

最高人民法院案例索引：（2020）最高法民终903号

裁判要旨：

新东阳公司按照双方在四份《建设工程施工合同》中约定的违约金标准，主张日月鑫公司每月按照应付款的3%支付违约金。一审法院根据日月鑫公司的申请，将违约金标准酌定减少至每月按应付款的2%计算。日月鑫公司上诉主张一审认定的违约金标准仍然过高，但并未举证证明以该标准计算所

得的违约金数额过分高于新东阳公司的实际损失，故日月鑫公司该项上诉主张缺乏事实和法律依据，本院不予支持。

参考法条

《民法典》

第五百八十五条　当事人可以约定一方违约时应当根据违约情况向对方支付一定数额的违约金，也可以约定因违约产生的损失赔偿额的计算方法。

约定的违约金低于造成的损失的，人民法院或者仲裁机构可以根据当事人的请求予以增加；约定的违约金过分高于造成的损失的，人民法院或者仲裁机构可以根据当事人的请求予以适当减少。

当事人就迟延履行约定违约金的，违约方支付违约金后，还应当履行债务。

《民事诉讼法》

第六十七条　当事人对自己提出的主张，有责任提供证据。

当事人及其诉讼代理人因客观原因不能自行收集的证据，或者人民法院认为审理案件需要的证据，人民法院应当调查收集。

人民法院应当按照法定程序，全面地、客观地审查核实证据。

核心观点解析 63：最终结算款可参照进度款的违约金计算标准计算违约金

观点评述：

建设工程具有建设周期长、内容繁杂，涉及人员、机械、材料众多，耗费资金大等特点。通常情况下，发、承包双方在建设工程施工合同中往往都约定按工程进度拨付相应款项。

工程进度款是指在施工过程中，建设单位按某个时间节点或者完成某个形象进度、控制界面等向施工单位支付的工程款；工程结算款是指工程完工后，建设单位应当向施工单位支付的工程价款。工程进度款和工程结算款在本质上都属于工程款。在违约金方面，逾期支付工程进度款和工程结算款当事人可以约定不同的违约金，亦可以约定相同的违约金。如当事人仅对逾期支付工程进度款做了约定，按照“举轻以明重”原则，结算款的违约金可以参照适用进度款的违约金计算标准。

最高人民法院案例索引：（2020）最高法民终264号

裁判要旨：

工程进度款与工程最终的结算款并无本质区别，且进度款约定了违约金，举轻以明重，最终结算款亦可参照进度款的违约金计算标准计算违约金。鉴于西美公司认为该违约金约定标准过高，要求调减，一审法院酌情按照西美公司未付工程款的2%计算违约金，自2016年1月24日起计算至付清之日止，因文业公司对违约金的诉讼请求金额为600万元，故违约金总额以不超过600万元为限。

核心观点解析64：因发包人原因导致停、窝工的，承包人也应积极履行减损义务，未采取有效措施致使损失扩大的，就损失扩大部分不得要求发包人赔偿

观点评述：

《民法典》第八百零四条规定：“因发包人的原因致使工程中途停建、缓建的，发包人应当采取措施弥补或者减少损失，赔偿承包人因此造成的停工、窝工、倒运、机械设备调迁、材料和构件积压等损失和实际费用。”第五百九十一条规定：“当事人一方违约后，对方应当采取适当措施防止损失的

扩大；没有采取适当措施致使损失扩大的，不得就扩大的损失请求赔偿。当事人因防止损失扩大而支出的合理费用，由违约方负担。”可知，因发包人原因导致停工、窝工的，承包人有权向发包方主张赔偿其损失，但应及时采取将机械、物品搬离施工现场等措施，尽到审慎注意义务，如对于未采取有效措施致使损失扩大的，应自行承担责任。

最高人民法院案例索引:（2020）最高法民申5265号

裁判要旨:

2009年11月底案涉工程进入冬季停工期，2010年3月马志有申请复工未获准许，之后涝坝湾煤矿再未通知其复工。2013年在政府主持下，各方就马志有已完工程进行结算，相关工程款神华公司已支付完毕。马志有认为其于2009年6月已进场施工，在冬季停工期后申请复工未获准许，之后涝坝湾煤矿再未通知其复工、亦未通知其撤场，其组织人力、机械设备等在现场等待复工通知，存在相应损失，应由涝坝湾煤矿、神华公司承担。因案涉工程停工后，涝坝湾煤矿、神华公司未告知马志有工程不再施工，亦未通知其撤离现场，导致马志有组织的人员、机械设备等长期处于窝工状态，涝坝湾煤矿、神华公司具有过错，应承担相应的赔偿责任。同时，马志有作为工程实际施工人，在案涉工程应复工未复工的情况下，应及时采取措施减少损失，但其未尽审慎注意义务，导致遗留现场的物品搁置多年损失扩大，对此马志有亦应承担相应的责任。

参考法条

《民法典》

第五百九十一条　当事人一方违约后，对方应当采取适当措施防止损失的扩大；没有采取适当措施致使损失扩大的，不得就扩大的损失请求赔偿。

当事人因防止损失扩大而支出的合理费用，由违约方负担。

第八百零四条　因发包人的原因致使工程中途停建、缓建的，发包人应当采取措施弥补或者减少损失，赔偿承包人因此造成的停工、窝工、倒运、机械设备调迁、材料和构件积压等损失和实际费用。

核心观点解析65：因借用资质导致合同无效而造成损失的，挂靠方与被挂靠方均存在过错，应各自承担相应责任

观点评述：

因借用资质造成的损失应当由谁承担的问题，其本质上属于合同无效，责任划分的问题。《民法典》第一百五十七条规定，民事法律行为无效后，有过错的一方应当赔偿对方由此所受到的损失；各方都有过错的，应当各自承担相应的责任。即在合同无效情形下，对合同当事人损失赔偿的归责基础在于当事人对导致合同无效存在的过错，责任大小在于双方过错程度。而借用资质施工是法律所禁止的，被挂靠方和挂靠方对资质的借用都存在过错，挂靠方明知无资质或资质等级不足以承接工程的，仍借用被挂靠方资质，存在过错。相对的，被挂靠方明知挂靠方无资质或资质等级不足以承接工程，仍出借资质的，也存在过错。故挂靠方与被挂靠方双方的过错导致了施工合同无效，如由此致使一方或双方损失的，应各自承担相应责任。

当事人的过错具体又可分为合同订立、履行阶段的过错，每个阶段的过错程度对损失结果都有不同的影响。在诉讼过程中，应注意区分合同订立阶段过错和履行阶段的过错与损失之间的因果关系，分清各方责任大小，不能笼统地认为只要有损失，挂靠方与被挂靠方都应均分责任。

最高人民法院案例索引：（2020）最高法民再357号

裁判要旨：

乔治与新鹏都公司签订的三份《内部单项工程承包合同》因违反法律及司法解释的规定应当认定无效。《合同法》第五十八条规定："合同无效或者被撤销后，因该合同取得的财产，应当予以返还；不能返还或者没有必要返还的，应当折价补偿。有过错的一方应当赔偿对方因此所受到的损失。双方都有过错的，应当各自承担相应的责任。"经查明，（2013）大中民初字第93号案件中，新鹏都公司承担的费用包括中民公司超付工程款7129057.31元及该款自2013年10月21日起至还清之日止按同期同类银行流动资金贷款利率标准计算的利息、延期完工违约金93.5万元、垫付建衡公司评估鉴定费用90.98万元，并承担反诉案件受理费4万元及鉴定费15万元。新鹏都公司最终被执行划转10948409.9万元。前述费用中，超付工程款7129057.31元系由乔治实际收取，故该超付工程款应由乔治承担。其余费用3819352.6元（10948409.9元—7129057.31元）系新鹏都公司因违法出借资质造成的损失。新鹏都公司、乔治对乔治作为个人不具有施工资质一事明知，双方对合同无效均存在过错，故该损失本院酌情由双方各承担50%即1909676.3元。至于新鹏都公司主张10948409.9万元的利息，因合同无效，且新鹏都公司明知乔治不具有施工资质，仍出借资质予乔治承揽工程，其自身过错明显，对该费用本院不予支持。

参考法条

《民法典》

第一百五十七条　民事法律行为无效、被撤销或者确定不发生效力后，行为人因该行为取得的财产，应当予以返还；不能返还或者没有必要返还的，应当折价补偿。有过错的一方应当赔偿对方由此所受到的损失；各方都有过错的，应当各自承担相应的责任。法律另有规定的，依照其规定。

核心观点解析66：合同关于工程款利息的约定并非解决争议方法的条款，不具独立性，合同无效则利息约定条款亦无效，应按法律规定计息

观点评述：

《民法典》第五百零七条规定："合同不生效、无效、被撤销或者终止的，不影响合同中有关解决争议方法的条款的效力。"前述法条中"解决争议方法的条款"是指合同当事人事先约定发生争议时如何解决问题的条款，一般包括仲裁条款、择受诉法院条款、法律适用条款、约定检验和鉴定机构的条款等，但并不包括违约金条款、利息条款等。"解决争议方法的条款"最大特点在于其法律效力独立于合同无效、被撤销或者解除、终止。根据《新建设工程司法解释（一）》规定，建设工程施工合同无效，当事人约定的工程款条款亦无效，但在建设工程质量合格的情况下，承包人有权请求参照实际履行的合同关于工程价款的约定折价补偿。而工程款利息是因欠付工程款产生的法定孳息，亦应当遵从合同效力的主从规则。工程款利息的约定并非解决争议方法的条款，合同无效的，利息条款亦无效。

最高人民法院案例索引：（2020）最高法民申4170号

裁判要旨：

农荣军与蔡朝永签订的《建筑工程劳务分包合同》在被认定无效前双方当事人已同意解除，且该合同第十四条关于逾期付款按人民银行同期贷款利率的四倍支付逾期费用的约定，并非《合同法》第五十七条规定的合同中关于独立解决争议方法的条款，故欠付工程款利息应分段按中国人民银行发布的同期同类贷款利率及全国银行间同业拆借中心公布的贷款市场报价利率计算。

参考法条

《民法典》

第一百五十五条 无效的或者被撤销的民事法律行为自始没有法律约束力。

其他参考案例索引：

（2020）最高法民申 6997 号

核心观点解析 67：当事人对付款时间没有约定或者约定不明，建设工程已实际交付的，交付之日为应付工程款之日，利息从交付之日计付

观点评述：

通常情况下，关于工程价款的支付时间应当按照当事人意思自治原则进行支付，即合同有约定，应按照约定支付工程价款。但约定的付款条件无法成就的，应当依照法定情形给予认定。

《建筑法》第六十一条第二款规定，建筑工程竣工经验收合格后，方可交付使用；未经验收或者验收不合格的，不得交付使用。《民法典》第七百九十九条也规定，建设工程竣工后，发包人应当根据施工图纸及说明书、国家颁发的施工验收规范和质量检验标准及时进行验收。验收合格的，发包人应当按照约定支付价款，并接收该建设工程。建设工程竣工经验收合格后，方可交付使用；未经验收或者验收不合格的，不得交付使用。由此可见，在建设工程交付前，发包人应当进行验收，未验收前不能交付使用。若发包人在验收前已实际使用建设工程的，即视为放弃"验收"的权利，亦属于擅自使用建设工程的情形。因此，即便是发、承包双方在建设工程施工合同中已约定竣工验收后付款，若发包人在未验收情况下先行使用项目工程，视为付款

条件已成就。

对于发包人欠付承包人工程款计算利息的问题，《新建设工程司法解释（一）》第二十七条规定："利息从应付工程价款之日开始计付。当事人对付款时间没有约定或者约定不明的，下列时间视为应付款时间：（一）建设工程已实际交付的，为交付之日；（二）建设工程没有交付的，为提交竣工结算文件之日；（三）建设工程未交付，工程价款也未结算的，为当事人起诉之日。"此规定系参照《民法典》合同编中买卖合同的规定而制定。《民法典》第六百二十八条规定："买受人应当按照约定的时间支付价款。对支付时间没有约定或者约定不明确，依据本法第五百一十条的规定仍不能确定的，买受人应当在收到标的物或者提取标的物单证的同时支付。"当建设工程已经交付时，对诉争建设工程实际控制已经由承包人转变为发包人，发包人有权依据法律规定对建设工程行使占有、使用、收益的权利。在这种情况下，发包人已经受益，应当支付承包人工程款，但仍然欠付承包人工程价款，双方的权利义务显然不对等，从此时开始发包人应当向承包人支付欠付的工程款利息。

最高人民法院案例索引：（2020）最高法民终449号

裁判要旨：

《施工承包合同》约定："工程竣工验收达到合格工程标准后30日内办好竣工结算，并在办理竣工验收结算后10个月内，贵州恒鑫公司凭重庆凌志公司正规合法税务发票按结算总造价每月等额支付至95%。"《施工承包合同》对付款期限的约定，是基于工程竣工验收的前提。贵州恒鑫公司在未验收的情况下先行使用，不再享有合同约定的"办理竣工验收结算后10个月内，每月等额支付至95%"的期限利益。酒店自2016年8月起内部移交，12月2日试营业，自试营业起收益归属贵州恒鑫公司，故2016年12月2日贵州恒鑫公司已经实际接收案涉工程，意味着重庆凌志公司自此完成其合同义务，开始享有请求支付工程价款的权利。贵州恒鑫公司所举示的证据不能证明仅使用了部分房间；整改属于质保范围，即使如贵州恒鑫公司主张的部分客房有质量问题影响使用，也不妨碍转移占有的认定。按照《最高人民法院关于审理建设工程施工合同纠纷案件适用法律问题的解释》（已废止）第十八条规定，应当以交付之日的次日即2016年12月3日起计算应付工程款利息。

参考法条

《民法典》

第七百九十九条　建设工程竣工后，发包人应当根据施工图纸及说明书、国家颁发的施工验收规范和质量检验标准及时进行验收。验收合格的，发包人应当按照约定支付价款，并接收该建设工程。

建设工程竣工经验收合格后，方可交付使用；未经验收或者验收不合格的，不得交付使用。

第六百二十八条　买受人应当按照约定的时间支付价款。对支付时间没有约定或者约定不明确，依据本法第五百一十条的规定仍不能确定的，买受人应当在收到标的物或者提取标的物单证的同时支付。

《建筑法》

第六十一条　交付竣工验收的建筑工程，必须符合规定的建筑工程质量标准，有完整的工程技术经济资料和经签署的工程保修书，并具备国家规定的其他竣工条件。

建筑工程竣工经验收合格后，方可交付使用；未经验收或者验收不合格的，不得交付使用。

《新建设工程司法解释（一）》

第二十七条　利息从应付工程价款之日开始计付。当事人对付款时间没有约定或者约定不明的，下列时间视为应付款时间：

（一）建设工程已实际交付的，为交付之日；

（二）建设工程没有交付的，为提交竣工结算文件之日；

（三）建设工程未交付，工程价款也未结算的，为当事人起诉之日。

核心观点解析68：合同约定分段计付工程款的，工程款欠款利息也应分段计算

观点评述：

《建设工程价款结算暂行办法》规定，工程价款可分为工程预付款、工程进度款和最终结算。该办法第十二条规定："工程预付款结算应符合下列规定：……（二）发包人收到通知后仍不按要求预付，承包人可在发出通知14天后停止施工，发包人应从约定应付之日起向承包人支付应付款的利息（利率按同期银行贷款利率计），并承担违约责任。"第十三条规定："工程进度款结算与支付应当符合下列规定：……发包人超过约定的支付时间不支付工程进度款，承包人应及时向发包人发出要求付款的通知，发包人收到承包人通知后仍不能按要求付款，可与承包人协商签订延期付款协议，经承包人同意后可延期支付，协议应明确延期支付的时间和从工程计量结果确认后第15天起计算应付款的利息（利率按同期银行贷款利率计）。"第十六条第三款规定："根据确认的竣工结算报告，承包人向发包人申请支付工程竣工结算款。发包人应在收到申请后15天内支付结算款，到期没有支付的应承担违约责任。承包人可以催告发包人支付结算价款，如达成延期支付协议，承包人应按同期银行贷款利率支付拖欠工程价款的利息。如未达成延期支付协议，承包人可以与发包人协商将该工程折价，或申请人民法院将该工程依法拍卖，承包人就该工程折价或者拍卖的价款优先受偿。"同时，《新建设工程司法解释（一）》第二十七条规定，利息从应付工程价款之日开始计付。建设工程施工合同对工程价款约定分阶段支付的，工程价款的支付是按照约定的支付时间分段支付的，并按照阶段计付利息。

最高人民法院案例索引：（2020）最高法民申4416号

裁判要旨：

双方签订的案涉建筑工程施工合同第二十三条价款支付约定"工程全部

完工付至合同价款的 90%，待工程竣工决算后付至合同价款的 95%，剩余 5%为质保金”，原判决以本案工程的移交使用时间和《工程结算审核报告》出具时间为依据，认定“工程全部完工”时间为 2014 年 1 月 24 日、“工程竣工决算”时间为 2018 年 6 月 16 日，并依据《最高人民法院关于审理建设工程施工合同纠纷案件适用法律问题的解释》第十八条“利息从应付工程价款之日计付”的规定，分段计算应付工程款利息，适用法律并无不当。

参考法条

《新建设工程司法解释（一）》

第二十七条　利息从应付工程价款之日开始计付。当事人对付款时间没有约定或者约定不明的，下列时间视为应付款时间：

（一）建设工程已实际交付的，为交付之日；

（二）建设工程没有交付的，为提交竣工结算文件之日；

（三）建设工程未交付，工程价款也未结算的，为当事人起诉之日。

核心观点解析 69：迟延支付进度款利息与迟延支付结算款利息可以同时主张，分别计息

观点评述：

在建设工程施工合同纠纷中，常见发包人因资金短缺等原因拖欠承包人进度款和结算后工程尾款的情形。《新建设工程司法解释（一）》第二十六条规定，当事人对欠付工程价款利息计付标准有约定的，按照约定处理。没有约定的，按照同期同类贷款利率或者同期贷款市场报价利率计息。工程进度款与结算后工程尾款在本质上都属于工程款，故逾期支付工程进度款与结算后工程尾款的，均应当支付相应的利息。

一般而言，建设工程施工合同已经双方结算，双方对欠付工程进度款、

结算后的工程尾款事实并无太大异议，而利息争议大多由双方未约定利息或约定不明引起。实践中，当事人多因未明确约定进度款利息、工程尾款利息的具体支付时间节点而引发争议。笔者认为，在双方无特别约定的情况下，欠付进度款的利息和欠付工程尾款的利息应当分段计付，以避免因欠付同一笔款项而重复计算利息。

《新建设工程司法解释（一）》第二十七条规定，利息从应付工程价款之日开始计付。欠付进度款的利息和欠付工程尾款的利息均应从其应付工程款之日起算，为避免因欠付同一笔款项而重复计算利息，欠付工程尾款的利息起算之日即为进度款的利息计算的止点，故当事人对利息计算方式约定不明或未约定的，进度款利息应计算至双方结算之日止，此后开始计算结算款利息。

最高人民法院案例索引：（2020）最高法民终188号

裁判要旨：

双方当事人均认可存在进度款迟延支付的利息与结算款迟延支付的利息，对利息标准亦无争议，但是主张不同的计算方法。首先，关于进度款利息的计算基数。案涉《建设工程施工合同》专用条款17.3.1约定，工程进度款按月结算支付，每月25日承包人提交结算申请，监理人和发包人10日内审核予以支付，付款比例为已完工程量的75%。专用条款17.3.3约定，发包人不按期支付工程款，按同期银行贷款利率支付违约金。案涉工程于2012年11月3日第二次停工，中铁十八局建安公司于2012年12月24日上报进度款，按照合同约定，监理人和发包人应在10日内，也即2013年1月3日前审核完毕。合同明确约定进度款的付款比例是已完工程量的75%，故应付进度款为已完工程造价的75%，若存在已付工程款，在计算应付进度款时应一并扣减。其次，关于进度款利息计算的止点。案涉工程自2012年11月3日停工后未再复工，亦未再付款，双方于2015年7月10日在第三方审核的基础上进行的结算虽未包含停工损失和劳保费用，但可视为双方对已完工程价款的最终结算，自该日起计算欠付工程款利息而非进度款利息，更为合理。故此，进度款利息应以3024034.11元为基数，自2013年1月4日起按照中国人民银行发布的同期同类贷款利率计算至2015年7月10日止。

参考法条

《新建设工程司法解释（一）》

第二十六条 当事人对欠付工程价款利息计付标准有约定的，按照约定处理。没有约定的，按照同期同类贷款利率或者同期贷款市场报价利率计息。

第二十七条 利息从应付工程价款之日开始计付。当事人对付款时间没有约定或者约定不明的，下列时间视为应付款时间：

（一）建设工程已实际交付的，为交付之日；

（二）建设工程没有交付的，为提交竣工结算文件之日；

（三）建设工程未交付，工程价款也未结算的，为当事人起诉之日。

核心观点解析70：工程停工后，现场材料交接日可视为工程实际交付之日，从该日起计付欠付工程款利息

观点评述：

《新建设工程司法解释（一）》第二十七条规定，当事人对付款时间没有约定或者约定不明的，以工程实际交付之日视为应付款时间，但现行司法解释并未进一步解释项目工程（包括未完工程、已完工程）应如何交付，怎么交付才算是有效的交付行为。在实践中，工程交付存在实际交付和推定交付两种，实际交付是指双方具有明确的交付手续，如发包人向承包人出具已接收项目工程的书面材料或双方签署项目交接手续证明等；推定交付是指在没有交付手续的情况下，通过推定的方式认定承包人已将项目移交发包人，例如：发包人已让新承包人入场施工；案涉项目已投入使用等。

司法实践中，人民法院认为“现场材料交接日视为工程实际交付之日”，实际上就是采用推定的方式认定工程的交付。工程停工后，发承包双方对现场材料的交接在本质上属于施工现场管理权、控制权的移交，可以推定为建设工程已实际交付，此时开始计算工程欠款利息。

最高人民法院案例索引：（2020）最高法民申4652号

裁判要旨：

关于欠付工程款利息的起算时间问题。案涉工程停工后，兴武公司于2014年9月26日对现场材料进行交接，故该日应视为工程实际交付日，原审判决从2014年9月27日起计算欠付工程款利息，符合《最高人民法院关于审理建设工程施工合同纠纷案件适用法律问题的解释》（已废止）第十八条的规定。国金公司主张从兴武公司起诉之日起计付利息，缺乏事实和法律依据，本院不予支持。

参考法条

《新建设工程司法解释（一）》

第二十七条　利息从应付工程价款之日开始计付。当事人对付款时间没有约定或者约定不明的，下列时间视为应付款时间：

（一）建设工程已实际交付的，为交付之日；

（二）建设工程没有交付的，为提交竣工结算文件之日；

（三）建设工程未交付，工程价款也未结算的，为当事人起诉之日。

核心观点解析 71：对欠付工程款利息计付标准有约定的，按照约定处理，但最高不得超过同期同类贷款利率或同期贷款市场报价利率的 4 倍；约定利息过分低于同期同类贷款利率或同期贷款市场报价利率的，当事人可主张调高

观点评述：

《新建设工程司法解释（一）》第二十六条规定，当事人对欠付工程价款利息计付标准有约定的，按照约定处理。没有约定的，按照同期同类贷款利率或者同期贷款市场报价利率计息。该司法解释兼顾尊重当事人的意思自治及公平原则，当事人对欠付工程款利息计算标准有约定的，按照约定处理。但前述法条并没有针对利息约定过高及过低的情形作进一步解释，在实践中当事人对利息过高、过低存在颇多争议，各地法院对此类判决也未能统一意见。

欠付的工程价款在得到当事人确定后即转化为一般债权债务关系，其与借款合同的债权债务并无本质上的区别，债务人除应承担金钱支付的义务外，还需支付拖欠款项的利息。故对于欠付工程利息的最高限度可以参照《民间借贷案件司法解释》第二十五条的规定，允许双方约定利率的最高限为合同成立时一年期贷款市场报价利率四倍。对于利息约定的最低限，一般也应遵循当事人的意思自治原则进行裁判。但又因利息乃法定孳息，现行法律及司法解释规定即便双方未约定利息的，仍按照同期同类贷款利率或者同期贷款市场报价利率计息。如双方约定利息过低，有悖于立法原则，有失公平。故应当以同期同类贷款利率（或同期贷款市场报价利率）作为参照标准，对约定利息过低的，当事人亦可以主张调高。

最高人民法院案例索引一：（2020）最高法民申 311 号

裁判要旨：

二审法院参考中国人民银行公布的 2017 年一年期以内商业贷款年利率标准为 4.35%，根据双方约定的按银行同期贷款利率 4 倍计算为年利率 17.4%，据此认定案涉工程款利息从 2017 年 9 月 29 日起按中国人民银行同期同类贷

款利率 4 倍计算至工程款清偿之日止，并无不当。

最高人民法院案例索引二:（2019）最高法民终 1401 号

裁判要旨：

《最高人民法院关于审理建设工程施工合同纠纷案件适用法律问题的解释》（已废止）第十七条规定，当事人对欠付工程价款利息计付标准有约定的，按照约定处理；没有约定的，按照中国人民银行发布的同期同类贷款利率计息。涉案施工合同约定未付款额利率为 0.08‰ / 天，原审法院依据上述规定，确定按 0.08‰ / 天计算欠付款利息，并无不当。但从实际考量看，合同约定的利率 0.08‰ / 天，折合年利率为 2.88%，尚不足同期同类贷款利率 6.12% 的一半，确实过低。现中关村公司主张合同约定 0.08‰ / 天的标准过低，要求法院对利率调高，按照银行同期贷款年利率 6.12% 计息，符合法律规定，本院予以支持。

参考法条

《民间借贷司法解释》

第二十五条　出借人请求借款人按照合同约定利率支付利息的，人民法院应予支持，但是双方约定的利率超过合同成立时一年期贷款市场报价利率四倍的除外。

前款所称“一年期贷款市场报价利率”，是指中国人民银行授权全国银行间同业拆借中心自 2019 年 8 月 20 日起每月发布的一年期贷款市场报价利率。

《新建设工程司法解释（一）》

第二十六条　当事人对欠付工程价款利息计付标准有约定的，按照约定处理。没有约定的，按照同期同类贷款利率或者同期贷款市场报价利率计息。

其他参考案例索引：

（2020）最高法民终 1156 号

（2020）最高法民终 80 号

核心观点解析 72：发包人以借款形式支付工程款的，承包人无须支付借款利息

观点评述：

在建设工程施工合同履行中，发包人以借款形式支付工程款的现象非常普遍。由于发、承包双方地位悬殊，承包人为了尽快拿到工程款往往无奈接受发包人以借款形式支付进度款或者结算款，并签订相关借款合同，合同中还约定了借款利息。此种支付工程款方式，实际上给承包人带来极大风险。如该款项仅为借款，承包人不仅要支付利息，还要偿还本金，并且在发包人未付工程款时，还要另行主张工程款，增加了承包人主张工程款权利的成本负担。如该款项名义上是借款，但实质上是工程款，而又以借款形式支付，承包人在收到此类“工程款”时，还要支付利息，严重损害了承包人的合法权益。

判断款项是属于工程款还是借款，可从借款合同的双方当事人与施工合同的双方当事人是否为同一主体、借款的用途与工程项目是否有关联、是否符合借款的基本要素、借款发生的时间等方面认定。如借款合同和施工合同是同一主体，借款发生在承包人施工期间且借款用于工程建设施工支出（如支付货款、农民工工资、设备租金等），可认定为是以借款形式支付工程款。

对于以借款形式支付的工程款，该“借款”实际是承包人依约完成施工后发包人应付的工程价款，属于承包人享有的施工合同权利，发包人无权主张该部分款项的利息。

最高人民法院案例索引：（2020）最高法民终860号

裁判要旨：

兵建公司与基础公司签订的多份《借款合同》均约定借款用于案涉工程，且部分合同中基础公司明确注明借款原因系双方未办理结算。因此，在兵建公司没有证据证明其已按照合同约定的付款进度完成工程进度款付款义务的情况下，其负有向基础公司支付工程款的义务，其以借款方式向基础公司的付款应视为支付工程款，计取利息没有法律依据。

参考法条

《建筑法》

第十八条　建筑工程造价应当按照国家有关规定，由发包单位与承包单位在合同中约定。公开招标发包的，其造价的约定，须遵守招标投标法律的规定。

发包单位应当按照合同的约定，及时拨付工程款项。

CHAPTER 6

第六编

司法鉴定

本编综述

《民事诉讼证据的若干规定》自2020年5月1日起施行，共有100条条款，其中涉及司法鉴定的条款共有20条。

一、关于鉴定程序的启动

《民事诉讼证据的若干规定》第三十条规定："人民法院在审理案件过程中认为待证事实需要通过鉴定意见证明的，应当向当事人释明，并指定提出鉴定申请的期间。符合《最高人民法院关于适用〈中华人民共和国民事诉讼法〉的解释》第九十六条第一款规定情形的，人民法院应当依职权委托鉴定。"对于司法鉴定的启动可以分为两种情形，一是依据当事人申请，二是法院依职权。

（一）依当事人申请启动司法鉴定

对于当事人申请启动司法鉴定时，如果人民法院认为申请鉴定的事项与待证事实没有关联的人民法院不应当予以准许。《民事诉讼法解释》规定，申请鉴定的事项与待证事实无关联，或者对证明待证事实无意义的，人民法院不予准许。人民法院对于司法鉴定申请应当从法律的必要性和事实上的可行性两个方面进行审查。

1. 法律的必要性

《民事诉讼法解释》第一百零八条规定："对负有举证证明责任的当事人提供的证据，人民法院经审查并结合相关事实，确信待证事实的存在具有高度可能性的，应当认定该事实存在。对一方当事人为反驳负有举证证明责任的当事人所主张事实而提供的证据，人民法院经审查并结合相关事实，认为待证事实真伪不明的，应当认定该事实不存在。法律对于待证事实所应达到的证明标准另有规定的，从其规定。"人民法院能够根据双方当事人举证查明的事实且能够达到相应证明标准的，不应当准许当事人的鉴定申请。法律对于待证事实所应达到的证明标准另有规定的，从其规定。《新建设工程司法解释（一）》第二十一条规定："当事人约定，发包人收到竣工结算文件后，在约定期限内不予答复，视为认可竣工结算文件的，按照约定处理。承包人请求按照竣工结算文件结算工程价款的，人民法院应予支持。”在施工合同中常约定发包人逾期不完成结算审核或逾期没有提出异议的，视为认可承包人结算文件所确定的工程价款数额。如果承包人能够举证证明发包人已经收到承包人结算文件且未在约定的期限内提出异议的，在此情况下，如果发包人申请对工程造价鉴定的，人民法院不应予以准许；承包人申请对工程造价申请鉴定的，该申请鉴定的行为应当视为对其向发包人所提交的竣工结算报告的一种否定，其鉴定申请应当得到准许。

法律法规或司法解释明确规定不应进行司法鉴定的，人民法院也不应当准许当事人的鉴定申请。《新建设工程司法解释（一）》第二十八条规定：“当事人约定按照固定价结算工程价款，一方当事人请求对建设工程造价进行鉴定的，人民法院不予支持。”第二十九条规定：“当事人在诉讼前已经对建设工程价款结算达成协议，诉讼中一方当事人申请对工程造价进行鉴定的，人民法院不予准许。”以及第三十条规定：“当事人在诉讼前共同委托有关机构、人员对建设工程造价出具咨询意见，诉讼中一方当事人不认可该咨询意见申请鉴定的，人民法院应予准许，但双方当事人明确表示受该咨询意见约束的除外。”根据上述规定，在此种情形下，人民法院应当直接对当事人所提交的证据进行综合认定，无进行司法鉴定的必要。

2. 事实上的可行性

在待证事实存疑的情形下，当事人向人民法院申请对案涉的具体事项进行相应司法鉴定。人民法院也应当进行充分的审查，查明上述待证事实是否需要通过鉴定的方式予以查明或进行鉴定所依据的客观事实是否尚存。例如，承包人申请对公路工程的土石方的具体某一部位的工程量进行现场测量并确定相应的工程价款，但客观的情况是公路工程早已通车，申请测绘的土石方工程已经完成，鉴定标的已不复存在，即客观的工程量无法恢复原状，根本无法通过现场勘验的司法鉴定方式确定实际完成的工程量，即使要进行鉴定，也只能根据施工过程的记录或发承包双方认可的工程联系单载明的情况，再参照计价规则出具推断意见。如没有相应的施工资料，人民法院只能通过当事人的举证材料并结合其他案件事实和证据，根据各方举证的证明力之大小来进行综合认定。

另外，鉴定机构接受委托的过程中或已经接受委托后发现，当事人所申请的鉴定事项已经超出了鉴定机构的专业能力和技术条件的，或委托人所提交的证据未能达到鉴定标准而终止鉴定程序的，也视为在事实上无法进行司法鉴定。《建设工程造价鉴定规范》GB/T 51262—2017第3.3.5条规定："有下列情形之一的，鉴定机构不予接受委托：(1)委托事项超出本机构业务经营范围的；(2)鉴定要求不符合本行业执业规则或相关技术规范的；(3)委托事项超出本机构能力和技术条件的；(4)其他不符合法律、法规规定的情形的。不接受委托的，鉴定机构应在本规范第3.3.1条规定期限内通知委托人并说明理由，退还其提供的鉴定材料。"第3.3.6条规定："鉴定过程中遇到下列情形之一的，鉴定机构可终止鉴定：(1)委托人提交的证据材料未达到鉴定的最低要求，导致鉴定无法进行的；(2)因不可抗力致使鉴定无法进行的；(3)委托人撤销鉴定委托或要求终止鉴定的；(4)委托人或申请鉴定当事人拒绝按约定支付鉴定费用的；(5)约定的其他终止鉴定的情形。终止鉴定的，鉴定机构应当通知委托人，说明理由，并退还其提供的鉴定材料。"《司法鉴定程序通则》(司法部第132号令)第十五条规定："具有下列情形之一的鉴定委托，司法鉴定机构不得受理：(一)委托鉴定事项超出本机构司法鉴定业务范围的；(二)发现鉴定材料不真实、不完整、不充分或者取得方式不合法的；(三)鉴定用途不合法或者违背社会公德的；(四)鉴定要求不符合司法鉴定执业规则或者相关鉴定技术规范的；(五)鉴定要求超出本机构技术条件或者鉴定能力的；(六)委托人就同一鉴定事项同时委托其他司法鉴定机构进行鉴定的；(七)其他不符合法律、法规、规章规定的情形。"

(二)法院依职权启动司法鉴定

《民事诉讼法》第七十九条第二款规定："当事人未申请鉴定，人民法院对专门性问题认为需要鉴定的，应当委托具备资格的鉴定人进行鉴定。"即人民法院认为有必要时可以依职权启动司法鉴定工作。人民法院在何种情形下可依职权启动司法鉴定？《民事诉讼法解释》第一百二十一条第三款规定："符合依职权调查收集证据条件的，人民法院应当依职权委托鉴定，在询问当事人的意见后，指定具备相应资格的鉴定人。"根据规定，人民法院依职权调取收集的证据情形有两种：一是当事人及其诉讼代理人因客观原因不能自行收集的证据；另一种是人民法院认为审理案件需要的证据。《民事诉讼法解释》第九十四条规定："民事诉讼法第六十四条第二款规定的当事人及其诉讼代理人因客观原因不能自行收集的证据包括：（一）证据由国家有关部门保存，当事人及其诉讼代理人无权查阅调取的；（二）涉及国家秘密、商业秘密或者个人隐私的；（三）当事人及其诉讼代理人因客观原因不能自行收集的其他证据。当事人及其诉讼代理人因客观原因不能自行收集的证据，可以在举证期限届满前书面申请人民法院调查收集。"第九十六条规定："民事诉讼法第六十四条第二款规定的人民法院认为审理案件需要的证据包括：（一）涉及可能损害国家利益、社会公共利益的；（二）涉及身份关系的；（三）涉及民事诉讼法第五十五条规定诉讼的；（四）当事人有恶意串通损害他人合法权益可能的；（五）涉及依职权追加当事人、中止诉讼、终结诉讼、回避等程序性事项的。除前款规定外，人民法院调查收集证据，应当依照当事人的申请进行。"依照上述规定，对于人民法院职权启动司法鉴定的规定还是比较宽泛，操作性不强。

《民事诉讼证据的若干规定》第三十条第二款规定："符合《最高人民法院关于适用〈中华人民共和国民事诉讼法〉的解释》第九十六条第一款规定情形的，人民法院应当依职权委托鉴定。"即明确规定只有在涉及可能损害国家利益、社会公共利益的情形下，人民法院才能依职权启动司法鉴定工作，除此之外，人民法院不得依职权启动司法鉴定。

（三）鉴定申请与举证责任

《民事诉讼证据的若干规定》第三十条第一款规定："人民法院在审理案件过程中认为待证事实需要通过鉴定意见证明的，应当向当事人释明，并指定提出鉴定申请的期间。"第三十一条规定："当事人申请鉴定，应当在人民法院指定期间内提出，并预交鉴定费用。逾期不提出申请或者不预交鉴定费用的，视为放弃申请。对需要鉴定的待证事实负有举证责任的当事人，在人民法院指定期间内无正当理由不提出鉴定申请或者不预交鉴定费用，或者拒不提供相关材料，致使待证事实无法查明的，应当承担举证不能的法律后果。"《新建设工程司法解释（一）》第三十二条第一款也规定："当事人对工程造价、质量、修复费用等专门性问题有争议，人民法院认为需要鉴定的，应当向负有举证责任的当事人释明。当事人经释明未申请鉴定，虽申请鉴定但未支付鉴定费用或者拒不提供相关材料的，应当承担举证不能的法律后果。”在此应当注意关于司法鉴定申请的时间与《旧民事诉讼证据的若干规定》的区别,《旧民事诉讼证据的若干规定》第二十五条规定:“当事人申请鉴定，应当在举证期限内提出。符合本规定第二十七条规定的情形，当事人申请重新鉴定的除外。对需要鉴定的事项负有举证责任的当事人，在人民法院指定的期限内无正当理由不提出鉴定申请或者不预交鉴定费用或者拒不提供相关材料，致使对案件争议的事实无法通过鉴定结论予以认定的，应当对该事实承担举证不能的法律后果。”现在施行的《民事诉讼证据的若干规定》明确规定，当事人申请鉴定应当在人民法院指定期限内提出，而非在举证期限内提出申请。

根据上述规定，鉴定的申请人往往是负有举证义务的当事人。但是如负有举证义务的当事人不申请司法鉴定，另一方当事人申请对案涉事项进行司法鉴定的，人民法院根据自愿原则也应当予以同意。另外，如果在施工合同纠纷案件的审理过程中，承包人提出了具体的工程造价数额，发包人不认可也不申请对案涉工程进行造价鉴定，人民法院向承发包人释明后承包人也拒绝提出工程造价鉴定申请，而此案又不属于人民法院依职权进行鉴定的范围，如何处理?

《民事审判指导与参考》(2017年第1辑总第69辑)记载，建设工程施工合同纠纷案件中，在需要通过鉴定确定造价的情形下，若一方提出了具体的工程造价数额，另一方对此数额不予认可但又不申请鉴定的，人民法院应该如何认定工程造价?答:《民事诉讼法》(2017年修订)第六十四条第一款规定“当事人对自己提出的主张，有责任提供证据。”建设工程施工合同纠纷案件中，如果合同对于工程价款约定了固定价格，则按照合同约定确定工程价款即可;如果合同约定的不是固定价格，则需要通过鉴定确定工程造价。实践中会出现的情形:一方提出了具体的工程造价数额，另一方对此数额不予认可但又不申请鉴定，此种情形下，如果是承包人提出了具体的工程造价数额，发包人不予认可但又不申请鉴定的，可按照承包人提出的数额确定工程造价。

如果是发包人提出了具体的工程造价数额，承包人不予认可但又不申请鉴定的，可按照发包人金额确定工程造价，要避免出现简单驳回承包人全部诉讼请求的情形。如果双方都提出了不同的具体的工程造价数额又都不申请鉴定的，则要根据谁主张谁举证的原则，根据各自的诉讼地位、诉讼请求等因素确定由哪一方承担不利的后果。

（四）关于鉴定机构的确定及委托

《民事诉讼证据的若干规定》第三十二条第一款规定："人民法院准许鉴定申请的，应当组织双方当事人协商确定具备相应资格的鉴定人。当事人协商不成的，由人民法院指定。"据此可以理解，鉴定机构的确定有两种形式，包括协商确定及人民法院指定。

1. 关于鉴定机构的确定

鉴定机构确定的首选方式应当是当事人协商确定鉴定人或鉴定机构，且必须在有相应资格的鉴定人范围内协商确定。当事人应当充分利用双方协商的机会，上述法律规定并没有限定双方当事人只能协商确定一家鉴定机构，当事人可以直接指定或以随机的方式选择三家或以上，并按照双方当事人所确定的询价规则、鉴定期限、拟确定鉴定机构的报价、鉴定期限和指派人员等因素最终确定具体的鉴定机构。采用当事人协商综合比较的方式确定鉴定机构，不但可以节省当事人的诉讼成本和负担，还可以大大提高鉴定的效率，进而提高诉讼效率。应当注意的是，当事人协商所确定的鉴定人或鉴定机构必须具有相应的鉴定资格。《江苏省人民法院司法鉴定对外委托程序规定（试行）》第三条明确规定："凡民事、行政、执行、国家赔偿案件中需要对外委托社会鉴定机构进行审计、审价、评估、检测、拍卖等鉴定事项的，人民法院司法鉴定管理部门应组织当事人双方协商确定社会鉴定机构。当事人双方协商选择社会鉴定机构时，应首先在人民法院已确定并公布的省法院和各市中级人民法院鉴定机构名册中选择。如果当事人双方协商一致选择人民法院鉴定机构名册之外的其他社会鉴定机构，而该社会鉴定机构又不具备对本案鉴定资质的，则应另行选择。"

如果在双方当事人协商不成的情形下才应当由人民法院指定具有资质的鉴定机构，人民法院不应在当事人未进行任何协议的情形下直接指定。同时，人民法院就鉴定机构的指定并非随意指定而是随机的方式选取具有相应资质的鉴定机构委托鉴定事项。根据《人民法院对外委托司法鉴定管理规定》第三条规定："人民法院司法鉴定机构建立社会鉴定机构和鉴定人（以下简称鉴定人）名册，根据鉴定对象对专业技术的要求，随机选择和委托鉴定人进行司法鉴定。"

涉及司法鉴定机构的资质问题，原则上司法鉴定机构和从事具体鉴定工作的鉴定人员应当同时具备相应主管部门颁发的资质或资格证书，同时，还应具备司法行政主管部门颁发的司法鉴定许可证书。但是在涉及工程纠纷案件中，特别是涉及的工程造价和质量纠纷案件中，相应的鉴定机构是否需要同时具备中华人民共和国住房和城乡建设部门颁布的工程造价企业资质证书和司法行政主管部门颁布的司法鉴定许可证呢？《工程造价咨询企业管理办法》第四条规定："工程造价咨询企业应当依法取得工程造价咨询企业资质，并在其资质等级许可的范围内从事工程造价咨询活动。"《注册造价工程师管理办法》第六条规定："注册造价工程师实行注册执业管理制度。取得职业资格的人员，经过注册方能以注册造价工程师的名义执业。"

《司法鉴定机构登记管理办法》第二条规定："司法鉴定机构从事《全国人民代表大会常务委员会关于司法鉴定管理问题的决定》第二条规定的司法鉴定业务，适用本办法。"第三条规定："本办法所称的司法鉴定机构是指从事《全国人民代表大会常务委员会关于司法鉴定管理问题的决定》第二条规定的司法鉴定业务的法人或者其他组织。司法鉴定机构是司法鉴定人的执业机构，应当具备本办法规定的条件，经省级司法行政机关审核登记，取得《司法鉴定许可证》，在登记的司法鉴定业务范围内，开展司法鉴定活动。"《司法鉴定人登记管理办法》第二条规定："司法鉴定人从事《全国人民代表大会常务委员会关于司法鉴定管理问题的决定》第二条规定的司法鉴定业务，适用本办法。"第三条规定："本办法所称的司法鉴定人是指运用科学技术或者专门知识对诉讼涉及的专门性问题进行鉴别和判断并提出鉴定意见的人员。司法鉴定人应当具备本办法规定的条件，经省级司法行政机关审核登记，取得《司法鉴定人执业证》，按照登记的司法鉴定执业类别，从事司法鉴定业务。司法鉴定人应当在一个司法鉴定机构中执业。"在上述《司法鉴定机构登记管理办法》和《司法鉴定人登记管理办法》都明确规定从事《全国人民代表大会常务委员会关于司法鉴定管理问题的决定》第二条规定的司法鉴定业务才属于司法鉴定的管理范围。《全国人民代表大会常务委员会关于司法鉴定管理问题的决定》第二条规定："国家对从事下列司法鉴定业务的鉴定人和鉴定机构实行登记管理制度：（一）法医类鉴定；（二）物证类鉴定；（三）声像资料鉴定；（四）根据诉讼需要由国务院司法行政部门商最高人民法院、最高人民检察院确定的其他应当对鉴定人和鉴定机构实行登记管理的鉴定事项。法律对前款规定事项的鉴定人和鉴定机构的管理另有规定的，从其规定。"；第三条规定："国务院司法行政部门主管全国鉴定人和鉴定机构的登记管理工作。省级人民政府司法行政部门依照本决定的规定，负责对鉴定人和鉴定机构的登记、名册编制和公告。"上述规定并未要求所有的鉴定机构都必须在司法行政部门进行登记。最高人民法院在（2016）最高法民申 1218 号案件中认为："（一）关于辽河司鉴所的鉴定资质问题。《全国人民代表大会常务委员会关于司法鉴定管理问题的决定》第二条规定：'国家对从事下列司法鉴定业务的鉴定人和鉴定机构实行登记管理制度：（一）法医类鉴定；（二）物证类鉴定；（三）声像资料鉴定；（四）根据诉讼需要由国务院司法行政部门商最高人民法院、最高人民检察院确定的其他应当对鉴定人和鉴定机构实行登记管理的鉴定事项。法律对前款规定事项的鉴定人和鉴定机构的管理另有规定的，从其规定。'依据上述规定，对于法医类、物证类、声像资料类鉴定，以及司法部商'两高'后确定纳入司法鉴定登记管理范围的鉴定类别。本案工程造价鉴定并不属于司法鉴定登记管理范围，辽河司鉴所具有中华人民共和国住房和城乡建设部颁发的工程造价咨询企业乙级资质证书，一审法院委托其对案涉工程进行造价鉴定，符合法律规定。"即工程造价和质量司法鉴定并没有纳入《全国人民代表大会常务委员会关于司法鉴定管理问题的决定》所规定的司法鉴定人和鉴定机构登记管理的范畴。这也就是说，对涉及工程造价和司法质量鉴定的事项只需要住房城乡建设行政主管部门所颁发的相应资质证书即可。

2. 关于鉴定的委托

《民事诉讼证据的若干规定》第三十二条第三款规定："人民法院在确定

鉴定人后应当出具委托书，委托书中应当载明鉴定事项、鉴定范围、鉴定目的和鉴定期限。”第三十三条规定：“鉴定开始之前，人民法院应当要求鉴定人签署承诺书。承诺书中应当载明鉴定人保证客观、公正、诚实地进行鉴定，保证出庭作证，如作虚假鉴定应当承担法律责任等内容。鉴定人故意作虚假鉴定的，人民法院应当责令其退还鉴定费用，并根据情节，依照民事诉讼法第一百一十一条的规定进行处罚。”如果法院决定对案涉工程启动司法鉴定的，法院应根据当事人的司法鉴定申请所申请的鉴定事项和案件需要查明的事实等因素综合确定委托书所载明的鉴定事项和鉴定范围，尽量缩小鉴定范围和鉴定事项，只对双方有争议的事项进行鉴定，不应将当事人的申请事项不加分析直接作为鉴定事项和鉴定范围。《新建设工程司法解释（一）》第三十一条规定：“当事人对部分案件事实有争议的，仅对有争议的事实进行鉴定，但争议事实范围不能确定，或者双方当事人请求对全部事实鉴定的除外。”鉴定机构收到法院的委托书后也应当对委托书所载明的鉴定事项和鉴定范围进行充分研究。委托书没有载明具体鉴定范围或鉴定事项的，鉴定机构应当提请人民法院明确具体的鉴定事项和范围。人民法院应向鉴定人移交相应的证据材料，主要包括起诉状、反诉状及答辩状、全部证据、质证记录和庭审记录等。鉴定机构在接受上述材料前应当根据人民法院的要求签署《承诺书》，如鉴定机构拒绝签署《承诺书》的应当视为鉴定机构拒绝接受委托，人民法院可以另行委托。《建设工程造价鉴定规范》GB/T 51262—2017第3.6.1条规定：“鉴定人应全面了解和熟悉鉴定项目，对送鉴证据要认真研究，了解各方当事人争议焦点和委托人的鉴定要求。委托人未明确鉴定事项的，鉴定机构应提请委托人确定鉴定事项。”第3.6.2条规定：“鉴定人应根据鉴定项目的特点、鉴定事项、鉴定目的和要求制定鉴定方案。方案内容包括鉴定依据、应用标准、调查内容、鉴定方法、工作进度及需由当事人完成的配合工作等。鉴定方案应经鉴定机构批准后执行，鉴定过程中需要调整鉴定方案的，应重新报批。”第3.7.1条规定：“鉴定期限由鉴定机构与委托人根据鉴定项目争议标的涉及的工程造价金额、复杂程度等因素在规定的期限内确定。

鉴定期限表 **表 3.7.1**

争议标的涉及工程造价	期限（工作日）
1000 万元以下（含 1000 万元）	40
1000 万元以上 3000 万元以下（含 3000 万元）	60
3000 万元以上 10000 万元以下（含 10000 万元）	80
10000 万元以上（不含 10000 万元）	100

鉴定机构与委托人对完成鉴定的期限另有约定的，从其约定。”第 3.7.2 条规定：“鉴定期限从鉴定人接收委托人按本规范第 4.2.1 条移交证据材料之日起的次日起开始计算。”第 3.7.3 条规定：“鉴定事项涉及复杂、疑难、特殊的技术问题需要较长时间的，经与委托人协商，完成鉴定的时间可以延长，每次延长的时间一般不超过 30 个工作日。每个鉴定项目延长次数一般不得超过 3 次。”第 3.7.4 条规定：“在鉴定过程中，经委托人认可，等待当事人提交、补充或者重新提交证据、勘验现场等所需的时间，不计入鉴定期限。”鉴定机构应当在确定的期限内提交鉴定书。《民事诉讼证据的若干规定》第三十五条规定：“鉴定人应当在人民法院确定的期限内完成鉴定，并提交鉴定书。鉴定人无正当理由未按期提交鉴定书的，当事人可以申请人民法院另行委托鉴定人进行鉴定。人民法院准许的，原鉴定人已经收取的鉴定费用应当退还；拒不退还的，依照本规定第八十一条第二款的规定处理。”

3. 关于可否指定政府审计机关为鉴定机构的问题

在笔者曾代理的一个建设工程施工纠纷仲裁案件中，施工单位为申请人，被申请人为当地政府某城投公司。在双方所订立的施工合同中约定，工程造价以审计结果为准，如发生争议，提交当地仲裁委员会仲裁。随后，双方签订补充协议约定最终工程造价以当地审计局的审定结果为准。后发生争议进入仲裁审理程序的时候，申请人申请对案涉工程进行工程造价鉴定，被申请人同意申请人的造价鉴定申请但认为应当由仲裁庭移送当地审计局进行工程造价鉴定。在上述类案中，人民法院或仲裁委员会能够指定政府机关为案涉工程的鉴定机构吗？

笔者认为，案涉工程不应当指定政府审计机构为案涉工程的鉴定机构，理由如下：（1）根据全国人民代表大会常务委员《关于司法鉴定管理问题的决定》(2015年修正)和司法部《司法鉴定机构登记管理办法》的规定，政府审计机关本就不属于司法鉴定机构的范畴，不应当从事相应的司法鉴定工作;(2)《民事诉讼法》和《仲裁法》都规定，当事人就专门性问题向人民法院或仲裁委员会申请鉴定的，由人民法院或仲裁委员会委托具有资格的鉴定人进行，并未明确规定人民法院或仲裁委员会可以直接委托行政机关进行鉴定;(3)从依法行政的角度来讲，即使仲裁委员会或人民法院移送，政府机构也无权接受司法机关所移送的委托鉴定申请;(4)从体现司法管辖权的角度出发，案件进入司法审理程序后，在双方对工程价款存在争议且又没有审计结论的情况下，应当通过司法鉴定来确定工程造价，这是司法管辖权的重要内容之一。

二、关于鉴定的实施

(一)关于对鉴定材料的质证

《民事诉讼证据的若干规定》第三十四条规定:“人民法院应当组织当事人对鉴定材料进行质证。未经质证的材料，不得作为鉴定的根据。经人民法院准许，鉴定人可以调取证据、勘验物证和现场、询问当事人或者证人。”《新建设工程司法解释(一)》第三十四条规定:“人民法院应当组织当事人对鉴定意见进行质证。鉴定人将当事人有争议且未经质证的材料作为鉴定依据的，人民法院应当组织当事人就该部分材料进行质证。经质证认为不能作为鉴定依据的，根据该材料作出的鉴定意见不得作为认定案件事实的依据。”

司法实践中对鉴定材料范围所包含的内容有所争议。根据上述法律规定，实践中交付鉴定人的鉴定材料应当是全部的案件材料还是仅仅有争议的鉴定材料不同地区的法院做法不一。同时，对未经质证的材料则直接交付鉴定人作为检材的法律后果也多有不同处理方式。根据《新建设工程司法解释(一)》第三十四条中也明确规定，鉴定人将当事人有争议且未经质证的材料作为鉴定依据的，人民法院应当组织双方当事人对该部分鉴定材料进行质证。据此，有的观点认为鉴定过程只需对双方有争议的鉴定材料进行质证即可。笔者认为，应当对全部的鉴定材料进行质证，因为在未对全部的鉴定材料进行质证的情形下，无法区分哪一部分属于争议的鉴定材料。判断是否属于有争议的鉴定材料也是在全部的鉴定材料都已经进行质证的情形下才确定的。因此，根据《民事诉讼证据的若干规定》第三十四条的规定应当对全部的鉴定材料进行质证，而非对部分鉴定材料质证。对于人民法院向鉴定机构移送的鉴定材料并不完全等同于当事人所提交的证据材料，根据住房和城乡建设部《建设工程造价鉴定规范》GB/T 51262—2017 第 4.2.1 条规定，人民法院作为委托人向鉴定机构所移送的材料不仅仅包括双方当事人所提交的证据，还包括了起诉状（仲裁申请书）、反诉状（仲裁反申请书）及答辩状、质证记录、庭审记录等卷宗。在对鉴定材料进行质证的过程中，人民法院或仲裁机构往往忽视对当事人所提交的起诉状（仲裁申请书）、反诉状（仲裁反申请书）及答辩状进行质证，经常以对证据的质证意见代替对鉴定材料的质证意见，这是不妥的。客观上，鉴定机构或鉴定人在鉴定的过程中，起诉状（仲裁申请书）、反诉状（仲裁反申请书）及答辩状所确定的事实经常作为鉴定的依据。同时，也应当注意鉴定证据和诉讼证据的区别，特别在建设工程施工合同纠纷案件中，如果当事人所争议的主要是工程造价的数额，在鉴定启动的过程中承包人就应当提交与工程造价有关的全部证据材料，包括但不限于全套的施工图、竣工图、设计变更通知书、签证材料、索赔材料、业主变更通知单、人工费材料价差等与造价有关的全部证据材料。在鉴定材料的质证过程中，尤其应当分清哪些属于双方当事人无争议的鉴定材料，哪些属于当事人有争议的鉴定材料。对于双方有争议的鉴定材料，人民法院根据双方质证意见决定不能作为鉴定依据的，鉴定机构不得依此进行鉴定。如果鉴定机构依此材料进行鉴定的，根据该材料所作出的鉴定意见不得作为认定案件事实的依据。同时在鉴定的过程中，鉴定人可以根据鉴定的需要提请委托人通知当事人补充证据，当事人收到法院补充证据的通知后，应当在法院所指定的期限内将收集到的鉴定材料提供给人民法院。人民法院应当组织双方当事人对补充提交的证据材料进行质证。

（二）关于对鉴定意见的质证

《民事诉讼证据的若干规定》第三十七条规定：“人民法院收到鉴定书后，应当及时将副本送交当事人。当事人对鉴定书的内容有异议的，应当在人民法院指定期间内以书面方式提出。对于当事人的异议，人民法院应当要求鉴定人作出解释、说明或者补充。人民法院认为有必要的，可以要求鉴定人对当事人未提出异议的内容进行解释、说明或者补充。”《新建设工程司法解释（一）》第三十四条规定：“人民法院应当组织当事人对鉴定意见进行质证。鉴定人将当事人有争议且未经质证的材料作为鉴定依据的，人民法院应当组织当事人就该部分材料进行质证。经质证认为不能作为鉴定依据的，根据该材料作出的鉴定意见不得作为认定案件事实的依据。”在建设工程纠纷案件中，不仅仅要对鉴定的材料进行质证，还应当对根据鉴定材料做出的鉴定意见进行质证。对鉴定意见的质证主要是针对鉴定机构和鉴定人员是否应当回避、鉴定机构或鉴定人是否具有相应的鉴定资质、鉴定所依据的鉴定材料是否已经经过质证、鉴定内容是否超出了鉴定委托书的范围、鉴定方案的科学性和合理性、是否存在超期鉴定、鉴定的程序的合法性、鉴定方法的准确性和鉴定结论的合理性方面来发表质证意见。考虑到鉴定意见属于对专业问题而出具的专业意见，由于代理人和当事人的知识面的局限性，建议当事人根据实际需要另行委托具有专门知识的辅助人员出庭对鉴定机构的鉴定意见发表意见。应当注意的是，当事人所委托的具有专门知识的人员应当将鉴定意见书中专业性的问题以一种能够让非专业的人听懂的语言进行表述，也就是起到一个“翻译”的角色，毕竟法官和仲裁员通常也不是造价鉴定的专业人员。《民事诉讼法》第八十二条：“当事人可以申请人民法院通知有专门知识的人出庭，就鉴定人作出的鉴定意见或者专业问题提出意见。”《民事诉讼法解释》第一百二十二条规定：“当事人可以依照民事诉讼法第七十九条的规定，在举证期限届满前申请一至二名具有专门知识的人出庭，代表当事人对鉴定意见进行质证，或者对案件事实所涉及的专业问题提出意见。具有专门知识的人在法庭上就专业问题提出的意见，视为当事人的陈述。人民法院准许当事人申请的，相关费用由提出申请的当事人负担。”《民事诉讼法解释》第一百二十三条规定：“人民法院可以对出庭的具有专门知识的人进行询问。经法庭准许，当事人可以对出庭的具有专门知识的人进行询问，当事人各自申请的具有专门知识的人可以就案件中的有关问题进行对质。具有专门知识的人不得参与专业问题之外的法庭审理活动。”

（三）鉴定人的出庭

《民事诉讼法》第八十一条规定：“当事人对鉴定意见有异议或者人民法院认为鉴定人有必要出庭的，鉴定人应当出庭作证。经人民法院通知，鉴定人拒不出庭作证的，鉴定意见不得作为认定事实的根据；支付鉴定费用的当事人可以要求返还鉴定费用。”《民事诉讼证据的若干规定》第三十七条第二、三款规定，当事人对鉴定书的内容有异议的，应当在人民法院指定期间内以书面方式提出。对于当事人的异议，人民法院应当要求鉴定人作出解释、说明或者补充。人民法院认为有必要的，可以要求鉴定人对当事人未提出异议的内容进行解释、说明或者补充。当事人收到鉴定人的书面答复后仍有异议的，人民法院应当根据《诉讼费用交纳办法》第十一条规定，通知有异议的当事人与预交鉴定人出庭费用，并通知鉴定人出庭。有异议的当事人不预交鉴定人出庭费用的，视为放弃异议。双方当事人对鉴定意见均有异议的，由双方当事人分摊预交鉴定人出庭费用。

鉴定人出庭作证的情形有两种：一是人民法院认为有必要的，可以直接通知鉴定人出庭作证；另一种是当事人对鉴定意见有异议，鉴定机构给予书面答复后仍有异议的，人民法院应当通知鉴定人出庭作证。人民法院应当在开庭审理三日前将出庭的时间、地点和要求通知鉴定人。应当注意的是，参加庭审的鉴定人并非鉴定机构随意指派的人员或鉴定机构的负责人或部门负责人，根据《民事诉讼证据的若干规定》第七十九条的规定，应当由从事具体工作鉴定的人员代表机构出庭，否则应当视为鉴定人拒不出庭。鉴定人在开庭过程中，应当就鉴定事项如实答复当事人的异议和审判人员的问题。当庭答复确有困难的，经人民法院准许，可以在庭审结束后以书面形式答复。人民法院应当及时将鉴定人的书面答复送达当事人并听取当事人的意见。人民法院认为有必要的，可以再次开庭组织质证。应当注意的是，鉴定人收到法院的通知后拒不出庭的，鉴定意见不能作为认定案件事实的依据。当事人申请重新鉴定的，人民法院应当予以准许。同时，鉴定人和鉴定机构还应当退还鉴定费用，人民法院可以直接就退还鉴定费用做出裁定书，鉴定人拒绝退还的，可以强制执行。

三、重新鉴定的情形

应当注意重新委托和重新鉴定的区别，重新委托是指在鉴定意见的结论尚未作出之前，由于鉴定人原因导致无法完成鉴定委托的，人民法院另行委托其他鉴定人或者鉴定机构进行鉴定的行为。重新鉴定是指鉴定机构的鉴定意见依法不能采用，不能作为认定案件事实的依据，人民法院决定重新鉴定的行为。

（一）应当重新委托的情形

1. 鉴定机构无正当理由未能按期提交鉴定书的，人民法院可以根据当事人的申请另行委托鉴定人进行鉴定。原鉴定机构已经收取的费用应当退还给缴费当事人，拒绝退还的，人民法院可以直接就退还鉴定费用事项做出裁定书，并强制执行。《民事诉讼证据的若干规定》第三十五条规定："鉴定人应当在人民法院确定的期限内完成鉴定，并提交鉴定书。鉴定人无正当理由未按期提交鉴定书的，当事人可以申请人民法院另行委托鉴定人进行鉴定。人民法院准许的，原鉴定人已经收取的鉴定费用应当退还；拒不退还的，依照本规定第八十一条第二款的规定处理。"

2. 鉴定机构存在应当回避的情形时应当主动向委托人说明，不予接受委托，人民法院应当另行委托鉴定机构进行鉴定。根据《建设工程造价鉴定规范》GB/T 51262—2017第3.3.4条规定，鉴定机构担任过鉴定项目咨询人的和鉴定机构与该项目有利害关系的都属于应当回避的情形。在此应当注意如果鉴定人存在回避情形时，人民法院是否应当继续由该鉴定机构进行鉴定。该规范第3.5.5条规定："鉴定人主动提出回避并且理由成立的，鉴定机构应予以批准，并另行指派符合要求的鉴定人。"据此，可以认定在鉴定人存在回避的情形时，鉴定机构可以另行委托其他符合条件的鉴定人即可，人民法院无须另行委托其他鉴定机构。根据上述规定，关于鉴定人的回避情形：鉴定人是鉴定项目的当事人、代理人近亲属的；与鉴定项目有利害关系的；与鉴定项目当事人、代理人有其他利害关系，可能影响鉴定公正的。同时，对于鉴定人接受鉴定项目当事人、代理人吃请和礼物的；索取、借用鉴定项目当事人、代理人款物，经当事人申请，确有证据的也应当予以回避。

3. 超出鉴定机构的业务范围或其他原因导致鉴定机构无法鉴定的，人民法院重新选定其他鉴定机构进行鉴定。鉴定机构应当对所委托的事项进行全面了解，对送鉴的范围进行认真的研究，充分知晓委托人的鉴定目的。如鉴定机构认为委托人所委托的事项超出了本机构业务的经营范围，或者鉴定要求不符合本行业执业规则和相关技术规范，或者委托事项超出了鉴定机构的专业能力和技术条件的，鉴定机构应当以书面的形式告知委托人，委托人应当重新选定鉴定机构。

（二）应当重新鉴定的情形

《民事诉讼证据的若干规定》第四十条和八十一条规定，当事人申请重新鉴定，存在下列情形之一的，人民法院应当准许。

1. 鉴定人不具有相应资格的

根据中华人民共和国住房和城乡建设部《注册造价工程师管理办法》第三条的规定："本办法所称注册造价工程师，是指通过土木建筑工程或者安装工程专业造价工程师职业资格考试取得造价工程师职业资格证书或者通过资格认定、资格互认，并按照本办法注册后，从事工程造价活动的专业人员。注册造价工程师分为一级注册造价工程师和二级注册造价工程师。"第六条规定："注册造价工程师实行注册执业管理制度。取得职业资格的人员，经过注册方能以注册造价工程师的名义执业。"

同时，根据中华人民共和国住房和城乡建设部《工程造价咨询企业管理办法》[1]第四条规定："工程造价咨询企业应当依法取得工程造价咨询企业资质，并在其资质等级许可的范围内从事工程造价咨询活动。"第八条规定："工程造价咨询企业资质等级分为甲级、乙级。"第九条规定："甲级工程造价咨询企业资质标准如下：（一）已取得乙级工程造价咨询企业资质证书满3年；（二）技术负责人已取得一级造价工程师注册证书，并具有工程或工程经

[1] 根据《国务院关于深化"证照分离"改革进一步激发市场主体发展活力的通知》（国发〔2021〕7号）自2021年7月1日起取消工程造价咨询企业资质认定，相关法律、法规及标准正在做相关调整，将陆续出台。本处所引用内容读者需对此有相应了解，并辨别使用。此处作者依现行规定编写。
住房和城乡建设部2020年2月19日关于修改《工程造价咨询企业管理办法》的决定中（住房和城乡建设部令第50号），为贯彻落实国务院深化"放管服"改革、优化营商环境的要求，住房和城乡建设部作了部分删减和修改。

济类高级专业技术职称，且从事工程造价专业工作15年以上；（三）专职从事工程造价专业工作的人员（以下简称专职专业人员）不少于12人，其中，具有工程（或工程经济类）中级以上专业技术职称或者取得二级造价工程师注册证书的人员合计不少于10人；取得一级造价工程师注册证书的人员不少于6人，其他人员具有从事工程造价专业工作的经历；（四）企业与专职专业人员签订劳动合同，且专职专业人员符合国家规定的职业年龄（出资人除外）；（五）企业近3年工程造价咨询营业收入累计不低于人民币500万元；（六）企业为本单位专职专业人员办理的社会基本养老保险手续齐全；（七）在申请核定资质等级之日前3年内无本办法第二十五条禁止的行为。”第十条规定：“乙级工程造价咨询企业资质标准如下：（一）技术负责人已取得一级造价工程师注册证书，并具有工程或工程经济类高级专业技术职称，且从事工程造价专业工作10年以上；（二）专职专业人员不少于6人，其中，具有工程（或工程经济类）中级以上专业技术职称或者取得二级造价工程师注册证书的人员合计不少于4人；取得一级造价工程师注册证书的人员不少于3人，其他人员具有从事工程造价专业工作的经历；（三）企业与专职专业人员签订劳动合同，且专职专业人员符合国家规定的职业年龄（出资人除外）；（四）企业为本单位专职专业人员办理的社会基本养老保险手续齐全；（五）暂定期内工程造价咨询营业收入累计不低于人民币50万元；（六）申请核定资质等级之日前无本办法第二十五条禁止的行为。”第十九条规定：“工程造价咨询企业依法从事工程造价咨询活动，不受行政区域限制。甲级工程造价咨询企业可以从事各类建设项目的工程造价咨询业务。乙级工程造价咨询企业可以从事工程造价2亿元人民币以下各类建设项目的工程造价咨询业务。”

对于造价咨询的企业和具体实施造价鉴定工作的人员实行的资质管理。造价咨询企业的资质可以分为甲级和乙级，对于具体实施造价鉴定的注册造价工程师不分等级。但《民事诉讼证据的若干规定》所称的鉴定人指的是鉴定机构还是指具体的从事鉴定工作的个人，亦或是对鉴定机构和鉴定人的统称，对该问题存在一定争议。如果是分开指向，鉴定机构没有资质但鉴定人有资格的，是否应当重新鉴定，司法实践中也存在不同意见。

根据《建设工程造价鉴定规范》GB/T 51262—2017第3.1.1条：“鉴定机

构应在其专业能力范围内接受委托，开展工程造价鉴定活动。”第 3.1.2 条规定：“鉴定机构应对鉴定人的鉴定活动进行管理和监督，在鉴定意见书上加盖公章。当发现鉴定人有违反法律、法规和本规范规定行为的，鉴定机构应当责成鉴定人改正。”第 3.1.4 条规定：“鉴定人应在鉴定意见书上签名并加盖注册造价工程师执业专用章，对鉴定意见负责。”第 3.4.1 条规定：“鉴定机构接受委托后，应指派本机构中满足鉴定项目专业要求，具有相关项目经验的鉴定人进行鉴定。根据鉴定工作需要，鉴定机构可安排非注册造价工程师的专业人员作为鉴定人的辅助人员，参与鉴定的辅助性工作。”据此，笔者认为《民事诉讼证据的若干规定》所称的鉴定人指具体的从事鉴定工作的个人，而非相应的造价咨询企业。因此，根据《民事诉讼证据的若干规定》的规定，在此情形下如果造价咨询企业没有资质，但承担具体造价咨询工作的人员有资质的，该鉴定意见也应当予以采纳。同时，应当注意的是在 2021 年 6 月 3 日，《国务院关于深化“证照分离”改革 进一步激发市场主体发展活力的通知》（国发〔2021〕7 号），自 2021 年 7 月 1 日起，在全国范围内实施涉企经营许可事项全覆盖清单管理，对所有涉企经营许可事项按照直接取消审批、审批改为备案、实行告知承诺、优化审批服务等四种方式分类推进审批制度改革，同时在自贸试验区进一步加大改革试点力度。《通知》明确，在全国范围内取消工程造价咨询企业甲级、乙级资质认定，资质取消后通过开展“双随机、一公开”监管，依法查处违法违规行为并公开结果。

2. 鉴定程序严重违法的

鉴定程序违法是指在鉴定的过程中，委托人、鉴定机构或鉴定人和当事人在鉴定过程中其行为严重违反相关规范和法律规定的要求。其法律依据主要是《民事诉讼证据的若干规定》《新建设工程司法解释（一）》和《工程造价鉴定规范》。鉴定人程序严重违法的情形主要有：鉴定人未能按照确定的期限提交鉴定意见的；鉴定人私自接受当事人提交的鉴定材料的；鉴定人未能按照规范的要求组织进行现场勘查的；鉴定人私自接受当事人的请托或财物等。委托人违反鉴定程序的情形主要有：委托人未对全部鉴定资料进行质证的情形下直接移送给鉴定人；委托人未能按照要求将鉴定意见的副本提交给当事人；委托人未能按照要求将当事人的异议提交给鉴定人；在当事人有异议的情形下，委托人未能通知鉴定人出庭作证等。当事人违反鉴定程序的情形主要有：当事人未经委托人同意直接向鉴定人提供未经质证的鉴定材料等。至于是否属于严重的违法情形，应当由人民法院结合违法程度、后果的严重程度和过错大小等因素综合认定。

3. 鉴定意见确显依据不足的

对于鉴定意见明显依据不足主要从两个方面来考量：一是鉴定意见所依据的鉴定材料未经质证或鉴定材料经过质证存在争议不应作为鉴定依据的；二是鉴定意见的鉴定依据明显不符合双方当事人的真实意思表示，未能按照双方的合同约定进行鉴定的。

4. 鉴定人拒不出庭作证的

《民事诉讼证据的若干规定》第八十一条规定："鉴定人拒不出庭作证的，鉴定意见不得作为认定案件事实的根据。人民法院应当建议有关主管部门或者组织对拒不出庭作证的鉴定人予以处罚。当事人要求退还鉴定费用的，人民法院应当在三日内作出裁定，责令鉴定人退还；拒不退还的，由人民法院依法执行。当事人因鉴定人拒不出庭作证申请重新鉴定的，人民法院应当准许。"

应当注意关于在重新鉴定的情形下，原鉴定机构是否可就案涉项目重新进行鉴定的问题。《民事诉讼证据的若干规定》第四十条第二款和第八十一条规定，鉴定人已经收取的鉴定费用应当退还。拒不退还的，人民法院应当在三日内作出裁定，责任鉴定人退还；拒不退还的，由人民法院强制执行。同时，根据中华人民共和国住房和城乡建设部《建设工程造价鉴定规范》第5.13.1条规定："接受重新鉴定委托的鉴定机构，指派的鉴定人应具有相应专业的注册造价师执业资格。"第5.13.2条规定，参加过同一鉴定事项的初次鉴定的必须回避。根据上述规定，笔者认为在重新鉴定的情形下，委托同一家鉴定机构进行鉴定从法律和规范上并不禁止，但是原鉴定人不得再次参加相应的鉴定工作。

核心观点解析 73：工程价款的具体数额系建设工程案件的主要事实，当事人超过举证期限申请工程造价鉴定，人民法院仍予准许

观点评述：

一般情况下，当事人逾期申请鉴定，视为放弃申请，应当承担举证不能的法律后果。但基于建设工程的特殊性及工程鉴定的重要性，建设工程案件的基本事实认定往往涉及专门性、技术性问题，比如工程造价、建设工期、工程质量、修复方案、修复费用等，往往需要进行司法鉴定，通过司法鉴定机构出具的鉴定意见作为认定案件基本事实的依据。根据《民事诉讼法》第六十七条关于“谁主张，谁举证”的规定，鉴定意见属于证据的一种，也是当事人举证的内容之一，应当在举证期限内提出鉴定申请，对于主张工程价款或建设工期或工程质量的当事人一方，负有举证责任，应当在举证期限内根据案件审理的需要由当事人提出或人民法院释明或依职权启动司法鉴定。

对当事人逾期申请鉴定的情况，《新建设工程司法解释（一）》第三十二条第二款作出特殊规定，即人民法院应当对是否确有必要进行鉴定予以审查，不能以一审时未申请鉴定为由一概不予准许。如果相关鉴定事项与案件基本事实有关，不鉴定不能查清案件基本事实的，应对鉴定申请予以准许。但如有的当事人对案件诉讼期限认知有限或者其他原因，未能在举证期限内提出鉴定申请的，应视情况而定应否启动鉴定。

在司法实践中，“人民法院认为确有必要”属于法官自由裁量权范畴。因此，尽管《新建设工程司法解释（一）》对当事人逾期申请鉴定的情况作出特殊规定，但当事人逾期申请鉴定，存在不予鉴定的巨大风险，故笔者仍建议当事人在指定期间内提出鉴定申请。

最高人民法院案例索引：（2021）最高法民申 127 号

裁判要旨：

《民事诉讼法》第六十五条第二款规定“人民法院根据当事人的主张和案

件审理情况，确定当事人应当提供的证据及其期限。当事人在该期限内提供证据确有困难的，可以向人民法院申请延长期限，人民法院根据当事人的申请适当延长。当事人逾期提供证据的，人民法院应当责令其说明理由；拒不说明理由或者理由不成立的，人民法院根据不同情形可以不予采纳该证据，或者采纳该证据但予以训诫、罚款”。本案中，虽陕西纬睿公司未在法院指定的期限内申请鉴定，但工程价款作为本案的主要事实，人民法院可以根据陕西纬睿公司的申请委托鉴定。

参考法条

《民事诉讼证据的若干规定》

第三十一条　当事人申请鉴定，应当在人民法院指定期间内提出，并预交鉴定费用。逾期不提出申请或者不预交鉴定费用的，视为放弃申请。

对需要鉴定的待证事实负有举证责任的当事人，在人民法院指定期间内无正当理由不提出鉴定申请或者不预交鉴定费用，或者拒不提供相关材料，致使待证事实无法查明的，应当承担举证不能的法律后果。

《新建设工程司法解释（一）》

第三十二条　当事人对工程造价、质量、修复费用等专门性问题有争议，人民法院认为需要鉴定的，应当向负有举证责任的当事人释明。当事人经释明未申请鉴定，虽申请鉴定但未支付鉴定费用或者拒不提供相关材料的，应当承担举证不能的法律后果。

一审诉讼中负有举证责任的当事人未申请鉴定，虽申请鉴定但未支付鉴定费用或者拒不提供相关材料，二审诉讼中申请鉴定，人民法院认为确有必要的，应当依照民事诉讼法第一百七十条第一款第三项的规定处理。

其他参考案例索引：

（2020）最高法民申 318 号

核心观点解析 74：当事人不能证明鉴定意见存在问题且不符合重新鉴定情形的，不准许重新鉴定

观点评述：

当事人对人民法院委托的鉴定部门作出的鉴定结论有异议的，当事人可向司法鉴定机构提出对鉴定结论的异议，要求鉴定机构进行书面答复。或者当事人向人民法院提出申请，要求鉴定人出庭作证。经人民法院依法通知，鉴定人应当出庭作证。因建设工程施工合同纠纷案件在鉴定中存在各类资料繁多、面广等特点，当事人对鉴定意见存在异议时，应当具体指出鉴定意见哪个部分存在的问题。如仅对鉴定意见进行概括性陈述，则难以让裁判者在众多鉴定资料中鉴别所提的异议理由能否成立。当事人认为确有必要的，还可以委托相关司法鉴定协会等组织有关专家进行论证，并让其提供咨询意见。

如果一方当事人仅仅是对鉴定意见有异议，但又不能提供证据予以推翻鉴定结论的，除非符合法律规定的可以重新鉴定的情形，否则不允许重新鉴定。

最高人民法院案例索引：（2020）最高法民终 1165 号

裁判要旨：

葛向华上诉主张人和造价公司存在未按双方签字确认过的签证单核损、违规下浮不应下浮的造价项目等问题，仅为针对鉴定内容的概括性陈述，并未具体指出鉴定意见存在的问题，且相关问题葛向华在原审中已经提出，人和造价公司对其异议已进行书面答复，葛向华虽对鉴定意见不认可，但未提供足以推翻鉴定意见的证据。据此，原审法院依据人和造价公司出具的鉴定意见确定本案工程总造价为 117435748.50 元，并无不当。葛向华申请重新鉴定，不符合法律规定，本院不予准许。

参考法条

《民事诉讼法》

第六十七条 当事人对自己提出的主张，有责任提供证据。

当事人及其诉讼代理人因客观原因不能自行收集的证据，或者人民法院认为审理案件需要的证据，人民法院应当调查收集。

人民法院应当按照法定程序，全面地、客观地审查核实证据。

《民事诉讼证据的若干规定》

第四十条 当事人申请重新鉴定，存在下列情形之一的，人民法院应当准许：

（一）鉴定人不具备相应资格的；

（二）鉴定程序严重违法的；

（三）鉴定意见明显依据不足的；

（四）鉴定意见不能作为证据使用的其他情形。

存在前款第一项至第三项情形的，鉴定人已经收取的鉴定费用应当退还。拒不退还的，依照本规定第八十一条第二款的规定处理。

对鉴定意见的瑕疵，可以通过补正、补充鉴定或者补充质证、重新质证等方法解决的，人民法院不予准许重新鉴定的申请。

重新鉴定的，原鉴定意见不得作为认定案件事实的根据。

第八十一条 鉴定人拒不出庭作证的，鉴定意见不得作为认定案件事实的根据。人民法院应当建议有关主管部门或者组织对拒不出庭作证的鉴定人予以处罚。

当事人要求退还鉴定费用的，人民法院应当在三日内作出裁定，责令鉴定人退还；拒不退还的，由人民法院依法执行。

当事人因鉴定人拒不出庭作证申请重新鉴定的，人民法院应当准许。

核心观点解析 75：当事人单方委托有关机构出具的造价审核意见，另一方当事人不予认可的，不能作为认定工程造价的依据

观点评述：

《民事诉讼证据的若干规定》第三十一条是当事人有权自行委托鉴定作出的鉴定结论的法律依据。但如果对方当事人不认可该鉴定结论且有证据反驳的，自行委托的鉴定结论将面临不被人民法院采纳的风险。就建设工程而言，其本身具有施工过程复杂、周期长，使用人工、材料和机械较多等特点。通常单方委托鉴定，未经双方质证，难以保证单方提供的鉴定材料齐全且真实。因此在建设工程案件中，单方委托鉴定的，一般都不会被人民法院采纳。

《新建设工程司法解释（一）》第三十二条亦规定，人民法院认为需要鉴定的，向负有举证责任的当事人释明。当事人经释明未申请鉴定，应当承担举证不能的法律后果。本规则结合了建设工程独有特点，旨在提醒当事人在建设工程施工合同纠纷案件中谨慎采用单方委托鉴定机构出具鉴定报告，即使单方委托仍应尽可能让对方予以认可。在人民法院向当事人释明是否需要鉴定的，当事人也应当积极予以回应。

最高人民法院案例索引:（2020）最高法民终 771 号

裁判要旨：

煜凯丰房产公司委托审核作出的审计意见系其单方委托有关机构作出，不能仅依据该意见认定案涉工程造价。经一审法院释明，双方当事人均表示对案涉工程价款不申请鉴定，故一审法院对双方所提交的工程价款结算依据进行了比对，依据本案相关证据对建设工程价款进行认定。煜凯丰房产公司关于应当以其单方提交的工程造价审核报告作为认定案涉工程造价的依据的上诉主张不能成立，本院不予支持。

参考法条

《新建设工程司法解释（一）》

第三十二条　当事人对工程造价、质量、修复费用等专门性问题有争议，人民法院认为需要鉴定的，应当向负有举证责任的当事人释明。当事人经释明未申请鉴定，虽申请鉴定但未支付鉴定费用或者拒不提供相关材料的，应当承担举证不能的法律后果。

一审诉讼中负有举证责任的当事人未申请鉴定，虽申请鉴定但未支付鉴定费用或者拒不提供相关材料，二审诉讼中申请鉴定，人民法院认为确有必要的，应当依照民事诉讼法第一百七十条第一款第三项的规定处理。

《民事诉讼法解释》

第一百二十一条　当事人申请鉴定，可以在举证期限届满前提出。申请鉴定的事项与待证事实无关联，或者对证明待证事实无意义的，人民法院不予准许。

人民法院准许当事人鉴定申请的，应当组织双方当事人协商确定具备相应资格的鉴定人。当事人协商不成的，由人民法院指定。

符合依职权调查收集证据条件的，人民法院应当依职权委托鉴定，在询问当事人的意见后，指定具备相应资格的鉴定人。

核心观点解析76：鉴定意见仅存在程序瑕疵，仍可作为定案依据，不允许重新鉴定

观点评述：

《民事诉讼证据的若干规定》第四十条规定："当事人申请重新鉴定，存在下列情形之一的，人民法院应当准许：（一）鉴定人不具备相应资格的；（二）

鉴定程序严重违法的;(三)鉴定意见明显依据不足的;(四)鉴定意见不能作为证据使用的其他情形。存在前款第一项至第三项情形的，鉴定人已经收取的鉴定费用应当退还。拒不退还的,依照本规定第八十一条第二款的规定处理。对鉴定意见的瑕疵，可以通过补正、补充鉴定或者补充质证、重新质证等方法解决的，人民法院不予准许重新鉴定的申请。重新鉴定的，原鉴定意见不得作为认定案件事实的根据。”

实践中，人民法院委托鉴定机构作出的鉴定意见，通常都会作为定案的依据。除非鉴定意见出现上述规定中需要重新鉴定的情形。需注意，该规定未将鉴定意见存在瑕疵作为重新鉴定的条件。与此相反，该规定表明了对鉴定意见的瑕疵，若可以通过补正等方法解决的，人民法院不予准许重新鉴定。此外,该规定还表明了在鉴定程序上,必须达到在鉴定程序严重违法的情形下，人民法院才会同意当事人重新鉴定的申请。故此，仅有鉴定意见程序存在瑕疵的，不允许重新鉴定。

最高人民法院案例索引:(2020)最高法民申112号

裁判要旨:

关于对暨阳世纪城二期45 ~ 50号楼桩基工程造价超范围鉴定的问题，二审判决认可一审法院委托鉴定范围未明确包含该部分内容，但包含在裕荣公司申请的鉴定范围中，且双方并未对该部分工程结算或工程价款达成一致；鉴定机构基于裕荣公司申请的鉴定范围，在《鉴定意见》中包含了该部分工程结算内容，尽管存在一定的程序瑕疵，但客观上有利于案涉工程结算事实的确定和纠纷的解决，亦没有证据证明因此损害了暨阳公司实质权益，暨阳公司据此否定整个《鉴定意见》的合法性不能成立。

参考法条

《民事诉讼证据的若干规定》

第四十条　当事人申请重新鉴定，存在下列情形之一的，人民法院应当准许：

（一）鉴定人不具备相应资格的；

（二）鉴定程序严重违法的；

（三）鉴定意见明显依据不足的；

（四）鉴定意见不能作为证据使用的其他情形。

存在前款第一项至第三项情形的，鉴定人已经收取的鉴定费用应当退还。拒不退还的，依照本规定第八十一条第二款的规定处理。

对鉴定意见的瑕疵，可以通过补正、补充鉴定或者补充质证、重新质证等方法解决的，人民法院不予准许重新鉴定的申请。

重新鉴定的，原鉴定意见不得作为认定案件事实的根据。

CHAPTER 7

第七编

工程价款优先受偿权

本编综述

一、建设工程价款优先受偿权之立法本意

《民法典》第八百零七条规定:“发包人未按照约定支付价款的，承包人可以催告发包人在合理期限内支付价款。发包人逾期不支付的，除根据建设工程的性质不宜折价、拍卖外，承包人可以与发包人协议将该工程折价，也可以请求人民法院将该工程依法拍卖。建设工程的价款就该工程折价或者拍卖的价款优先受偿。”建设工程价款优先受偿权系法律上的技术创造，该条款的立法本意是为了解决建筑市场长期存在的农民工讨薪难的问题，建设工程价款优先受偿权是承包人享有的法律上的利器，在发包人经催告逾期不支付工程价款的情况下，赋予承包人就其承包的建设工程折价或者拍卖的价款享有优先受偿的权利。《新建设工程司法解释(一)》对优先受偿权的行使主体、范围、效力及行使期限进行了规定，其中第三十五条明确了优先受偿权的主体限于与发包人订立建设工程施工合同的承包人。

二、优先受偿权的性质

对于建设工程价款优先受偿权的性质，目前主要的观点有“法定抵押权说”“留置权说”与“法定优先权说”。其中，“法定抵押权说”认为，该权利符合抵押权的主要特征，与一般抵押权的区别仅在于成立要件的不同。且从立法过程来看，原《合同法》第二百八十六条(即《民法典》第八百零七条)从设计、起草、讨论、修改、审议直至正式通过，始终是指法定抵押权。“留置权说”认为，留置权的成立需要三个要件:一是债权人必须合法占有债务人的财产;二是债权的发生与债务人占有的财产之间有牵连关系;三是须债权清偿期届满，原《合同法》第二百八十七条(即《民法典》第八百零七条)的规定与之完全吻合。因此，应将建设工程价款优先受偿权界定为留置权。“法定优先权说”认为，如同船舶优先权、航空器优先权一样，工程价款优先受偿权的权利主体为承包人、义务主体为发包人，且权利是法定的，无须登记

公示，故亦应界定为法定优先权。上述三种解说均有其合理性，但比较而言，“法定优先权说”更符合当前的法律制度与司法实践。

三、优先受偿权的期限

关于工程价款优先受偿权期限，涉及三个行为（事实）和三个时间点，其间虽有联系但是各自独立。三个行为（事实）是：工程款优先权的成立、行使和实现；三个时间点是：工程款优先权期间的起点（成立时间）、终点（行使时间）和工程款优先权最终实现的时间点。

1. 关于优先权的起算点，一直存在争议，《新建设工程司法解释（一）》第四十一条明确为“应付款之日”。《最高人民法院新建设工程施工合同司法解释（一）理解与适用》一书进一步阐明：“首先，建设工程施工合同对付款时间及方式有明确约定且合同已正常履行完毕，应当遵从当事人约定。其次，承、发包方对付款时间没有约定或者约定不明的，如果建设工程实际交付的，以建设工程交付之日为应付款时间；如果建设工程未交付，建设工程价款也未结算时，以起诉之日为应付款时间；如果建设工程施工合同解除或者终止履行，且工程为未经竣工结算，应区分情况认定应付工程款之日。[1]”

但值得商榷的是，建设工程价款的应付款时间能否经发包人与承包人协商而延长？毕竟在实践中，发、承包双方重新协商付款时间屡见不鲜。对此存在两种观点：肯定说和否定说。《最高人民法院建设工程施工合同司法解释（二）理解与适用》一书中对此持肯定观点[2]，建设工程价款优先受偿权的应付款时间能否由发包人与承包人协商延长，实践中，通常会出现发包人与承包人以协议的形式延长应付款时间。为了避免发包人与承包人恶意串通，损害银行等第三人利益，应审查承发包人的主观意愿，如果确是因一方原因，导致付款条件不能成就，双方协商一致另行确定了付款时间，不存在恶意损害他人利益的情形，应认定对付款时间的约定为有效，优先受偿权的行使起算时间以协议确定的付款时间为准。反之，承发包方恶意串通，目的是拖延银

---

[1] 最高人民法院民事审判第一庭．最高人民法院新建设工程施工合同司法解释（一）理解与适用 [M]. 北京：人民法院出版社，2021：423-425.

[2] 最高人民法院民事审判第一庭．最高人民法院建设工程施工合同司法解释（二）理解与适用 [M]. 北京：人民法院出版社，2019：462-463.

行抵押权的行使或其他损害第三人利益，则仍应以原合同约定的付款日期作为应付工程款之日，即为行使优先受偿权的起算时间。持肯定观点的人认为：发、承包人在施工合同之外另行签订的关于付款时间的协议，实际上系对施工合同的工程款数额及付款时间进行了变更，该协议除了符合《民法典》第一百四十六条“行为人与相对人以虚假的意思表示实施的民事法律行为无效。以虚假的意思表示隐藏的民事法律行为的效力，依照有关法律规定处理。”第一百五十三条“违反法律、行政法规的强制性规定的民事法律行为无效。但是，该强制性规定不导致该民事法律行为无效的除外。违背公序良俗的民事法律行为无效。”第一百五十四条“行为人与相对人恶意串通，损害他人合法权益的民事法律行为无效。”（以上规定系根据原《合同法》第五十二条关于合同无效情形的修订）规定等合同无效的情形外，应当认定为有效，应付款之日即以另行约定的日期为准。但是，为了避免发包人与承包人恶意串通，人民法院应主动审查发、承包人的主观意愿及是否存在损害第三人利益的情形。实践中，对于“恶意串通”的证明标准较高，且难以提供有效证据予以证明，也就难以打击真正“恶意串通”者。

2. 关于优先权的终点。《新建设工程司法解释（一）》第四十一条出现两个时间表述：“合理期限”和“十八个月”，即“承包人应当在合理期限内行使建设工程价款优先受偿权，但最长不得超过十八个月”。据此，一般认为，优先权的行使期限是十八个月。《最高人民法院新建设工程施工合同司法解释（一）理解与适用》一书认为：“本解释将承包人主张优先权的最长期限规定为十八个月，即从发包人应当给付工程价款之日起，承包人超过十八个月仍未主张优先权的，其再主张优先权则不会得到支持。[1]”“十八个月”是明确的，那“合理期限”如何认定？笔者认为，“合理期限”就是应及时行使优先受偿权的期限，但最长不超过十八个月，在十八个月内主张、行使都是可以的。

3. 关于优先权的实现。《新建设工程司法解释（一）》第三十六条：“承包人根据民法典第八百零七条规定享有的建设工程价款优先受偿权优于抵押权

[1] 最高人民法院民事审判第一庭．最高人民法院新建设工程施工合同司法解释（一）理解与适用[M]. 北京：人民法院出版社，2021：421.

和其他债权。”关于优先权的实现方式有多种，除了常见的通过诉讼、仲裁或协议折价等方式外，还包括向执行法院或发包人发函等行使予以确认。2021年11月11日，最高人民法院发布第30批指导案例，其中第171号案例为《中天建设集团有限公司诉河南恒和置业有限公司建设工程施工合同纠纷案》，该指导案例则明确了承包人可以通过书面发函方式向拍卖在建工程的执行法院主张优先受偿权。发函主张优先权并非法律所禁止的行使，如不存在法律所禁止的无效情形，应当认定为系优先受偿权的合法行使方式。

四、优先受偿权的担保权利主体

《民法典》第八百零七条规定中，“承包人”享有工程价款优先受偿权，但是司法实践中对于“承包人”是否包含“实际施工人”、分包人、勘察或设计人在内的问题存在较大争议。

1. 实际施工人是否享有工程价款优先受偿权

“实际施工人”是指无效建设工程施工合同中的承包人，即违法的专业分包和劳务作业分包合同的承包人、转包人或借用资质（挂靠）的施工人。实际施工人是否享有工程价款优先受偿权，在理论和实务中存在较大分歧。

《新建设工程司法解释（一）》已经明确规定，享有工程价款优先受偿权的主体限于与发包人签订合同的承包人。实际施工人不享有优先受偿权，但对于直接与发包人签订合同并实际履行的无承包资质的承包方，或者在发包人同意或认可挂靠存在的情况下的挂靠人，存在支持其享有优先受偿权的司法裁判。

目前，浙江、四川、福建等多地高院有类似规定。

2. 装饰装修工程的承包人享有工程价款优先受偿权

《新建设工程司法解释（一）》第三十七条并未要求装修装饰工程的发包人不是该建筑物的所有权人或者承包人与该建筑物的所有权人之间没有合同关系。笔者认为，装饰装修工程也享有工程价款的优先受偿权，并且取消了装饰装修工程所享有的优先权原来设置的限制，仅就装饰装修工程享有优先受偿权。但值得注意的是，对装饰装修工程享有优先权的前提条件是该装饰装修工程须具备折价或拍卖条件。

3. 合同无效时承包人是否享有优先受偿权

关于无效建设工程施工合同的承包人是否享有优先受偿权，目前有三种不同观点：一是认为建设工程合同无效，则承包人丧失优先受偿权；二是应区分承包人与发包人的过错，配置优先权；三是合同效力不属于法定优先受偿权的构成要件，承包人不因合同无效而丧失优先受偿权。优先受偿权具有法定性，其权利来源并非为合同的约定，不会因合同无效而消灭；且从优先受偿权立法本意上讲，赋予承包人优先受偿权的目的是保护建筑工人的合法权益，但建筑工人在参与劳动时无法得知发包人与承包人的合同是否有效，若因合同无效而排除法定优先受偿权的适用，则建筑工人的合法权益无法得到稳定的保障，有违立法初衷。对此，《新建设工程司法解释（一）》第三十八条、第三十九条规定，建设工程质量合格，承包人请求其承建工程的价款就工程折价或者拍卖的价款优先受偿的，人民法院应予支持。即只需工程质量合格，施工合同有效与否不影响工程价款优先受偿权的行使。山东、江苏、浙江、安徽、广东等省高院均有类似规定。

4. 勘察人、设计人、监理人、转承包人、违法分包人是否享有优先受偿权

《新建设工程司法解释（一）》遵循《民法典》第八百零七条的合同相对性原则，规定享有建设工程价款优先受偿权的主体为与发包人订立建设工程施工合同的承包人，不包括勘察人、设计人、监理人、转承包人、违法分包人等。转包、违法分包明显违法，如果再赋予其建设工程价款优先受偿权，还会产生负面导向作用，即使赋予其优先受偿权也不便于执行，不应享有建设工程价款优先受偿权。

五、优先受偿权的权利范围

1. 概括性列举。《新建设工程司法解释（一）》第四十条第一款规定："承包人建设工程价款优先受偿的范围依照国务院有关行政主管部门关于建设工程价款范围的规定确定。"目前，现行有效的国务院有关行政部门关于建设工程价款的规定主要为两个文件，分别为《建筑安装工程费用项目的组成》规定"建筑安装工程费用项目按费用构成要素组成划分为人工费、材料费、施工机具使用费、企业管理费、利润、规费和税金"，以及《建设工程施工发包

与承包价格管理暂行办法》规定“工程价格由成本（直接成本、间接成本）、利润(酬金)和税金构成”。二者虽然表述不同,但内涵基本一致。多数的法院、大部分的判决均认为利润属于工程款的组成部分，应当一并纳入到优先受偿的范围。

2. 承包人就逾期支付建设工程价款的利息、违约金、损害赔偿金等主张优先受偿的，人民法院不予支持。《新建设工程司法解释（一）》第四十条第二款进行了明确:“承包人就逾期支付建设工程价款的利息、违约金、损害赔偿金等主张优先受偿的，人民法院不予支持。”

3. 垫资款及利息、工程质量保证金、实现建设工程价款优先受偿权的费用等是否在优先受偿的范围内仍存在较大争议。

六、优先受偿权的预先放弃

由于建筑市场的竞争非常激烈，建设单位往往利用卖方市场的优势地位要求承包人作出让步，要求承包人接受预先放弃优先权。对于优先受偿权的预先放弃是否有效，分不同情形而定。

1. 放弃优先受偿权仅对特定第三人有效。在司法实践中，承包人依法对诉争的建设工程享有优先受偿权，其对第三人（银行）承诺放弃优先受偿权是对其自身权利的处分，符合意思自治原则。在承包人无证据证明其放弃过程中受到欺诈、胁迫情形的，承包人放弃优先权后再主张放弃无效有违诚实信用原则，不应得到支持。

2. 在不损害特定法益的情况下有效。由于建设工程价款往往涉及材料款和农民工工资等，材料款债权在一定程度上具有所有权取回权的性质，而农民工工资债权则具有基本生存保障的性质，法律创设建设工程价款优先受偿权即是为保护这些特定法益，如承包人放弃优先受偿权将损害这些特定法益，则承包人的放弃行为应属无效。但如果承包人放弃优先受偿权的同时，已经有一定的担保措施确保承包人工程款的有效实现，则承包方放弃优先受偿权的行为可以认定为有效。

3. 附条件的放弃，条件未成就时不产生约束力。承包人作出放弃工程价款优先受偿权时明确表示，仅当业主未向银行按时还款导致银行行使抵押权时承包人才放弃工程价款优先受偿权，可认定承包人放弃优先权属于有限且附条件的放弃，如银行未行使其抵押权则放弃条件未成就，此时承包人仍享有工程款优先受偿权。

4. 放弃优先受偿权的意思表示应当明确，推定的放弃无效。

综上所述，虽然目前法律法规以及司法解释未对工程款优先受偿权放弃作出明确规定，但在司法裁判中倾向于认定放弃工程价款优先受偿权系各方的真实意思表示，在不违反法律强制性规定或存在其他无效情形的情况下认定有效。

核心观点解析77：建设工程价款优先受偿权不具有人身专属性，随着建设工程价款主债权的转让一并转让，债权受让人享有建设工程价款优先受偿权

观点评述：

建设工程施工合同项下的债权转让，受让人是否享有工程价款优先受偿权，在当前的司法实践中，存在不同的理解。第一种观点认为，法律、法规并不明确禁止建设工程价款的优先受偿权进行转让，合法的转让债权，受让人应当一并取得与债权有关的从权利，该从权利包括抵押权、质权及工程价款优先受偿权等。第二种观点认为，工程价款优先受偿权的目的在于保护农民工工资得以实现，而受让人并不涉及支付农民工工资的问题。根据《新建设工程司法解释（一）》的规定，享有工程价款优先受偿权的权利主体必须是与发包人存在直接施工合同关系的承包人，实际施工人等并不享有工程价款优先受偿权。可见工程价款优先受偿权是法定的，专属于承包人，不能随工程价款一并转让。

笔者更偏向于第一种观点。建设工程债权转让的，建设工程优先受偿权随之转让。首先，工程款债权本质上属于财产权，而财产权具有流通属性，工程价款优先受偿权依附于建设工程而存在，具有附属工程款债权的担保权利。一般来说，主债权转让的，担保权利应一并转让。其次，工程价款优先

受偿权能够转让更有利于农民工权利的实现，符合保护劳动者利益的目的。再有，工程价款优先受偿权并未损害债务人的利益，未增加债务人的负担。

最高人民法院案例索引：（2021）最高法民申35号

裁判要旨：

关于闫小毛对案涉房屋是否享有建设工程价款优先受偿权的问题。《中华人民共和国合同法》第八十一条规定："债权人转让权利的，受让人取得与债权有关的从权利，但该从权利专属于债权人自身的除外。"本案中，根据已查明事实，黎阳公司对东成公司享有19372188.8元债权，并对东成公司温县新东未来城1号、2号、3号楼及人防、商铺、地下车库工程以折价或拍卖的价款在19372188.8元范围内享有的优先受偿权，黎阳公司已于2019年5月16日与闫小毛签订债权转让协议，将其对东成公司享有的债权及相关权利转让给闫小毛。《最高人民法院关于审理建设工程施工合同纠纷案件适用法律问题的解释（二）》第十七条规定："与发包人订立建设工程施工合同的承包人，根据合同法第二百八十六条规定请求其承建工程的价款就工程折价或者拍卖的价款优先受偿的，人民法院应予支持。"该条虽然规定由承包人主张优先受偿权，但是并不能得出建设工程价款优先受偿权具有人身专属性。本案中，闫小毛系作为黎阳公司承建案涉工程全额投资人受让案涉工程款债权及相关权利，一、二审判决基于债权转让并结合闫小毛系全额投资人身份的事实，认定建设工程价款主债权转让的，建设工程价款优先受偿权一并转让，闫小毛取得相关工程款债权优先受偿权。

参考法条

《民法典》

第五百四十七条　债权人转让债权的，受让人取得与债权有关的从权利，但是该从权利专属于债权人自身的除外。

受让人取得从权利不因该从权利未办理转移登记手续或者未转移占有而受到影响。

第八百零七条　发包人未按照约定支付价款的，承包人可以催告发包人在合理期限内支付价款。发包人逾期不支付的，除根据建设工程的性质不宜折价、拍卖外，承包人可以与发包人协议将该工程折价，也可以请求人民法院将该工程依法拍卖。建设工程的价款就该工程折价或者拍卖的价款优先受偿。

核心观点解析78：承包人有权对接收未完工程的第三方主张建设工程价款优先受偿权

观点评述：

建设工程施工合同是承包人进行工程建设，发包人支付价款的合同。发包人将在建工程整体转让给第三人的，第三人即实际取得建设工程的发包人地位，享有发包人享有的全部权利，亦应当承担发包人的相应义务，理应向承包人支付相应的工程款。

建设工程价款优先受偿权旨在维护建筑行业秩序、保护承包人的合法权益得以实现，保障农民工等建筑工人的合法收入得到优先支付，承包人在建设工程施工过程中以将支付的人工费、材料费、机械费等费用已物化到建设工程当中，无论该建设工程是否发生转让，承包人都可就该工程折价或者拍卖的价款优先受偿，并不随着发包人的变更而发生任何改变。

最高人民法院案例索引：（2020）最高法民申6034号

裁判要旨：

关于原判决认定南通三建对案涉工程在光大公司欠付工程款范围内享有

建设工程价款优先受偿权是否正确的问题。《合同法》第二百八十六条规定的建设工程价款优先受偿权是承包人针对建设工程所享有的法定优先权，目的是保障承包人取得全部工程价款。本案凯利公司虽不是案涉施工合同载明的发包人，但凯利公司受让案涉工程，依法办理了案涉工程相关手续，取得了案涉项目产权证书，已经实际具有发包人的地位。在接收案涉工程时，工程仍处于未完工的状态，凯利公司对案涉工程可能欠付工程款，可能存在工程价款优先受偿权负有审慎的注意义务，在接收案涉工程后亦应对工程之上的建设工程价款优先受偿权负有容忍义务。

参考法条

《民法典》

第八百零七条　发包人未按照约定支付价款的，承包人可以催告发包人在合理期限内支付价款。发包人逾期不支付的，除根据建设工程的性质不宜折价、拍卖外，承包人可以与发包人协议将该工程折价，也可以请求人民法院将该工程依法拍卖。建设工程的价款就该工程折价或者拍卖的价款优先受偿。

核心观点解析 79：建设工程施工合同无效，建设工程质量合格的，承包人享有工程价款优先受偿权

观点评述：

一般而言，建设工程施工合同有效的情形下，建设工程竣工验收合格的，发包人应当向承包人支付工程款。从《新建设工程司法解释（一）》第二十四条规定分析，建设工程施工合同无效，但工程质量合格的，发包人亦应当支付工程价款。笔者认为，应当以建设工程质量合格的法定标准作为依据来判断承包人是否享有工程价款优先受偿权的前提条件，而不能以建设工

程施工合同是否有效作为衡量标准。工程价款优先受偿权的立法目的就在于解决拖欠工程款的问题，维护建筑工人的权益，只要工程质量合格就应当允许承包人享有工程价款优先权，而不以合同是否有效为前提。对于无效的建设工程施工合同来说，建设工程质量合格，且建设工程能够折价、拍卖的，承包人当然享有要求发包人支付工程款的权利和享有工程价款优先受偿的权利。

最高人民法院案例索引:（2020）最高法民终774号

裁判要旨:

建设工程价款由成本（直接成本、间接成本）、利润（酬金）、税金构成。根据《合同法》第二百八十六条规定，承包人就发包人欠付的工程价款对该工程折价或者拍卖的价款享有优先受偿权。本案中，发包人华程公司尚欠付承包人万利公司5457425.23元的工程款，万利公司在欠付的5457425.23元工程价款范围内对尚锦华城一期工程项目1～3号、5～13号楼折价或拍卖价款享有优先受偿权符合法律规定。此外，建设工程施工合同无效并不意味着债权消灭，建设工程施工合同的效力亦不影响承包人行使优先受偿权。

参考法条

《民法典》

第八百零七条　发包人未按照约定支付价款的，承包人可以催告发包人在合理期限内支付价款。发包人逾期不支付的，除根据建设工程的性质不宜折价、拍卖外，承包人可以与发包人协议将该工程折价，也可以请求人民法院将该工程依法拍卖。建设工程的价款就该工程折价或者拍卖的价款优先受偿。

《新建设工程司法解释（一）》

第二十四条 当事人就同一建设工程订立的数份建设工程施工合同均无效，但建设工程质量合格，一方当事人请求参照实际履行的合同关于工程价款的约定折价补偿承包人的，人民法院应予支持。

实际履行的合同难以确定，当事人请求参照最后签订的合同关于工程价款的约定折价补偿承包人的，人民法院应予支持。

第三十八条 建设工程质量合格，承包人请求其承建工程的价款就工程折价或者拍卖的价款优先受偿的，人民法院应予支持。

其他参考案例索引：

（2020）最高法民申 6034 号

核心观点解析 80：发包人明知或者认可实际施工人挂靠施工的，视为实际施工人系实际承包人，实际施工人享有工程价款优先受偿权

观点评述：

《新建设工程司法解释（一）》第三十五条规定，与发包人订立施工合同的承包人依法享有优先受偿权。该规定原则上排除了与发包人没有合同关系的实际施工人享有工程价款优先受偿权。实务中，对于发包人明知或认可实际施工人挂靠施工的，挂靠的实际施工人是否享有优先受偿权，存在不同的观点。第一种观点认为，在发包人同意或认可挂靠的情形下，被挂靠人只是名义承包人，未对工程实际投入，而挂靠人既是实际施工人，也是实际承包人，挂靠人、被挂靠人与发包人属于同一建设工程施工合同的双方当事人，因此挂靠人享有法定优先受偿权。故而认定挂靠人享有主张工程价款请求权和优先受偿权，更符合法律保护工程价款请求权和设立优先受偿权的目的。第二

种观点认为，《建筑法》第二十六条和第六十六条明确禁止挂靠行为且对挂靠行为规定了相应的处罚措施。如果允许挂靠人能够获得优先受偿权，则是变相鼓励违法行为，应给予否定性评价。

笔者认为，建设工程价款优先受偿权的设立目的是为了保障工程价款的顺利实现。工程价款的实现是基于合同产生的，应受合同相对性的规制。在发包人同意或者认可挂靠存在的情形下，挂靠人作为没有资质的实际施工人借用有资质的建筑施工企业（被挂靠人）的名义，与发包人订立了建设工程施工合同，并对建设工程进行实际投入。挂靠人被认定为实际承包人，其与发包人属于同一建设工程合同的当事人，即挂靠人与发包人之间系直接的事实施工合同关系，故可以认定挂靠人（实际承包人）享有工程价款优先受偿权。

值得注意的是，对于非挂靠情形下的实际施工人是否享有工程价款优先受偿权的问题，司法实践中的裁判也并不一致。如上所述，我们认为对于发包人明知或者认可实际施工人挂靠施工的情形下，发包人与实际施工人形成事实施工合同关系，视为实际施工人系实际承包人，实际施工人享有工程价款优先受偿权，但转包、违法分包情形之下的实际施工人不享有工程价款的优先受偿权。

《民法典》第八百零七条仅规定了承包人享有优先受偿权，该条款中的承包人应当做限缩解释，仅指与发包人订立合同的相对方。同时，《旧建设工程司法解释（一）》第二十六条仅赋予实际施工人突破合同相对性向发包人主张工程款的权利，但该权利并不包括建设工程价款优先受偿权。最高人民法院民事审判第一庭2021年第21次专业法官会议纪要中也明确，实际施工人不享有建设工程价款优先受偿权："实际施工人是否享有建设工程价款优先受偿权？法官会议意见：'建设工程价款优先受偿权是指在发包人经承包人催告支付工程款后的合理期限内仍未支付工程款的情况下，承包人享有的与发包人协议将该工程折价或者请求人民法院将该工程依法拍卖，并就该工程折价或者拍卖的价款优先受偿的权利'。《民法典》第八百零七条规定：'发包人未按照约定支付价款的，承包人可以催告发包人在合理期限内支付价款。发包人逾期不支付的，除根据建设工程的性质不宜折价、拍卖外，承包人可以与发包人协议将该工程折价，也可以请求人民法院将该工程依法拍卖。建设工程的价款就该工程折价或者拍卖的价款优先受偿。'《最高人民法院关于审理建设工程施工合同纠纷案件适用法律问题的解释（一）》第三十五条规定：'与发包人订立建设工程施工合同的承包人，依据民法典第八百零七条的规定请求其承建工程的价款就工程折价或者拍卖的价款优先受偿的，人民法院应予支持。'依据上述规定，只有与发包人订立建设工程施工合同的承包人才享有建设工程价款优先受偿权。实际施工人不属于'与发包人订立建设工程施工合同的承包人'，不享有建设工程价款优先受偿权。"[1]

因此，我们赞同只有与发包人订立建设工程施工合同的承包人，才能依照《民法典》第八百零七条的规定就工程折价或者拍卖价款优先受偿，转包或违法分包的实际施工人与发包人并未建立施工合同关系，故无工程价款优先受偿权。

在近3年的司法判例中，亦趋向于认定转包或违法分包的实际施工人无优先受偿权，例如最高人民法院在（2021）最高法民申5733号案件中认为："工程价款优先受偿权的请求主体只能为承包人。曹再兴、黄金荣为案涉工程的实际施工人，而非承包方。《最高人民法院关于审理建设工程施工合同纠纷案件适用法律问题的解释》第二十六条第二款规定发包人只在欠付工程价款范围内对实际施工人承担责任，即实际施工人有条件向发包人主张工程价款，但并未规定实际施工人享有工程价款的优先受偿权。因此，福建高院认为曹再兴、黄金荣作为实际施工人不享有工程价款优先受偿权"。最高人民法院在（2020）最高法民申2858号案件中认为："只有与发包人订立建设工程施工合同的承包人，才能依照合同法第二百八十六条规定就工程折价或者拍卖价款优先受偿。吴严生不是与发包人订立建设工程施工合同的承包人，在请求案涉工程的价款时，依法不能对工程折价或者拍卖的价款优先受偿。"最高人民法院在（2019）最高法民再258号案件中认为："吴道全并非承包人而是实际施工人。《最高人民法院关于审理建设工程施工合同纠纷案件适用法律问题的解释》第二十六条第二款规定的是发包人只在欠付工程价款范围内对实际施工人承担责任，即实际施工人有条件向发包人主张工程价款，但

[1] 最高人民法院民事审判第一庭。民事审判指导与参考【总第87辑】[M]。北京：人民法院出版社，2022：165。

并未规定实际施工人享有工程价款的优先受偿权。《中华人民共和国合同法》第二百八十六条仅规定承包人享有工程价款优先受偿权，亦未规定实际施工人也享有该项权利。因此，吴道全主张其享有工程价款优先受偿权并无事实和法律依据。”

最高人民法院案例索引：（2019）最高法民申6085号

裁判要旨：

建设工程施工合同的当事人包括承包人和发包人，承包人是按约定进行工程施工建设的人，发包人是按约定支付工程价款的人。承包人按照合同约定的标准进行了施工建设，发包人接受了承包人交付的工程项目，承包人即有权请求发包人按照合同约定支付工程款。承包人对工程款还享有就该工程折价或拍卖价款优先受偿的权利。法律就工程项目设立优先受偿权的目的，是保障承包人对发包人主张工程款的请求权优先于一般债权得以实现。保障该请求权优先得以实现的原因在于，建设工程系承包人组织员工通过劳动建设而成的，工程价款请求权的实现意味着员工劳动收入有所保障。无论合同是否有效，只要承包人组织员工按照合同约定建设了工程项目，交付给了发包人，发包人就没有理由无偿取得该工程建设成果。因此，合同虽然无效，但承包人仍然享有向发包人主张工程价款的请求权。而且，承包人组织员工建设工程项目，同样需要向员工支付劳动报酬，与合同有效时相同。因此，在合同无效的情况下，承包人的工程价款请求权同样需要优先于一般债权得以实现，故应当认定承包人享有优先受偿权。“没有资质的实际施工人借用有资质的建筑施工企业名义的”情况下，实际施工人和建筑施工企业谁是承包人，谁就享有工程价款请求权和优先受偿权。在合同书上所列的“承包人”是具有相应资质的建筑施工企业，即被挂靠人；而实际履行合同书上所列承包人义务的实际施工人，是挂靠人。关系到发包人实际利益的是建设工程是否按照合同约定的标准和时间完成并交付到其手中，只要按约交付了建设工程，就不损害发包人的实际利益。但是否享有工程价款请求权和优先受偿权，直接关系到对方当事人的实际利益。事实上，是挂靠人实际组织员工进行了建设活动，完成了合同中约定的承包人义务。所以，挂靠人因为实际施工行为而比被挂靠人更应当从发包人处得到工程款，被挂靠人实际上只是最终从挂靠人处获得管理费。因此，挂靠人比被挂靠人更符合法律关于承包人的规定，比被挂靠人更应当享有工程价款请求权和优先受偿权。挂靠人既是实际施工人，也是实际承包人，而被挂靠人只是名义承包人，认定挂靠人享有主张工程价款请求权和优先受偿权，更符合法律保护工程价款请求权和设立优先受偿权的目的。

参考法条

《新建设工程司法解释（一）》

第三十五条　与发包人订立建设工程施工合同的承包人，依据民法典第八百零七条的规定请求其承建工程的价款就工程折价或者拍卖的价款优先受偿的，人民法院应予支持。

《建筑法》

第二十六条　承包建筑工程的单位应当持有依法取得的资质证书，并在其资质等级许可的业务范围内承揽工程。

禁止建筑施工企业超越本企业资质等级许可的业务范围或者以任何形式用其他建筑施工企业的名义承揽工程。禁止建筑施工企业以任何形式允许其他单位或者个人使用本企业的资质证书、营业执照，以本企业的名义承揽工程。

第六十六条　建筑施工企业转让、出借资质证书或者以其他方式允许他人以本企业的名义承揽工程的，责令改正，没收违法所得，并处罚款，可以责令停业整顿，降低资质等级；情节严重的，吊销资质证书。对因该项承揽工程不符合规定的质量标准造成的损失，建筑施工企业与使用本企业名义的单位或者个人承担连带赔偿责任。

核心观点解析81：经济适用住房不属于不宜折价或拍卖的标的物，承包人对其承建的经济适用住房享有工程价款优先受偿权

观点评述：

经济适用住房，是指政府提供政策优惠，限定套型面积和销售价格，按照合理标准建设，面向城市低收入住房困难家庭供应，具有保障性质的政策性住房。

《经济适用住房管理办法》规定，购买经济适用住房不满5年，购房人只有因特殊原因才能转让经济适用住房；购买经济适用住房满5年，购房人上市转让经济适用住房的，应按照届时同地段普通商品住房与经济适用住房差价的一定比例向政府交纳土地收益等相关价款。由此可见，购房者购买的经济适用住房并非不能转让，只是在转让时受到一定限制，其从性质上看并非不宜折价或拍卖的标的物。经济适用住房的建设工程本身并非不能出售的标的物，故承包人对其承建的经济适用住房应当享有建设工程价款优先受偿权。

最高人民法院案例索引：（2020）最高法民终371号

裁判要旨：

根据《最高人民法院关于审理建设工程施工合同纠纷案件适用法律问题的解释（二）》第二十条“未竣工的建设工程质量合格，承包人请求其承建工程的价款就其承建工程部分折价或者拍卖的价款优先受偿的，人民法院应予支持”之规定，城源公司关于现无证据证明案涉工程质量合格，故伟太公司享有建设工程价款优先受偿权的前提尚不具备的上诉理由不能成立。案涉工程从性质上看并非不宜折价或拍卖的标的物，一审判决伟太公司享有建设工程价款优先受偿权，具有事实和法律依据，并无不当。城源公司主张案涉工程为经济适用住房项目，不宜折价、拍卖，于法无据，本院不予支持。

参考法条

《民法典》

第八百零七条　发包人未按照约定支付价款的，承包人可以催告发包人在合理期限内支付价款。发包人逾期不支付的，除根据建设工程的性质不宜折价、拍卖外，承包人可以与发包人协议将该工程折价，也可以请求人民法院将该工程依法拍卖。建设工程的价款就该工程折价或者拍卖的价款优先受偿。

《经济适用住房管理办法》

第二条　本办法所称经济适用住房，是指政府提供政策优惠，限定套型面积和销售价格，按照合理标准建设，面向城市低收入住房困难家庭供应，具有保障性质的政策性住房。

本办法所称城市低收入住房困难家庭，是指城市和县人民政府所在地镇的范围内，家庭收入、住房状况等符合市、县人民政府规定条件的家庭。

第三十条　经济适用住房购房人拥有有限产权。

购买经济适用住房不满5年，不得直接上市交易，购房人因特殊原因确需转让经济适用住房的，由政府按照原价格并考虑折旧和物价水平等因素进行回购。

购买经济适用住房满5年，购房人上市转让经济适用住房的，应按照届时同地段普通商品住房与经济适用住房差价的一定比例向政府交纳土地收益等相关价款，具体交纳比例由市、县人民政府确定，政府可优先回购；购房人也可以按照政府所定的标准向政府交纳土地收益等相关价款后，取得完全产权。

上述规定应在经济适用住房购买合同中予以载明，并明确相关违约责任。

《新建设工程司法解释（一）》

第三十九条　未竣工的建设工程质量合格，承包人请求其承建工程的价款就其承建工程部分折价或者拍卖的价款优先受偿的，人民法院应予支持。

核心观点解析82：被拆迁人对拆迁还建房产享有的优先权，优先于建设工程价款优先受偿权

观点评述：

被拆迁人对拆迁还建房产享有的优先权可以对抗一般买受人（消费者）的期待物权优先权；而一般买受人（消费者）的期待物权（消费者交付购买商品房的全部或者大部分款项）又优先于承包人就该商品房享有的工程价款优先受偿权。据此，基于拆迁安置而享有的民事权益应当优先于建设工程价款优先受偿权。

最高人民法院案例索引：（2021）最高法民申31号

裁判要旨：

《执行异议复议规定》第二十七条规定："申请执行人对执行标的依法享有对抗案外人的担保物权等优先受偿权，人民法院对案外人提出的排除执行异议不予支持，但法律、司法解释另有规定的除外。"本案中，闫小毛基于受让黎阳公司建设工程债权及相关权利而取得案涉建设工程价款优先受偿权，属于上述司法解释规定的可以对抗案外人的优先受偿权范畴，但是根据《最高人民法院关于建设工程价款优先受偿权问题的批复》第二条"消费者交付购买商品房的全部或者大部分款项后，承包人就该商品房享有的工程价款优先受偿权不得对抗买受人"的规定，特定情形下的商品房消费

者可以对抗建设工程价款优先受偿权。《商品房买卖合同解释》(已被修订)第七条第一款规定:“拆迁人与被拆迁人按照所有权调换形式订立拆迁补偿安置协议,明确约定拆迁人以位置、用途特定的房屋对被拆迁人予以补偿安置,如果拆迁人将该补偿安置房屋另行出卖给第三人,被拆迁人请求优先取得补偿安置房屋的,应予支持。”在涉及拆迁房屋安置情形下,因被拆迁人获得补偿安置的权利是基于所有权的调换,系拆迁人用特定化的回迁房屋对其进行安置,故其享有的民事权益相比一般购房的消费者有更优先的保护效力。

核心观点解析 83:以工程的租金收益冲抵工程欠款的协议,不属于案涉工程的折价协议,不符合行使建设工程价款优先受偿权的法定方式

观点评述:

建设工程价款优先受偿权虽然规定在《民法典》的合同编,但不可否认的是,它不是一项合同权利。建设工程价款优先受偿权是法定权利,不是由当事人协商确定的权利。也就是说,建设工程价款优先受偿权不是承包人依据合同约定而取得的权利,而是直接依据《民法典》的合同编享有的权利[1]。因此,在实践中对工程价款优先受偿权的性质认定有三种理解:一种观点认为工程价款优先受偿权系留置权;一种观点认为工程价款优先受偿权系法定抵押权;还有一种观点认为工程价款优先受偿权是法定优先权。

根据《民法典》第八百零七条关于工程价款优先受偿权的规定,行使工程价款优先受偿权的第一步如不是直接采取诉讼或提起仲裁的方式主张优先权的,须对债务人进行催告,并给予合理期限;第二步,通过折价或者拍卖对建设工程的价值予以变现。即建设工程价款优先受偿权的实现途径有两种,一是承包人与发包人协议将该工程折价,二是请求人民法院将该工程依法拍

[1] 梁慧星.是优先权还是抵押权《合同法》第286条的权利性质及其适用[J].中国律师,2001:44-45.

卖。司法实践中，还有的发、承包双方基于项目性质难以实现拍卖或折价，协议通过租金收益的方式抵顶工程价款。对于协议租金抵顶工程款的方式，并非工程价款优先受偿权的主张形式，其仅系出租人基于租赁合同的约定将租赁物交付给承租人使用所获得的租金收入。故此，租金收益冲抵工程欠款的协议书不能认定为当事人行使了建设工程价款优先受偿权。

最高人民法院案例索引:（2020）最高法民申4627号

裁判要旨：

根据《合同法》第二百八十六条的规定，承包人的建设工程价款的优先受偿权需以与发包人协议将工程折价，或申请人民法院将该工程依法拍卖的方式实现。五鸿公司与志通公司协议将案涉工程部分地块上的厂房的租金收益冲抵工程欠款，该协议并非案涉工程的折价协议，不符合行使建设工程价款优先受偿权的法定方式。五鸿公司亦于2016年12月20日以志通公司拖欠工程款为由向柳北区法院提起诉讼，并于2017年8月21日申请强制执行，但其并未在诉讼及执行期间提出行使建设工程价款优先受偿权的请求。五鸿公司关于其已通过租金冲抵工程欠款、在施工合同价款纠纷的诉讼与执行程序中行使了建设工程价款优先受偿权的申请理由，缺乏事实及法律依据，本院不予支持。

参考法条

《民法典》

第八百零七条　发包人未按照约定支付价款的，承包人可以催告发包人在合理期限内支付价款。发包人逾期不支付的，除根据建设工程的性质不宜折价、拍卖外，承包人可以与发包人协议将该工程折价，也可以请求人民法院将该工程依法拍卖。建设工程的价款就该工程折价或者拍卖的价款优先受偿。

核心观点解析 84：承包人所承建的工程属于违章建筑的，对违章建筑不享有建设工程价款优先受偿权

观点评述：

承包人行使建设工程价款优先受偿权的前提之一是该建设工程的性质可以折价、拍卖。违章建筑因违反相关法律规定无法完成物权初始登记，且具有被强制拆除的可能。基于违章建筑不能进行物权登记的事实和具有被拆除的可能，亦无法实现通过折价、拍卖的方式予以转让。

司法实践中值得注意的是，违章建筑因违法性质和程度不同，可能遭受的行政处罚结果也不相同，承包人能否对违章建筑主张建设工程价款优先受偿权，应根据法律规定的处罚类型及行政处罚结果区别对待。例如：未取建设工程规划许可证的违章建筑，经限期整改后取得建设工程规划许可证且满足建设工程优先受偿权的其他条件的，应当享有建设工程优先受偿权。对于无法采取改正措施消除影响的，被政府相关部门限期拆除的，则不能主张建设工程优先受偿权。

最高人民法院案例索引：（2020）最高法民申 1850 号

裁判要旨：

承包人就工程折价或者拍卖的价款享有优先受偿权的前提是该工程不存在按照其性质不宜折价、拍卖的情形。根据《土地管理法》《城乡规划法》《村庄和集镇建设管理条例》等相关法律法规的规定，在城市规划区内，未取得建设工程规划许可证或者违反建设工程规划许可证的规定建设，严重影响城市规划的建筑，为违章建筑。案涉工程至今尚未取得建设工程规划许可证，应属于违章建筑。案涉工程因违反法律禁止性规定，无法取得不动产所有权，人民法院认定该工程系不可折价、拍卖的工程，海峡公司对案涉工程价款不享有优先权。

参考法条

《民法典》

第八百零七条　发包人未按照约定支付价款的，承包人可以催告发包人在合理期限内支付价款。发包人逾期不支付的，除根据建设工程的性质不宜折价、拍卖外，承包人可以与发包人协议将该工程折价，也可以请求人民法院将该工程依法拍卖。建设工程的价款就该工程折价或者拍卖的价款优先受偿。

《城乡规划法》

第六十四条　未取得建设工程规划许可证或者未按照建设工程规划许可证的规定进行建设的，由县级以上地方人民政府城乡规划主管部门责令停止建设；尚可采取改正措施消除对规划实施的影响的，限期改正，处建设工程造价百分之五以上百分之十以下的罚款；无法采取改正措施消除影响的，限期拆除，不能拆除的，没收实物或者违法收入，可以并处建设工程造价百分之十以下的罚款。

其他参考案例索引：（2020）最高法民终905号

核心观点解析85：质保金的优先受偿权起算时间单独计算，自质保金应当返还之日起计算

观点评述：

建设工程价款是指建设工程过程中发包人应支付给承包人的全部工程款。质量保证金是建设单位依约收取的保证金，其是由建设单位在应当支付的工程款中按一定比例预留，作为维修建设工程的保证金。因此，虽然质量保证金承担维修义务的功能，但质量保证金系从建设单位应付工程款中预留

出来的部分，在本质上仍然是工程价款，应当属于工程价款优先受偿权的范围。虽然质量保证金是工程价款的一部分，但其在功能上需要发挥保证金的作用，应当在建设单位留存一定的期限，以作为维修工程的保证。实践中，工程结算款的支付时间通常会早于质量保证金的返还期限，其二者在优先受偿权的起算时间上亦不相同。工程款优先受偿权起算时点从应当支付工程价款时起算；质保金的优先受偿权起算时点自质保金应当返还之日起计算。

最高人民法院案例索引:（2020）最高法民终1192号

裁判要旨:

质量保修金虽然属于建设工程价款的一部分，在其作为工程价款能够对施工工程取得优先受偿权上与工程款是一致的，但是就质量保修金的功能来看，系施工单位在工程保修书中承诺，在建筑工程竣工验收交付使用后，从交付的建设工程款中预留的用于维修建筑工程的资金；因此，该款项虽然来源于工程款，但是在功能上却发挥保证金的作用。对于该保证金的返还日期，其具有区别于工程款支付期限的单独要求，通常需要由当事人通过约定的方式，明确在一定的保修期满以后，建设单位将质量保修金返还给施工单位。就此而言，质量保修金是为保障工程质量而自工程款中扣除，自扣除之日起其已经与整个工程应付工程款相分离；因此，对该返还义务的具体履行期限，需要基于合同的特殊约定来确定。因而，在质量保修金与工程价款存在上述功能上的区分的情况下，不应该以建设单位返还质量保修金作为应付工程款的时间。

参考法条

《民法典》

第八百零七条　发包人未按照约定支付价款的，承包人可以催告发包人在合理期限内支付价款。发包人逾期不支付的，除根据建设工程的性质不宜折价、拍卖外，承包人可以与发包人协议将该工程折价，也可以请求人民法院将该工程依法拍卖。建设工程的价款就该工程折价或者拍卖的价款优先受偿。

《新建设工程司法解释（一）》

第三十五条　与发包人订立建设工程施工合同的承包人，依据民法典第八百零七条的规定请求其承建工程的价款就工程折价或者拍卖的价款优先受偿的，人民法院应予支持。

第四十一条　承包人应当在合理期限内行使建设工程价款优先受偿权，但最长不得超过十八个月，自发包人应当给付建设工程价款之日起算。

《建设工程质量保证金管理办法》

第二条　本办法所称建设工程质量保证金（以下简称保证金）是指发包人与承包人在建设工程承包合同中约定，从应付的工程款中预留，用以保证承包人在缺陷责任期内对建设工程出现的缺陷进行维修的资金。

缺陷是指建设工程质量不符合工程建设强制性标准、设计文件，以及承包合同的约定。

缺陷责任期一般为1年，最长不超过2年，由发、承包双方在合同中约定。

第五条　推行银行保函制度，承包人可以银行保函替代预留保证金。

第六条　在工程项目竣工前，已经缴纳履约保证金的，发包人不得同时预留工程质量保证金。

采用工程质量保证担保、工程质量保险等其他保证方式的，发包人不得再预留保证金。

第七条　发包人应按照合同约定方式预留保证金，保证金总预留比例不得高于工程价款结算总额的3%。合同约定由承包人以银行保函替代预留保证金的，保函金额不得高于工程价款结算总额的3%。

核心观点解析86：建设工程未交付，工程价款也未结算的，以起诉时作为工程价款优先受偿权的起算时间点

观点评述：

《新建设工程司法解释（一）》第二十七条规定："利息从应付工程价款之日开始计付。当事人对付款时间没有约定或者约定不明的，下列时间视为应付款时间：（一）建设工程已实际交付的，为交付之日；（二）建设工程没有交付的，为提交竣工结算文件之日；（三）建设工程未交付，工程价款也未结算的，为当事人起诉之日。"《新建设工程司法解释（一）》第四十一条规定："承包人应当在合理期限内行使建设工程价款优先受偿权，但最长不得超过十八个月，自发包人应当给付建设工程价款之日起算。"在当事人对付款时间没有约定或者约定不明的情形下，结合《新建设工程司法解释（一）》第二十七条和第四十一条的规定，能够得出建设工程未交付、工程价款未经结算，工程价款优先受偿权应以起诉时间作为起算时间的观点。

正常情况下，建设工程施工完毕，经发、承包双方验收结算后，应付工程款数额和付款时间即被确认。但实务中，因各种原因导致双方无法完成结算，存在对付款时间无约定或约定不明情形。根据"有约依约，无约从法"的民法原则，当事人对付款时间没有约定或者约定不明的情形下，当事人仍可直接援引《新建设工程司法解释（一）》第二十七条和第四十一条的规定，进而确认工程价款优先受偿权的起算时间。

最高人民法院案例索引:(2020)最高法民终602号

裁判要旨:

关于本案建设工程价款优先受偿权问题，名京公司主张南通公司的该项权利已经超过行使期限，但是，案涉工程因名京公司原因停工多年，未竣工结算，双方就工程款协商始终未达成一致，工程价款并未确定，南通公司后于2016年11月以起诉方式主张工程款，明确了应当给付工程款的时点和数额，该时点可视为名京公司应当给付工程价款之日。

实务建议:

笔者曾代理一个“烂尾工程”项目，就已完工程部分，发承包双方实际于2020年5月6日才达成一致意见的结算，此时才确认案涉工程应付款及欠付款数额，才具备主张优先权的前提条件，客观上承包人在6个月内主张优先权，一审判决不予支持承包人关于确认享有工程价款优先权的诉请，承包人提起上诉。

笔者认为，工程价款优先受偿权的行使期间应当自当事人达成竣工结算协议暨欠付工程款数额确定之日起计算。《新建设工程司法解释(一)》第四十一条规定:“承包人应当在合理期限内行使建设工程价款优先受偿权，但最长不得超过十八个月，自发包人应当给付建设工程价款之日起算。”据此，工程需要经过竣工、验收、结算，确认发包人应付工程款数额之日才开始计算工程价款优先受偿权。即应当满足以下条件时“发包人应当给付工程款”:(1)承包人已按约按质完成合同约定的工程量;(2)双方已达成竣工结算合意，明确发包人应付工程款的具体数额;(3)双方在结算协议约定的付款期限已届至，若双方未约定付款期限的，双方签订结算协议之日即为发包人应付工程款之日，以上三个条件缺一不可。若双方未达成结算协议的，一方面，发包人应付工程款数额尚不确定，发包人尚不知需要支付多少工程款，不满足《新建设工程司法解释(一)》第四十一条规定的“发包人应当给付建设工程价款”的要求;另一方面,鉴于未结算导致承包人工程款债权数额未确定，发包人的付款条件未成就，承包人也不具备行使工程价款优先权的前提。

本案中，因发承包双方一直就工程款支付、已完工程结算、剩余工程后续施工等事宜争议，直至 2019 年 10 月 10 日发包人向承包人出具情况说明，称约有 8500 余万元欠款，而后 2019 年 12 月 17 日在住房和城乡建设局协调下，召开《项目协调会会议纪要》中明确了工程款支付方式、后续消防工程的施工，即发承包双方仍有继续履行合同的意思表示，双方尚未达成一致意见的最终结算。在会议达成初步意见后，承包人 2019 年 12 月 20 日制作《结算资料》报送发包人，发包人 2020 年 5 月 6 日复函确认结算数额。一方面可证实承包人一直积极主张结算并要求支付欠款，另一方面证实了双方仍有继续履行合同的意向，且客观上因发包人逾期支付工程款导致承包人欠付巨额民工工资及材料款，迫于资金压力也不可能怠于主张结算及要求发包人及时付款。

综上，涉案工程实际于 2020 年 5 月 6 日发承包双方达成一致意见的结算，承包人已在法律规定的 6 个月内主张优先权，故承包人应当享有工程价款优先受偿权。

参考法条

《新建设工程司法解释（一）》

第二十七条　利息从应付工程价款之日开始计付。当事人对付款时间没有约定或者约定不明的，下列时间视为应付款时间：

（一）建设工程已实际交付的，为交付之日；

（二）建设工程没有交付的，为提交竣工结算文件之日；

（三）建设工程未交付，工程价款也未结算的，为当事人起诉之日。

第四十一条　承包人应当在合理期限内行使建设工程价款优先受偿权，但最长不得超过十八个月，自发包人应当给付建设工程价款之日起算。

核心观点解析87：工程价款优先受偿权的期限为法定期限，当事人不得约定改变行使期限

观点评述：

《民法典》第八百零七条赋予了承包人具有建设工程价款优先受偿权的权利，此种权利是一种法定权利，原则上不得由当事人的约定加以延长或变更。《新建设工程司法解释（一）》第四十一条规定，建设工程价款优先受偿权的期限亦属法定期限，最长不得超过十八个月，该期限不能由当事人约定加以改变。

司法实践中对于“建设工程价款的应付款时间能否经发包人与承包人协商而延长”的问题存在争议。实践中，通常会出现发包人与承包人在建设工程施工合同约定的付款期限届满后，因对结算价款存在争议仍就此事宜再次进行协商，最终对工程总造价、欠付工程款数额及付款时间达成新的协议。该种情形是否认定为发承包双方达成了新的结算而导致工程款优先权的起算时间做相应顺延存在争议。

一种观点认为，发、承包人任意延长付款时间会对发包人的其他债权人产生不利影响，不应准许以牺牲其他债权人利益的方式，任由发包人作出付款期限上的让步。另一种观点认为，从原《合同法》第二百八十六条的规定看，承包人就未付工程款对所承建工程享有优先受偿权，系为保护承包人对工程价款的实际受偿，因此，在认定该优先受偿权的行使期限时，应当尊重发、承包人之间关于支付工程价款期限的约定，可以自达成新的结算意见之日重新起算工程价款优先受偿权的期限。

笔者倾向于认可第一种观点。从工程价款优先受偿权的性质考虑，确实不宜任由发包人对该期限做任意延长或变更约定。由于工程价款优先受偿权属于法定优先权而优先于一切债权或其他抵押权，如果因为发、承包双方达成新的结算意见则重新起算工程价款优先受偿权起算点的，容易出现发、承包双方恶意串通从而损害例如银行或者其他第三债权人合法权益

的可能。但是，为了避免发包人与承包人恶意串通、损害银行等发包人的其他债权人利益的问题发生，人民法院应主动审查发、承包人的主观意愿及是否存在损害第三人利益的情形，如果确系一方原因导致付款条件不能成就，双方协商一致另行确定了付款时间，不存在恶意损害第三人利益的情形，应认定对付款时间的约定为有效，优先受偿权的行使起算时间以协议确定的付款时间为准。反之，发、承包人恶意串通，目的是拖延银行抵押权的行使或其他损害第三人利益，则仍应以原合同约定的付款日期作为应付工程款之日。[1]

最高人民法院案例索引：（2020）最高法民终144号

裁判要旨：

承包人向发包人主张优先受偿权的形式之一是协议将工程折价，如果双方在协商过程中，发包人拒绝将工程折价，承包人可向人民法院请求保护其权利。本案中，双方在结算前约定了“逾期则世邦公司应就未付款部分按每月2%的利率承担利息，同时河北建设有权在任何时候要求世邦公司以爱尚苑项目可销售的房产折抵欠付的工程款及相应利息”，但河北建设未提供证据证明在《爱尚苑项目阶段性工作内容结果》作出后曾向世邦公司主张过将可销售房产折抵欠付的工程款，其一审陈述因世邦公司拒不配合未能以房抵债但亦未提交证据证明。因《协议》签署时结算尚未完成，河北建设认为签署《协议》本身即是向世邦公司主张优先受偿权，不能成立。建设工程价款优先受偿权的行使期限不由当事人约定加以改变，故双方在《协议》中所作约定，不产生河北建设行使优先受偿权的期间无限延长的法律效果，故河北建设关于其有权在任何时候行使优先受偿权的主张，亦不能成立。

[1]　最高人民法院民事审判第一庭编著．最高人民法院建设工程施工合同司法解释（二）理解与适用[M].北京：人民法院出版社，2019：463.

参考法条

《民法典》

第八百零七条　发包人未按照约定支付价款的，承包人可以催告发包人在合理期限内支付价款。发包人逾期不支付的，除根据建设工程的性质不宜折价、拍卖外，承包人可以与发包人协议将该工程折价，也可以请求人民法院将该工程依法拍卖。建设工程的价款就该工程折价或者拍卖的价款优先受偿。

《新建设工程司法解释（一）》

第四十一条　承包人应当在合理期限内行使建设工程价款优先受偿权，但最长不得超过十八个月，自发包人应当给付建设工程价款之日起算。

核心观点解析88：工程价款优先受偿权的行使期限自工程款确定之日起算

观点评述：

《新建设工程司法解释（一）》第四十一条规定："承包人应当在合理期限内行使建设工程价款优先受偿权，但最长不得超过十八个月，自发包人应当给付建设工程价款之日起算。"此规定中的"应当给付建设工程价款之日"应如何理解？在司法裁判中，存在两种观点。一种观点如本核心观点解析的案例一样，最高人民法院在该案中认为，"应当给付建设工程价款之日"应为工程款确定之日，故而工程价款优先受偿权的行使自工程价款确定之日起算。而另一种观点则与第一种观点相反，该观点认为应参照《新建设工程司法解释（一）》第二十七条中关于认定应付款时间的规定确定工程款的应付款之日，工程款数额的确定与建设工程价款优先受偿权行使并无冲突。例如，最高人民法院在（2021）最高法民申1848号中认为:《旧建设工程司法解释（二)》（已废止,即《新建设工程司法解释（一)》第四十一条）第二十二条规定:“承包人行使建设工程价款优先受偿权的期限为六个月，自发包人应当给付建设工程价款之日起算。”《旧建设工程司法解释（一)》（已废止，即《新建设工程司法解释（一)》第二十七条）第十八条规定:“利息从应付工程价款之日计付。当事人对付款时间没有约定或者约定不明的，下列时间视为应付款时间:（一）建设工程已实际交付的，为交付之日;（二）建设工程没有交付的，为提交竣工结算文件之日;（三）建设工程未交付，工程价款也未结算的，为当事人起诉之日。”根据原审查明事实，苏华建设公司分别于2014年11月6日、2014年11月10日形成《工程资料交接书》，向发包方鸿基米兰热力公司提供工程资料决算书；另外，2016年苏华建设公司向人民法院提起了索要工程款诉讼，工程债权付款期限已经届满，至迟到该时点亦应认定为“发包人应当给付建设工程价款之日”，即工程价款优先受偿权行使期限的起算点。鸿基米兰热力公司于2019年11月方提起本案建设工程价款优先受偿权诉讼，已远超法律规定的六个月行使期限。苏华建设公司主张，案涉工程款金额尚不确定，故无法起算建设工程价款优先受偿权行使期限。但是，在本案苏华建设公司已起诉主张工程款的情况下，工程款数额的确定与建设工程价款优先受偿权行使并无冲突，亦无裁判确定工程款数额后方能主张该优先受偿权的强制要求，苏华建设公司该项再审申请理由，并无法律依据，不能成立。

笔者倾向于第一种观点。《新建设工程司法解释（一)》第二十七条中规定的“视为应付款时间”的情形属于法定拟制的应付款之日，且该条款是针对起算利息情形下的应付款之日，是否能扩大解释用于确定工程价款优先受偿权中确定应付工程款之日存在争议。而所谓应当给付工程款即工程款的支付条件已成就，且支付的数额已确定。支付条件成就是指，承包人所完成的案涉工程已经竣工验收合格；支付数额已确定是指，发、承包人已就承包人所完成的案涉工程进行结算，确定承包人应得的工程价款数额。只有同时满足上述两个条件，方才具备发包人支付承包人工程款的基础。如仅仅是案涉工程经竣工验收合格，而发、承包人之间未达成最终的结算，无法确定承包人应得的工程款数额，则不具备发包人应当给付建设工程价款的条件。

最高人民法院案例索引：(2019)最高法民终461号

裁判要旨：

本案中，天门世贸中心A座、B座工程竣工验收之日分别为2014年12月2日和2014年4月25日，但天门世贸中心A座、B座建筑安装工程及幕墙工程最终造价确认是天门双赢公司和浙江八达集团就天门世贸中心A座、B座建筑安装工程和幕墙工程签订《建设工程造价编审确认表》之时，该《建设工程造价编审确认表》签订的时间应作为天门双赢公司应给付浙江八达集团工程款的时间起算节点，相应的浙江八达集团工程价款优先受偿权应从该时间节点起算，计算六个月。虽然《建设工程造价编审确认表》上没有标明具体的签订时间，但从《天门世贸中心A座建筑安装工程结算报告》《天门世贸中心幕墙工程结算审核报告》于2016年7月19日出具这一事实，可知《建设工程造价编审确认表》形成时间应晚于2016年7月19日。自该时间节点起算至浙江八达集团2016年11月7日提起本案诉讼，未超过六个月期限，因此浙江八达集团在天门双赢公司欠付工程款范围内对案涉工程折价或拍卖所得价款享有优先受偿权，浙江八达集团的相关上诉请求于法有据，本院予以支持。

参考法条

《新建设工程司法解释（一）》

第二十七条　利息从应付工程价款之日开始计付。当事人对付款时间没有约定或者约定不明的，下列时间视为应付款时间：

（一）建设工程已实际交付的，为交付之日；

（二）建设工程没有交付的，为提交竣工结算文件之日；

（三）建设工程未交付，工程价款也未结算的，为当事人起诉之日。

第四十一条　承包人应当在合理期限内行使建设工程价款优先受偿权，但最长不得超过十八个月，自发包人应当给付建设工程价款之日起算。

核心观点解析 89：承包人起诉时已主张工程价款优先受偿权，但民事调解书仅确认了工程款债权未确认优先受偿权的，承包人不因调解书未确认优先受偿权而丧失该权利

观点评述：

为保障承包人顺利获得相应的工程价款，《民法典》规定了承包人依法享有工程价款优先受偿权。最高人民法院曾于 2008 年 2 月 29 日对广东省高级人民法院作出〔2007〕执他字第 11 号《关于对人民法院调解书中未写明建设工程款有优先受偿权应如何适用法律问题的请示的复函》。该复函载明，建设工程价款优先受偿权是一种法定优先权，无须当事人另外予以明示。该复函是就广东省高级人民法院关于对人民法院调解书中未写明建设工程款有优先受偿权应如何适用法律问题的请示所作出的答复。因此，笔者认为对承包人起诉时已主张工程价款优先受偿权的，即使民事调解书仅确认了工程款债权未确认优先受偿权，承包人不因调解书未确认优先受偿权而丧失该权利。可谓，一经主张，优先权既已确定。

最高人民法院案例索引：（2020）最高法民终 491 号

裁判要旨：

兴鑫磊公司于 2015 年 3 月向富利达公司请求工程款时主张了工程款优先受偿权，该案经调解结案，调解书确认了工程款债权，并未涉及优先受偿权。兴鑫磊公司与富利达公司签订的《建筑工程施工劳务合同》约定的工程竣工时间为 2014 年 11 月 15 日，工程于 2014 年 12 月 28 日停工，兴鑫磊公司在 2015 年 3 月起诉主张优先受偿权未超过该权利的行使期限。虽调解书中并未确认工程款优先受偿权，但建设工程价款优先受偿权是一种法定优先权，兴鑫磊公司的工程款优先受偿权不因调解书未涉及而丧失，兴鑫磊公司于 2017 年 1 月 12 日向法院提交了优先受偿申请书，申请对案涉工程的拍卖价款等享有优先受偿权，其在案涉工程执行财产分配中享有工程款优先受偿权。

核心观点解析90：同一施工合同项下的工程，工程价款优先受偿权不宜针对单体建筑分别计算，而应作为一个整体统一计算

观点评述：

根据《新建设工程司法解释（一）》第四十一条可知，建设工程款优先受偿权自发包人应当给付建设工程价款之日起算。此处的应当给付建设工程价款之日应当理解为全部工程竣工结算款给付时间。同一建设工程施工合同项下存在多个单体这种情况并不鲜见，其每个单体在建设时间、竣工时间不尽相同，如果按施工过程中的预付款、进度款应支付时间或者某个单体的竣工时间起算建设工程价款优先受偿权，会在一个建设工程施工合同中存在多个不同的优先受偿权起算点，不利于优先受偿权的实现，亦有悖于建设工程优先受偿权的立法本意。

司法实践中，人民法院也认为在同一施工合同项下的工程虽有不同单体，但承包人投入的人力、物力、财力无法准确拆分，并且从工程立项、规划设计、组织施工、工期变更以及工程款支付的情况看，工程项目是作为一个整体工程进行建设，并且按同一个合同约定履行义务的，故建设工程款优先受偿权应作为一个整体统一计算，不应针对单体建筑分别计算。

最高人民法院案例索引：（2020）最高法民申5175号

裁判要旨：

案涉工程在具体建设过程中分为1～3号楼、6号、7号楼等不同的单体建筑，但作为同一《建设工程施工合同》项下的工程，承包人合肥建工投入的人力、物力、财力无法准确拆分，并且从工程立项、规划设计、组织施工、工期变更以及工程款支付的情况看，合肥建工对于案涉工程是作为一个整体工程进行建设，并且按照《建设工程施工合同》约定履行义务的，故判决认

定案涉工程建设工程优先受偿权不宜针对单体建筑分别计算，而应作为一个整体统一计算考量。

参考法条

《新建设工程司法解释（一）》

第四十一条　承包人应当在合理期限内行使建设工程价款优先受偿权，但最长不得超过十八个月，自发包人应当给付建设工程价款之日起算。

核心观点解析91：承包人可以直接发函的形式向发包人主张工程价款优先受偿权

观点评述：

在建设工程优先受偿权的除斥期间内，承包人通过发函的形式向发包人主张建设工程价款优先受偿权，这种方式是否有效，当前法律未予明确，各地法院对此看法和观点亦不相同。例如：江苏省高级人民法院认为，承包人通过发函形式主张建设工程价款优先受偿权的，不认可其行使的效力。而广东省高级人民法院却认为，发包人以书面形式明确表示主张优先受偿权的，属于对建设工程价款依法行使优先受偿权。

最高人民法院审判委员会讨论通过2021年11月9日发布的“最高人民法院发布第30批共6件指导性案例（指导案例166～171号）”，其中第171号指导案例，中天建设集团有限公司诉河南恒和置业有限公司建设工程施工合同纠纷案明确了执行法院依其他债权人的申请，对发包人的建设工程强制执行，承包人向执行法院主张其享有建设工程价款优先受偿权且未超过除斥期间的，视为承包人依法行使了建设工程价款优先受偿权。发包人以承包人起诉时行使建设工程价款优先受偿权超过除斥期间为由进行抗辩的，人民法院不予支持。本案例对于人民法院准确把握建设工程价款优先受偿权的行使方式具有指导意义。

在该指导案例中，最高人民法院认为:《最高人民法院关于审理建设工程施工合同纠纷案件适用法律问题的解释（二）》（已废止）第二十二条规定:“承包人行使建设工程价款优先受偿权的期限为六个月，自发包人应当给付建设工程价款之日起算。”人民法院依据发包人的其他债权人或抵押权人申请对建设工程采取强制执行行为，会对承包人的建设工程价款优先受偿权产生影响。此时，如承包人向执行法院主张其对建设工程享有建设工程价款优先受偿权的，属于行使建设工程价款优先受偿权的合法方式。河南恒和置业有限公司和中天建设集团有限公司共同委托的造价机构德汇工程管理（北京）有限公司于2014年11月3日对案涉工程价款出具《审核报告》。2014年11月24日，中天建设集团有限公司收到通知，河南省焦作市中级人民法院依据河南恒和置业有限公司其他债权人的申请将对案涉工程进行拍卖。2014年12月1日，中天建设集团有限公司第九建设公司向河南省焦作市中级人民法院提交《关于恒和国际商务会展中心在建工程拍卖联系函》，请求依法确认对案涉建设工程的优先受偿权。2015年2月5日，中天建设集团有限公司对案涉工程停止施工。2015年8月4日，中天建设集团有限公司向河南恒和置业有限公司发送《关于主张恒和国际商务会展中心工程价款优先受偿权的工作联系单》，要求对案涉工程价款享有优先受偿权。2016年5月5日，中天建设集团有限公司第九建设公司又向河南省洛阳市中级人民法院提交《优先受偿权参与分配申请书》，依法确认并保障其对案涉建设工程价款享有的优先受偿权。因此，河南恒和置业有限公司关于中天建设集团有限公司未在六个月除斥期间内以诉讼方式主张优先受偿权，其优先受偿权主张不应得到支持的上诉理由不能成立。

因此，建设工程价款优先受偿权的行使方式并不仅限于通过协议折价或者申请拍卖的方式，承包人以发函的形式主张工程价款优先受偿权并不为法律所禁止，属于对建设工程价款依法行使优先受偿权。为确保权利的实现，减少争议，笔者建议即使承包人已通过发函的形式主张工程价款优先受偿权，但对方仍未支付工程款时，应当尽快通过诉讼或仲裁等形式使建设工程进入拍卖、变卖等司法程序，以保障自身权益。

最高人民法院案例索引:（2020）最高法民申 5386 号

裁判要旨:

承包人享有的工程价款优先受偿权系法定权利，承包人可以通过协议折价或者申请拍卖的方式主张优先受偿权，并未限定承包人必须通过诉讼的方式主张。本案中，国泰公司以发函的方式向世盟公司主张工程价款优先受偿权，并不违反法律规定。根据《最高人民法院关于建设工程价款优先受偿权问题的批复》（已废止）第四条规定“建设工程承包人行使优先受偿权的期限为六个月，自建设工程竣工之日或者建设工程合同约定的竣工之日起计算。”上述司法解释规定了承包人行使优先受偿权的除斥期间为六个月，本案所涉工程的竣工日期为 2014 年 12 月 16 日，国泰公司于 2015 年 1 月 21 日向世盟公司发送《函件》，世盟公司于同月 23 日签收，国泰公司在除斥期间内向世盟公司发出主张工程款优先权的催款函，世盟公司对此无异议，故原审认定国泰公司以发函的形式行使工程款优先受偿权，亦无不当。因此，国泰公司对案涉房产依法享有工程款优先受偿权，该权利优先于兴业银行的抵押债权。

参考法条

《民法典》

第八百零七条 发包人未按照约定支付价款的，承包人可以催告发包人在合理期限内支付价款。发包人逾期不支付的，除根据建设工程的性质不宜折价、拍卖外，承包人可以与发包人协议将该工程折价，也可以请求人民法院将该工程依法拍卖。建设工程的价款就该工程折价或者拍卖的价款优先受偿。

《新建设工程司法解释（一）》

第四十一条　承包人应当在合理期限内行使建设工程价款优先受偿权，但最长不得超过十八个月，自发包人应当给付建设工程价款之日起算。

《江苏省高级人民法院关于审理建设工程施工合同纠纷案件若干问题的解答》

第18条　承包人通过提起诉讼或申请仲裁的方式，主张建设工程价款优先受偿权的，属于行使建设工程价款优先受偿权的有效方式。

承包人通过发函形式主张建设工程价款优先受偿权的，不认可其行使的效力。

其他参考案例索引：

（2019）最高法民终750号

CHAPTER 8

第八编

实际施工人

本编综述

近年来，我国建筑行业发展迅猛，大量的农民工纷纷进入该行业，但建设工程普遍存在的违法分包、转包、借用资质等情形，致使很多农民工拿不到工资。为解决农民工工资拖欠问题，保障农民工的合法权益，《旧建设工程司法解释（一）》创设了实际施工人权利保护制度，为农民工工资拖欠问题提供了法律依据，该规定可以在一定程度上保障实际施工人的合法权益。但也因此，司法实践中大量涌现了关于实际施工人主张权利的案例，同时法律实务中也就此引发巨大争议。本编将通过对浅析实际施工人相关法律问题，对实际施工人的认定、权利与义务进行阐述。

一、实际施工人的概述

（一）实际施工人的界定

实际施工人系由《旧建设工程司法解释（一）》创设的概念，初衷在于解决农民工工资的拖欠问题，但该条款未对实际施工人进行界定。

2016年8月24日《最高人民法院对十二届人大四次会议第9594号建议的答复》中明确："'实际施工人'是指依照法律规定被认定为无效的施工合同中实际完成工程建设的主体，包括施工企业、施工企业分支机构、工头等法人、非法人团体、公民个人等，是《解释》确定的概念，目的是为了区分有效施工合同的承包人、施工人、建筑施工企业等法定概念。"

《最高人民法院新建设工程施工合同司法解释（一）理解与适用》一书中，最高人民法院对实际施工人定义为："'实际施工人'是《2004年解释》创制的概念，旨在描述无效合同中实际承揽工程干活的低于法定资质的施工企业、非法人单位、农民工个人等，包括：（1）转包合同的承包人；（2）违法分包合同的承包人；（3）缺乏相应资质而借用有资质的建筑施工企业名义与他人签订建设工程施工合同的单位或个人。""无效合同的承包人，转承包人、违法分包合同的承包人、没有资质借用有资质的建筑施工企业的名义与他人签订建筑工程施工合同的承包人。”[1]

针对实际施工人的界定，部分省份的高院也做出了相关解释。《北京市高级人民法院关于审理建设工程施工合同纠纷案件若干疑难问题的解答》（京高法发〔2012〕245号）第18条第一段规定：“《解释》中的‘实际施工人’是指无效建设工程施工合同的承包人，即违法的专业工程分包和劳务作业分包合同的承包人、转承包人、借用资质的施工人（挂靠施工人）；建设工程经数次转包的，实际施工人应当是最终实际投入资金、材料和劳力进行工程施工的法人、非法人企业、个人合伙、包工头等民事主体。法院应当严格实际施工人的认定标准，不得随意扩大《解释》第二十六条第二款的适用范围。对于不属于前述范围的当事人依据该规定以发包人为被告主张欠付工程款的，应当不予受理，已经受理的，应当裁定驳回起诉。”《山东省高级人民法院关于印发全省民事审判工作会议纪要的通知》（鲁高法〔2011〕297号）明确：“最高人民法院《关于审理建设工程施工合同纠纷案件适用法律问题的解释》第二十六条规定的实际施工人，是指工程转包合同的转承包人、违法分包合同的承包人、借用资质（资质挂靠）的承包人。司法实务中应当严格实际施工人的认定标准，不得随意扩大实际施工人的适用范围。实际施工人可以是法人、其他组织、个人合伙，也可以是自然人（俗称‘包工头’），但从事建筑业劳务作业的农民工不属于实际施工人。”《四川省高级人民法院关于审理建设工程施工合同纠纷案件若干疑难问题的解答》（川高法民一〔2015〕3号）第12条规定：“《建工司法解释》中的‘实际施工人’是指转包、违法分包以及借用资质的无效建设工程施工合同的承包人。建设工程经数次转包或分包的，实际施工人应当是实际投入资金、材料和劳力进行工程施工的企业或个人。对于不属于前述范围的当事人依据《建工司法解释》第二十六条第二款规定以发包人为被告主张欠付工程款的，应当不予受理，已经受理的，应当裁定驳回起诉。建筑工人追索欠付工资或劳务报酬的，按照劳动关系或雇佣关系妥善处理。”

在司法实践中，人民法院在审理案件时也对实际施工人的界定进行了阐

[1] 最高人民法院民事审判第一庭.最高人民法院新建设工程施工合同司法解释（一）理解与适用[M].北京：人民法院出版社，2021：445.

述。如最高人民法院在（2019）最高法民终 274 号案中认为：“建设工程的实际施工人指的是转包和违法分包的承包人，不限于个人，还包括法人及非法人组织。”江苏省高级人民法院在（2015）苏民终 578 号案中认为：“实际施工人包括无效合同的承包人、转包人、违法分包合同的承包人、没有资质借用有资质的建筑施工企业名义与他人签订建筑工程施工合同的承包人，即在上述违法情形中实际完成施工义务的单位或个人。”

实际施工人是在无效合同情形下所产生的法律拟制概念，指无效建设施工合同情形下实际完成建设工程施工的单位或者个人，对工程施工最终实际投入资金、材料和劳力进行工程施工的法人、非法人企业、个人合伙、包工头等民事主体。实际施工人包括无效合同的承包人、转承包人、违法分包合同的承包人、没有资质借用资质的建筑施工企业的名义与他人签订建筑工程施工合同的承包人，不包括承包人的履行辅助人、合法的专业分包工程承包人、劳务作业承包人。

（二）实际施工人的认定

合同的相对性原则作为《民法典》的基本原则之一，应当以遵守合同相对性为原则，以突破合同相对性为例外。而《新建设工程司法解释（一）》第四十三、四十四条规定的实际施工人，突破了合同相对性。自该条款施行以来，滥用该规定的现象时有发生。因此，对于实际施工人的认定应当予以严格限定。

《2011 年最高人民法院民事审判工作会议纪要》中明确，对实际施工人向其没有合同关系的转包人、分包人、总承包人、发包人提起的诉讼，要严格按照法律、司法解释的规定进行审查，不能随意扩大《解释》（指《旧建设工司法解释（一）》）第二十六条第二款规定的适用范围，并且要严格根据相关司法解释规定明确发包人只在欠付工程价款范围内对实际施工人承担责任。

《八民会议纪要》再次强调，要根据《解释》（指《旧建设工程司法解释（一）》）第二十六条第一款规定严守合同相对性原则，不能随意扩大该条第二款规定的适用范围，只有在欠付劳务分包工程款导致无法支付劳务分包关系中农民工工资时，才可以要求发包人在欠付工程价款范围内对实际施工人承担责任，不能随意扩大发包人责任范围。

《北京市高级人民法院关于审理建设工程施工合同纠纷案件若干疑难问题的解答》（京高法发〔2012〕245 号）第 18 条：“……法院应当严格实际施工人的认定标准，不得随意扩大《解释》第二十六条第二款的适用范围。对于不属于前述范围的当事人依据该规定以发包人为被告主张欠付工程款的，应当不予受理，已经受理的，应当裁定驳回起诉。”

2022 年 1 月 7 日，最高人民法院民一庭在其官方微信公众号上发表文章认为：“可以依据《新建设工程司法解释（一）》第四十三条规定突破合同相对性原则请求发包人在欠付工程款范围内承担责任的实际施工人不包括借用资质及多层转包和违法分包关系中的实际施工人，即《新建设工程司法解释（一）》第四十三条规定的实际施工人不包含借用资质及多层转包和违法分包关系中的实际施工人。”主要理由为：“本条解释涉及三方当事人两个法律关系。一是发包人与承包人之间的建设工程施工合同关系；二是承包人与实际施工人之间的转包或者违法分包关系。原则上，当事人应当依据各自的法律关系，请求各自的债务人承担责任。本条解释为保护农民工等建筑工人的利益，突破合同相对性原则，允许实际施工人请求发包人在欠付工程款范围内承担责任。对该条解释的适用应当从严把握。该条解释只规范转包和违法分包两种关系，未规定借用资质的实际施工人以及多层转包和违法分包关系中的实际施工人有权请求发包人在欠付工程款范围内承担责任。因此，可以依据《新建设工程司法解释（一）》第四十三条规定突破合同相对性原则请求发包人在欠付工程款范围内承担责任的实际施工人不包括借用资质及多层转包和违法分包关系中的实际施工人。”

目前我国法律暂无明确的认定实际施工人的法律条款，但以上会议纪要及规定均对实际施工人的认定作出了限制性认定标准，明确应当严格限定实际施工人的认定标准，不得随意扩大实际施工人的适用范围。那么，应该如何把握实际施工人的认定在实践中尤为重要。

1. 实际施工人类型认定

实际施工人可分为借用资质的挂靠人、转包关系中的承包人、违法分包关系中的承包人三种类型。

（1）借用资质的挂靠人

根据《建筑法》《建筑业企业资质管理规定》等相关规定，建设单位应当将工程发包给具有相应资质等级的单位，承包建筑工程的单位应当持有依法取得的资质证书，并在其资质等级许可的业务范围内承揽工程。建筑施工企业取得建筑业企业资质证书后，方可在资质许可的范围内从事建筑施工活动。顾名思义，借用资质的挂靠人，即没有资质的单位或个人，借用有资质的建筑企业名义签订建设工程施工合同，出借资质的建筑施工企业与没有资质的单位或个人之间是被挂靠与挂靠的关系。实践中，出借资质的建筑施工企业与发包人签订建设工程施工合同，出借资质的建筑施工企业与借用资质的挂靠人之间可能签订内部承建项目责任书、挂靠合同、转包（分包）合同、内部承包合同、合作协议等挂靠协议，约定由借用资质的挂靠人对项目实际进行施工，并对项目自行管理、自负盈亏，实际履行出借资质的建筑施工企业与发包人签订建设工程施工合同。名义上，发包人与被挂靠人是施工合同关系，而事实上，发包人与挂靠人形成事实合同关系。没有资质的实际施工人借用有资质的建筑施工企业名义的，建设工程施工合同无效。出借资质的建筑施工企业与没有资质借用资质的实际施工人之间的借用资质行为无效。无论是出借资质的建筑施工企业与发包人之间所签订的建设工程施工合同还是借用资质的挂靠人与出借资质的建筑施工企业之间所签订的挂靠协议，均是无效的。

《新建设工程司法解释（一）》第一条规定："建设工程施工合同具有下列情形之一的，应当依据民法典第一百五十三条第一款的规定，认定无效：（一）承包人未取得建筑业企业资质或者超越资质等级的；（二）没有资质的实际施工人借用有资质的建筑施工企业名义的；（三）建设工程必须进行招标而未招标或者中标无效的。承包人因转包、违法分包建设工程与他人签订的建设工程施工合同，应当依据民法典第一百五十三条第一款及第七百九十一条第二款、第三款的规定，认定无效。"《发包与承包违法行为认定查处管理办法》第十条规定："存在下列情形之一的，属于挂靠：（一）没有资质的单位或个人借用其他施工单位的资质承揽工程的；（二）有资质的施工单位相互借用资质承揽工程的，包括资质等级低的借用资质等级高的，资质等级高的借用资质等级低的，相同资质等级相互借用的；（三）本办法第八条第一款第（三）至（九）项规定的情形，有证据证明属于挂靠的。”挂靠有两种情形，一是承包人未取得建筑施工企业资质或者超越资质等级，包括资质等级低的借用资质等级高的，资质等级高的借用资质等级低的，相同资质等级相互借用的；二是没有资质的实际施工人借用有资质的建筑施工企业名义。

（2）转包关系中的承包人

《建设工程质量管理条例》第七十八条、《发包与承包违法行为认定查处管理办法》第七条规定，转包是指承包单位承包工程后，不履行合同约定的责任和义务，将其承包的全部工程或者将其承包的全部工程肢解后以分包的名义分别转给其他单位或个人施工的行为。常见的转包行为有两种：一是承包单位将其承包的全部建设工程转包给别人；另一是承包单位将其承包的全部建设工程肢解以后以分包的名义分别转包给他人即变相转包。无论何种形式的转包，都是法律所禁止的。

《发包与承包违法行为认定查处管理办法》第八条规定：“存在下列情形之一的，应当认定为转包，但有证据证明属于挂靠或者其他违法行为的除外：（一）承包单位将其承包的全部工程转给其他单位（包括母公司承接建筑工程后将所承接工程交由具有独立法人资格的子公司施工的情形）或个人施工的；（二）承包单位将其承包的全部工程肢解以后，以分包的名义分别转给其他单位或个人施工的；（三）施工总承包单位或专业承包单位未派驻项目负责人、技术负责人、质量管理负责人、安全管理负责人等主要管理人员，或派驻的项目负责人、技术负责人、质量管理负责人、安全管理负责人中一人及以上与施工单位没有订立劳动合同且没有建立劳动工资和社会养老保险关系，或派驻的项目负责人未对该工程的施工活动进行组织管理，又不能进行合理解释并提供相应证明的；（四）合同约定由承包单位负责采购的主要建筑材料、构配件及工程设备或租赁的施工机械设备，由其他单位或个人采购、租赁，或施工单位不能提供有关采购、租赁合同及发票等证明，又不能进行合理解释并提供相应证明的；（五）专业作业承包人承包的范围是承包单位承包的全部工程，专业作业承包人计取的是除上缴给承包单位‘管理费’之外的全部工程价款的；（六）承包单位通过采取合作、联营、个人承包等形式或名义，直接或变相将其承包的全部工程转给其他单位或个人施工的；（七）专业工程的发包单位不是该工程的施工总承包或专业承包单位的，但建设单位依约作为发包单位的除外；（八）专业作业的发包单位不是该工程承包单位的；（九）施工合同主体之间没有工程款收付关系，或者承包单位收到款项后又将款项转拨给其他单位和个人，又不能进行合理解释并提供材料证明的。两个以上的单位组成联合体承包工程，在联合体分工协议中约定或者在项目实际实施过程中，联合体一方不进行施工也未对施工活动进行组织管理的，并且向联合体其他方收取管理费或者其他类似费用的，视为联合体一方将承包的工程转包给联合体其他方。”

在转包的情形下，发包人与承包人签订建设工程施工合同，承包人与次承包人签订转包合同。根据《新建设工程司法解释（一）》第一条的规定，承包人与转承包人之间的转包行为无效，故承包人与转包关系中的承包人（实际施工人）所签订的转包合同无效。但发包人与承包人之间的建设工程施工合同未违反法律法规强制性规定，仍然有效。

（3）违法分包关系中的承包人

《发包与承包违法行为认定查处管理办法》第十一条规定：“本办法所称违法分包，是指承包单位承包工程后违反法律法规规定，把单位工程或分部分项工程分包给其他单位或个人施工的行为。”第十二条规定：“存在下列情形之一的，属于违法分包：（一）承包单位将其承包的工程分包给个人的；（二）施工总承包单位或专业承包单位将工程分包给不具备相应资质单位的；（三）施工总承包单位将施工总承包合同范围内工程主体结构的施工分包给其他单位的，钢结构工程除外；（四）专业分包单位将其承包的专业工程中非劳务作业部分再分包的；（五）专业作业承包人将其承包的劳务再分包的；（六）专业作业承包人除计取劳务作业费用外，还计取主要建筑材料款和大中型施工机械设备、主要周转材料费用的。”

《建设工程质量管理条例》第七十八条第二款规定：“本条例所称违法分包，是指下列行为：（一）总承包单位将建设工程分包给不具备相应资质条件的单位的；（二）建设工程总承包合同中未有约定，又未经建设单位认可，承包单位将其承包的部分建设工程交由其他单位完成的；（三）施工总承包单位将建设工程主体结构的施工分包给其他单位的；（四）分包单位将其承包的建设工程再分包的。”

通常违法分包的情形为，发包人与承包人签订建设工程施工合同，承包人与分包人签订违法分包合同，即承包人与实际施工人签订分包合同。根据《新建设工程司法解释（一）》第一条的规定，承包人与分包人之间的违法分包行为无效，承包人与违法分包关系中的实际施工人所签订的分包合同无效，但发包人与承包人之间的建设工程施工合同未违反法律法规强制性规定，仍然有效。

2. 实际施工人的认定问题

实践中，由于挂靠、层层转包、分包情形较为多见，如何认定真正的实际施工人是难点。在司法实践中，应从哪方面进行认定？

如最高人民法院在（2019）最高法民终 1090 号案中认为：“关于罗根保是否为涉案工程的实际施工人问题。首先，罗根保提供的证据不足证明其系涉案工程的实际施工人。罗根保主张其在涉案工程建设中共计支出 88049782.98 元，仅有记账凭证，没有支付凭证和转账凭证，而中盛公司提供了该公司支付给各施工班组的款项明细、涉案工程来款明细及相应凭证，证人胡德军的证言亦与中盛公司关于相关款项系中盛公司实际支付的主张相符。如罗根保确系涉案工程的实际施工人，涉案工程款项往来、投入、支出情况关系其重大利益，其应当明确知晓，并及时提供其应当持有的相关支付凭证或者转账凭证。其次，涉案工程价款的结算情况可以证明罗根保的主张难以成立。五莲县审计局已经对涉案工程造价作出审计报告，五莲县住房和城乡建设局、中盛公司均认可双方已经进行了结算，林玉娟已经就绿化项目工程款支付问题起诉沪赣公司、中盛公司、五莲县住房和城乡建设局，相关民事判决已经作出，证人胡德军亦认可其正在与中盛公司就铺装、景观项目进行结算。在这种情况下，罗根保以其系涉案工程实际施工人为由对涉案工程款项提出主张，亦缺乏依据。”

最高人民法院在（2019）最高法民终 682 号案中认为：“关于一审判决认定李锦昌为案涉工程实际施工人是否正确的问题。甘肃一建上诉认为，案涉工程的实际施工人系金程公司，甘肃一建除管理人员参与施工外，其亦为案涉工程支出了相关费用，一审判决认定其未参与施工，排除其主张工程款的权利错误。同时，甘肃一建认为其虽派驻部分工作人员参与案涉工程的施工管理，但该行为仅系甘肃一建履行收取管理费的相对义务，不能据此认定甘肃一建参与了案涉工程的施工；且派驻人员的薪酬均系李锦昌支付，故该部分人员参与工程管理，仍应属李锦昌对案涉工程进行的具体施工行为。综上，一审判决认定李锦昌为实际施工人，事实依据充分，并无不妥。”

实际施工人应当是最终实际投入资金、材料和劳力进行工程施工的法人、非法人企业、个人合伙、包工头等民事主体。故对实际施工人可从以下四个方面进行综合认定。

（1）资金方面：是否有自行投入资金、有无工程款收支行为。目前，我国建筑行业普遍存在垫资施工情况，实际施工人一般需要自筹资金缴纳保证金，先行垫付资金用于工程所需的材料采购、设备租赁、人工劳务费等，在施工过程中投入了大量资金。无论是何种类型的实际施工人，其都是实际完成建设工程的主体，结合施工合同性质，实际施工人以收取相应工程价款为施工目的，工程价款即实际施工人的投资报酬，故而实际施工人应是具有收支工程款行为的主体。并且，实际施工人的上一手在支付工程款时，大多是先行将实际施工人的管理费用、税费等扣除后，才最终支付给实际施工人，工程价款最终由实际施工人支配。

（2）人员方面：是否组建项目部或项目管理团队。实际施工人作为实际承建建设工程的主体，对建设工程的施工拥有控制权、管理权、支配权，建设工程由实际施工人自行组织施工、自主经营管理、独立核算、自担风险、自负盈亏。因此，一般情况下，实际施工人会通过组建项目部或管理团队，聘请施工员、安全员、预算员、资料员等协助完成施工，以实现其对建设工程的施工控制权、管理权、支配权。

（3）施工方面：是否实际提供“人、材、机”完成施工。一般情况下，实际施工人需对建设工程的施工行使管理权、控制权、支配权，除了组建项目部、项目管理团队外，还提供人工、劳务分包、材料采购及设备租赁等才能实际完成建设工程施工。

（4）结算及资料编制方面：是否是竣工结算资料的编制主体。建设工程是由实际施工人进行施工的，其掌握了施工过程中所形成的所有施工图纸、竣工备案资料等全部技术资料，而进行竣工结算需要相应编制竣工结算资料由双方核对结算，而竣工结算资料原则上是由实际施工人编制或持有。

（三）实际施工人的诉讼地位

依据合同相对性原则，合同实体性权利、义务关系具有相对性。相应地，在程序法上，除法律另有规定外，仅有合同相对人才能成为合同纠纷案件的当事人。最高人民法院《2011年全国民事审判工作会议纪要》中，针对建设工程案件司法审判实务工作中当事人随意突破合同相对性原则起诉和主张权利的现象，明确了人民法院在受理建设工程施工合同纠纷案件时，不能随意扩大《旧建设工新司法解释（一）》第二十六条（即《新建设工程司法解释（一）》第四十三条）的适用范围，要严格控制实际施工人向与其没有合同关系的转包人、违法分包人、总承包人、发包人提起的民事诉讼，且发包人只在欠付工程价款范围内对实际施工人承担责任。因此，施工合同纠纷中的诉讼主体应遵循合同相对性原则。

1. 实际施工人作为原告提起诉讼

《新建设工程司法解释（一）》第四十三条规定："实际施工人以转包人、违法分包人为被告起诉的，人民法院应当依法受理。实际施工人以发包人为被告主张权利的，人民法院应当追加转包人或者违法分包人为本案第三人，在查明发包人欠付转包人或者违法分包人建设工程价款的数额后，判决发包人在欠付建设工程价款范围内对实际施工人承担责任。"

基于上述规定，实际施工人作为原告，既可以将发包人列为被告，也可以将名义施工人（即转包人、违法分包人）列为被告。如实际施工人仅将发包人列为被告，法院应当依职权追加转包人或者违法分包人为本案第三人。此处的"发包人"采取有限度的扩大解释，即"发包人"仅限于业主，不可扩展到实际施工人的前手"发包人"即工程的承包人、违法分包人。如实际施工人仅将转包人、违法分包人列为被告，根据《四川省高级人民法院关于审理建设工程施工合同纠纷案件若干疑难问题的解答》（川高法民一〔2015〕3号）第13条规定，人民法院一般不主动依职权追加发包人作为共同被告参加诉讼。

此处的实际施工人仅仅指的是转包关系中的承包人和违法分包关系中的承包人，不包括借用资质情形下的实际施工人。最高人民法院在（2019）最高法民再329号案中也认可此观点，其认为：“依据《最高人民法院关于审理建设工程施工合同纠纷案件适用法律问题的解释》第二十六条‘实际施工人以转包人、违法分包人为被告起诉的，人民法院应当依法受理。实际施工人以发包人为被告主张权利的，人民法院可以追加转包人或者违法分包人为本案当事人。发包人只在欠付工程价款范围内对实际施工人承担责任’的规定，实际施工人可向发包人、转包人、违法分包人主张权利。但中顶公司系被挂靠方，不属于转包人、违法分包人或发包人，原判决以上述规定为法律依据判决中顶公司承担给付工程款的责任，适用法律错误，本院予以纠正。”同时，发包人知晓并认可实际施工人借用资质施工的，依据《四川省高级人民法院关于审理建设工程施工合同纠纷案件若干疑难问题的解答》（川高法民一〔2015〕3号）第14条规定：“发包人知晓并认可实际施工人借用资质施工，能够认定发包人实际与实际施工人建立建设工程施工合同关系，实际施工人要求发包人直接承担工程价款支付责任的，应予支持。”以及最高人民法院在（2018）最高法民终391号案中认为：“即使沈光付系挂靠的实际施工人，《最高人民法院关于审理建设工程施工合同纠纷案件适用法律问题的解释》（已废止）第二十六条并未明确规定挂靠的实际施工人有权向发包人主张权利，且在本案中承包人已经向发包人主张权利的情况下，其诉请不应得到支持。（一）《最高人民法院关于审理建设工程施工合同纠纷案件适用法律问题的解释》（已废止）第二十六条第一款规定，实际施工人以转包人、违法分包人为被告起诉的，人民法院应当依法受理。第二款规定，实际施工人以发包人为被告主张权利的，人民法院可以追加转包人或者违法分包人为本案当事人。发包人只在欠付工程价款范围内对实际施工人承担责任。即转包合同、违法分包合同关系中的实际施工人主张权利应当以不突破合同相对性为基本原则，只有特定情况下，方能突破合同相对性。该第二款的规定是考虑到转包和违法分包的情形下，不突破合同相对性会造成农民工讨薪无门、导致矛盾激化的后果，为了保护农民工的利益而制定的，仅在特殊情况下适用。”

2. 实际施工人作为被告参与诉讼

《建筑法》第六十七条规定:“承包单位将承包的工程转包的，或者违反本法规定进行分包的，责令改正，没收违法所得，并处罚款，可以责令停业整顿，降低资质等级;情节严重的，吊销资质证书。承包单位有前款规定的违法行为的，对因转包工程或者违法分包的工程不符合规定的质量标准造成的损失,与接受转包或者分包的单位承担连带赔偿责任。”《建设工程质量管理条例》第二十七条规定:“总承包单位依法将建设工程分包给其他单位的，分包单位应当按照分包合同的约定对其分包工程的质量向总承包单位负责，总承包单位与分包单位对分包工程的质量承担连带责任。”《新建设工程司法解释(一)》第七条规定:“缺乏资质的单位或者个人借用有资质的建筑施工企业名义签订建设工程施工合同，发包人请求出借方与借用方对建设工程质量不合格等因出借资质造成的损失承担连带赔偿责任的，人民法院应予支持。”

鉴于上述法律规定，实际施工人作为建设工程的实际施工人，应保障建设工程的质量。如因实际施工人的过错导致建设工程质量不符合约定的，发包人虽然与实际施工人无直接合同关系，但可以基于侵权法律关系，可主张实际施工人、总承包人、分包人就建设工程质量承担连带责任。

二、实际施工人的权利

(一)主张工程款的权利

1. 参照合同约定取得折价补偿

实际施工人是在合同无效情形下产生的，其所享有的主张工程款的权利源于合同无效的法律后果。

《民法典》第一百五十七条规定:“民事法律行为无效、被撤销或者确定不发生效力后，行为人因该行为取得的财产，应当予以返还;不能返还或者没有必要返还的，应当折价补偿。有过错的一方应当赔偿对方由此所受到的损失;各方都有过错的，应当各自承担相应的责任。法律另有规定的，依照其规定。”第七百九十三条第一款规定:“建设工程施工合同无效，但是建设工程经验收合格的，可以参照合同关于工程价款的约定折价补偿承包人。”

建设工程经竣工验收合格的，实际施工人有权请求参照合同约定取得折价补偿的工程价款。在施工合同无效情形下，实际施工人将其资金、劳力等物化至建设工程，而客观上发包人无法返还已物化至建设工程的资金、劳力等，故采取折价补偿方式返还更为妥当。

2. 向发包人主张工程款

根据《新建设工程司法解释（一）》第四十三条规定，转包和违法分包情形下的实际施工人有权向发包人主张工程款，发包人在欠付建设工程价款范围内对实际施工人承担责任。同样的，此处的“发包人”仅限于业主。实际施工人向发包人所主张的款项仅为工程价款，一般包括直接费（即材料费、机械费和人工费）、间接费、利润和税金，不包括违约金、损失、赔偿等工程价款之外的款项。从严格意义上来讲，《新建设工程司法解释（一）》第四十三条最初创设的目的是为了保障民工工资，解决拖欠民工工资的问题，其保护的是农民工与施工单位形成的内部劳务关系，故实际施工人主张工程价款范围仅限于劳务工程款。只有证明发包人存在欠付工程款的情况下，发包人才承担支付工程款给实际施工人的义务。

此处所称的“欠付工程款”，指的是发包人欠付与发包人具有直接合同关系的转包人或违法分包人的工程款，而非发包人欠付实际施工人的工程款。因此，发包人支付实际施工人工程款应依据实际施工人与转包人或违法分包人之间的工程款的结算，并且应当是在实际施工人认可的情况下进行的结算，否则，不能约束实际施工人。最高人民法院在（2019）最高法民再295号案中认为：“关于星火公司应否向秦虓蓁等三人支付工程款问题。本案秦虓蓁等三人是案涉工程的实际施工人。2015年10月23日，在本案一审法院就《协议书》组织质证时，星火公司已经知晓秦虓蓁等三人与晟元公司签订的《施工项目目标管理责任书》《协议书》内容，因此，至迟至该日，星火公司应当明知秦虓蓁等三人系案涉工程实际施工人，晟元公司仅为名义承包人。结合本案秦虓蓁等三人在2013年12月26日即以实际施工人身份提起诉讼，请求判令星火公司向其支付所欠付工程款，在晟元公司对秦虓蓁等三人系实际施工人不持异议情况下，星火公司应当在实际施工人认可的情况下与晟元公司结算。但星火公司于一审法院驳回起诉裁定尚未生效、诉讼程序尚未终结之时，在已经知晓一审法院委托鉴定确定的工程款为4649.195959万元，且未通知秦虓蓁等三人的情况下，与晟元公司按照 3927.439118 万元进行了结算，并共同确认所有工程款已结清。综合考虑上述情况，本院认为，星火公司和晟元公司该结算确定的工程总造价不能约束实际施工人秦虓蓁等三人，不能据此认定星火公司已结清案涉工程全部工程款，星火公司仍应在欠付工程款范围内向实际施工人承担付款责任。”

另外，对发包人欠付工程款的数额的举证责任，由发包人承担。原则上，依据民事诉讼法中“谁主张，谁举证”的举证规则，应由实际施工人进行举证。但是，发包人是否支付转包人或违法分包人工程款以及支付数额，实际施工人并非当事人之一，根本无从得知也无法举证，发包人作为付款人对此才是最了解的，因此原则上由发包人进行举证。

如发包人主张其已向实际施工人支付的工程款，能否抵扣施工合同项下应付总承包人的工程款？《北京市高级人民法院关于审理建设工程施工合同纠纷案件若干疑难问题的解答》（京高法发〔2012〕245 号）第 21 条规定：“承包人依据建设工程施工合同要求发包人支付工程款，发包人主张将其已向合法分包人、实际施工人支付的工程款予以抵扣的，不予支持，但当事人另有约定、生效判决、仲裁裁决予以确认或发包人有证据证明其有正当理由向合法分包人、实际施工人支付的除外。”

3. 挂靠关系中的实际施工人主张工程款

（1）挂靠关系中的实际施工人能否向发包人主张支付工程款

如上所述，在挂靠关系中的实际施工人能否依据《新建设工程司法解释（一）》第四十三条向发包人主张支付工程款，司法实践中对此问题存在两种观点。

一种观点支持挂靠关系中的实际施工人能向发包人主张支付工程款。如最高人民法院在（2019）最高法民再 329 号案中认为：“朱天军借用中顶公司的资质与乌兰县国土资源局签订案涉施工合同，中顶公司作为被借用资质方，欠缺与发包人乌兰县国土资源局订立施工合同的真实意思表示，中顶公司与乌兰县国土资源局不存在实质性的法律关系。本案中，朱天军作为案涉工程的实际施工人与发包人乌兰县国土资源局在订立和履行施工合同的过程中，形成事实上的法律关系，朱天军有权向乌兰县国土资源局主张工程款。”持此种观点的人认为，挂靠人与发包人建立事实施工合同关系，挂靠人是实体义务的实际履行者，应享有最终的权利，而被挂靠人仅提供了资质，并不对建设工程管理、施工履职，不是合同义务直接履行者。

根据《民法典》第九百二十五条："受托人以自己的名义，在委托人的授权范围内与第三人订立的合同，第三人在订立合同时知道受托人与委托人之间的代理关系的，该合同直接约束委托人和第三人；但是，有确切证据证明该合同只约束受托人和第三人的除外。"挂靠人与被挂靠人在与发包人签订施工合同前已就挂靠人系建设工程合同权利、义务的实际承担主体达成一致，双方之间成立的类似委托代理关系，挂靠人与发包人之间成立的是建设工程合同关系。发包人在合同订立时对承包人借用资质情形不知情的情况下，被挂靠人属于隐名代理，而发包人在订立合同时明知借用资质情形、由挂靠人对建设工程实际施工的情形下，被挂靠人仅为名义上的施工合同相对方，属于显名代理，而施工合同实质上是挂靠的实际施工人与发包人之间所达成合意，双方之间事实上的建设工程施工合同关系。

另一种观点反对挂靠关系中的实际施工人能向发包人主张支付工程款。持反对观点的人与持支持观点的人最大区别在于，持反对观点的人认为，挂靠关系中的实际施工人与发包人之间是否存在事实上的施工合同关系以发包人是否知晓存在挂靠情形为前提，发包人不知晓也不认可存在挂靠情形的，挂靠关系中的实际施工人与发包人之间不存在事实上的施工合同关系，根据合同的相对性原则，挂靠关系中的实际施工人无权直接向发包人主张权利。

笔者认为，挂靠人是否可直接向发包人主张工程款的前提在于，发包人是否明知并认可挂靠的存在。如是，则挂靠人与发包人之间形成事实上的施工合同关系，挂靠人有权直接向发包人主张工程款，参照《新建设工程司法解释（一）》第四十三条规定，发包人应当在其欠付工程款的范围内向实际施工人承担支付责任。如否，挂靠人与发包人之间不形成事实上的施工合同关系，而挂靠关系中的实际施工人并不适用《新建设工程司法解释（一）》第四十三条规定，挂靠人无权直接向发包人主张工程款。

（2）建设工程经竣工验收合格的，挂靠人能否请求参照合同约定支付工程价款最高人民法院在（2018）最高法民再265号案中认为："涉案工程已经验收并交付金花公司使用，依照《最高人民法院关于审理建设工程施工合同纠纷案件适用法律问题的解释》（已废止）第二条'建设工程施工合同无效，但建设工程经竣工验收合格，承包人请求参照合同约定支付工程价款的，应予支持'的规定，涉案合同虽无效，但仍然在实际施工人（挂靠人）、发包人与被挂靠人之间存在着参照合同约定支付工程款的债权债务关系。对于金花公司和中建公司而言，迪旻公司是涉案工程的实际施工人，根据《最高人民法院关于审理建设工程施工合同纠纷案件适用法律问题的解释》（已废止）第二十六条的规定，实际施工人迪旻公司有权向发包人金花公司主张工程款，金花公司应当在其欠付工程款的范围内向迪旻公司承担支付责任。"

因此，在挂靠关系中的实际施工人，在建设工程经竣工验收合格的前提下，仍有权请求参照合同约定支付工程款。

（二）代位权诉讼

《新建设工程司法解释（一）》第四十四条规定："实际施工人依据民法典第五百三十五条规定，以转包人或者违法分包人怠于向发包人行使到期债权或者与该债权有关的从权利，影响其到期债权实现，提起代位权诉讼的，人民法院应予支持。"原则上，实际施工人与发包人并不存在直接的合同关系，实际施工人仅能在限定的条件下依据《新建设工程司法解释（一）》第四十三条规定，突破合同相对性直接向发包人主张权利。而债权人代位权制度的确立，实际上也是对合同相对性原则的突破，增加了实际施工人实现债权的路径，体现了法律的公平原则。

（1）适用条件的认定

根据《民法典》第五百三十五条规定："因债务人怠于行使其债权或者与该债权有关的从权利，影响债权人的到期债权实现的，债权人可以向人民法院请求以自己的名义代位行使债务人对相对人的权利，但是该权利专属于债务人自身的除外。代位权的行使范围以债权人的到期债权为限。债权人行使代位权的必要费用，由债务人负担。相对人对债务人的抗辩，可以向债权人主张。"

实际施工人适用代位权制度，应具备以下条件：

第一，债权人对债务人的债权合法，发包人与承包人所签订的施工合同合法有效。在转包、违法分包情形下的承包人与发包人之间所签订的施工合同是合法有效的，挂靠关系中的被挂靠人与发包人之间所签订的施工合同是无效的。因此，代位权制度并不适用于挂靠关系中的实际施工人。

第二，债务人怠于行使其到期债权，对债权人造成损害。债务人不履行其对债权人的到期债务，次债务人（即债务人的债务人）不认为债务人有怠于行使其到期债权情况的，由次债务人承担举证责任。如承包人不以诉讼方式或是仲裁方式向发包人行使权利的，则属于怠于行使情形。实际施工人主张代位权还应举证证明承包人怠于行使债权的行为造成了实际施工人的损害。

第三，债务人的债权已到期。在代位权制度中，存在两个债权债务法律关系，即债务人与债权人之间的债权债务关系、债务人与次债务人之间的债权债务关系。此处的到期"债权"应当包括上述两个债权均已到期，即已经到期的债权既包括债权人对债务人的债权，也包括债务人对次债务人的债权。也就是说，在建设工程领域，实际施工人对发包人提起的代位权诉讼的，实际施工人对转包人、违法分包人所享有的债权应是已到期债权，转包人、违法分包人对发包人的债权亦应是已到期的债权。

第四，债务人的债权不是专属于债务人自身的债权。专属于债务人自身的债权，是指基于扶养关系、抚养关系、赡养关系、继承关系产生的给付请求权和劳动报酬、退休金、养老金、抚恤金、安置费、人寿保险、人身伤害赔偿请求权等权利。

第五，债权代位权的行使范围仅限于债务人怠于行使的到期债权。

（2）代位权的管辖及诉讼主体

《民事诉讼法》第三十四条规定："下列案件，由本条规定的人民法院专属管辖：（一）因不动产纠纷提起的诉讼，由不动产所在地人民法院管辖；（二）因港口作业中发生纠纷提起的诉讼，由港口所在地人民法院管辖；（三）因继承遗产纠纷提起的诉讼，由被继承人死亡时住所地或者主要遗产所在地人民法院管辖。"

《民事诉讼法解释》第二十八条第二款规定："农村土地承包经营合同纠纷、

房屋租赁合同纠纷、建设工程施工合同纠纷、政策性房屋买卖合同纠纷，按照不动产纠纷确定管辖。”即建设工程合同纠纷属于专属管辖，由工程所在地法院管辖。但是，代位权并不受专属管辖限制，虽然实际施工人行使代位权大多数是因施工合同引起的，但并非建设工程施工合同纠纷。

《新建设工程司法解释（一）》第四十四条规定：“实际施工人依据民法典第五百三十五条规定，以转包人或者违法分包人怠于向发包人行使到期债权或者与该债权有关的从权利，影响其到期债权实现，提起代位权诉讼的，人民法院应予支持。”因此，实际施工人提起代位权诉讼的，以发包人作为被告，以转包人、违法分包人作为第三人。

（3）代位权的法律后果

《民法典》第五百三十七条规定：“人民法院认定代位权成立的，由债务人的相对人向债权人履行义务，债权人接受履行后，债权人与债务人、债务人与相对人之间相应的权利义务终止。债务人对相对人的债权或者与该债权有关的从权利被采取保全、执行措施，或者债务人破产的，依照相关法律的规定处理。”如发包人直接向实际施工人履行清偿其对承包人的到期债权，在发包人履行完毕后，实际施工人与转包人、违法分包人之间的债权债务关系随即归于消灭。

三、实际施工人的义务

实际施工人作为独立的民事主体，既享有权利也应承担义务及法律责任。实际施工人作为对建设工程施工者，应保证建设工程的质量合格，该保证义务也是其取得相应工程价款的前提。如交付的建设工程质量不合格，发包人不仅可以拒绝接受承包人交付的工程，还可以拒绝支付承包人相应工程价款。根据《民法典》第七百九十三条第二款规定：“建设工程施工合同无效，且建设工程经验收不合格的，按照以下情形处理：（一）修复后的建设工程经验收合格的，发包人可以请求承包人承担修复费用；（二）修复后的建设工程经验收不合格的，承包人无权请求参照合同关于工程价款的约定折价补偿。发包人对因建设工程不合格造成的损失有过错的，应当承担相应的责任。”即建设工程经竣工验收不合格又不能修复的，实际施工人也无权取得工程款。

实际施工人的工程款项的支付分以下三种情形：第一，如果建设工程经竣工验收合格的，该实际施工人可以请求参照合同约定取得折价补偿所对应的工程价款。第二，如果建设工程经竣工验收不合格的，则应当先予修复。修复后的建设工程经竣工验收合格的，实际施工人可以取得折价补偿所对应的工程价款，但实际施工人应当承担修复费用。第三，如果修复后的建设工程经竣工验收不合格的，则实际施工人无权要求发包人折价补偿所对应的工程价款。但是发包人有过错的，亦应当对建设工程不合格所造成的损失承担相应的赔偿责任。

核心观点解析92：实际施工人的认定标准

观点评述：

《新建设工程司法解释（一）》第四十三条规定赋予了实际施工人具有突破合同相对性向发包人主张欠付工程款的权利，故在司法实践中认定实际施工人变得尤为重要。加之，建筑工程属于劳动密集型行业，需要大量劳动力。现实中，大量农民工进入建筑工程行业从事劳务工作，正确认定实际施工人有助于解决拖欠农民工工资的问题。

对实际施工人的认定，主要考察三个方面：一是应审查是否存在实际施工行为，包括是否有在施工过程中采购材料、租赁设备、支付人员工资、承担必要施工成本等行为；二是应审查是否参与合同的签订与履行；三是应审查是否存在实际投入了资金或结算及收付款行为。司法实践中人民法院也主要从以下几个方面来审查实际施工人的身份：一是，审查是否实际参与相关合同的签订，如是否作为转包合同、违法分包合同的签约主体，是否签订有书面合同；二是，审查是否存在实际施工行为，包括在施工过程中购买原材料、支付工人工资或材料费、支付水电费等行为；三是，审查是否在合同履行过程中享有施工支配权及管理权，如对项目部的人、财、物有独立的支配权；四是，审查工程中的其他相关资料综合认定。

最高人民法院案例索引:（2020）最高法民再176号

裁判要旨:

判断建设工程的实际施工人应视其是否签订转包、挂靠或者其他形式的合同承接工程施工，是否对施工工程的人工、机器设备、材料等投入相应物化成本，并最终承担该成本等综合因素确定。一建公司、一建第九分公司主张其自行组织实施并完成案涉工程的施工管理、停工、协调、结算，并举证证明其与元都劳务公司、中意混凝土公司、筑巢物资公司签订合同，分别支付了210万元劳务费、512万元混凝土款和971万元钢材款、违约金等。经查，案涉工程于2015年3月1日停工，而一建公司、一建第九分公司主张其支付的各项费用，均发生在案涉工程停工之后。根据建设工程施工需要前期大量投资的常识判断，在案涉项目停工前应当存在大量支出，该事实与姚文广关于案涉项目停工之后，一建公司、一建第九分公司作为合同签订主体，因涉诉才支付材料款、工程款的主张相印证，且一建公司、一建第九分公司支付的款项并不能涵盖案涉工程的整体施工费用，不足以证明案涉工程由一建公司自行组织施工，故认定姚文广系实际施工人。

参考法条

《新建设工程司法解释（一）》

第四十三条　实际施工人以转包人、违法分包人为被告起诉的，人民法院应当依法受理。

实际施工人以发包人为被告主张权利的，人民法院应当追加转包人或者违法分包人为本案第三人，在查明发包人欠付转包人或者违法分包人建设工程价款的数额后，判决发包人在欠付建设工程价款范围内对实际施工人承担责任。

《北京市高级人民法院关于审理建设工程施工合同纠纷案件若干疑难问题的解答》（京高法发〔2012〕245号）

18、《解释》中“实际施工人”的范围如何确定?

《解释》中的“实际施工人”是指无效建设工程施工合同的承包人，即违法的专业工程分包和劳务作业分包合同的承包人、转承包人、借用资质的施工人(挂靠施工人);建设工程经数次转包的，实际施工人应当是最终实际投入资金、材料和劳力进行工程施工的法人、非法人企业、个人合伙、包工头等民事主体。法院应当严格实际施工人的认定标准，不得随意扩大《解释》第二十六条第二款的适用范围。对于不属于前述范围的当事人依据该规定以发包人为被告主张欠付工程款的，应当不予受理，已经受理的，应当裁定驳回起诉。

建筑工人追索欠付工资或劳务报酬的，按照工资支付的相关法律、法规规定及《北京市高级人民法院关于依法快速处理建设领域拖欠农民工工资相关案件的意见》妥善处理。

其他参考案例索引:

(2020)最高法民申309号

(2020)最高法民申4734号

(2020)最高法民申6141号

核心观点解析93:挂靠的实际施工人与发包人形成事实合同关系，挂靠人有权直接向发包人主张工程款

观点评述:

建设工程施工合同纠纷中挂靠行为是指没有资质的实际施工人(挂靠人)借用有资质的建筑施工企业(被挂靠人)名义与发包人签订合同的行为。《新建设工程司法解释(一)》第四十三条规定中，并未规定挂靠情形下的实际施工人可以向发包人主张权利。因此，实践中，挂靠人能否直接向发包人主张

工程款一直存在不同观点。

笔者认为，在被挂靠人与发包人之间的建设工程施工合同关系中，因被挂靠人是虚假的意思表示实施的民事行为，根据《民法典》第一百四十六条规定可知，行为人与相对人以虚假的意思表示实施的民事法律行为无效。即被挂靠人与发包人之间的建设工程施工合同属无效合同。但事实上，挂靠人又实际履行了建设工程施工合同的义务，其与发包人形成事实合同关系。即在建设工程质量合格的情形下，应当赋予挂靠人要求发包人支付工程款的权利。在挂靠关系下，被借用资质方即被挂靠方欠缺与发包人订立施工合同的真实意思表示，而实际施工人与发包人在订立和履行施工合同的过程中形成事实上的法律关系，除非有特别约定，实际施工人可以直接向发包人主张权利。

最高人民法院案例索引:（2020）最高法民终 630 号

裁判要旨：

黄厚忠系借用有资质的建筑施工企业签订案涉《施工合同》，并实际履行了郴投公司与联合体公司签订的《施工合同》，且案涉项目均已通过竣工验收并已交付，无论郴投公司是否知晓黄厚忠是实际施工人，均已形成了事实上的权利义务关系。郴投公司作为发包方，支付工程款是其应履行的合同义务。原审已追加华盛公司、格塘公司作为第三人参加诉讼，在诉讼中华盛公司、格塘公司均未对案涉工程款提出独立主张，反而对黄厚忠的诉请及理由予以支持，因此在查明郴投公司欠付工程款的情况下，判令郴投公司在欠付工程款范围内向黄厚忠支付工程款，并未损害郴投公司的利益。

参考法条

《民法典》

第一百四十六条　行为人与相对人以虚假的意思表示实施的民事法律行为无效。

以虚假的意思表示隐藏的民事法律行为的效力，依照有关法律规定处理。

《新建设工程司法解释（一）》

第四十三条　实际施工人以转包人、违法分包人为被告起诉的，人民法院应当依法受理。

实际施工人以发包人为被告主张权利的，人民法院应当追加转包人或者违法分包人为本案第三人，在查明发包人欠付转包人或者违法分包人建设工程价款的数额后，判决发包人在欠付建设工程价款范围内对实际施工人承担责任。

其他参考案例索引：

（2020）最高法民申5737号

核心观点解析94：发包人明知存在挂靠情形下直接与挂靠人结算的，被挂靠人无权向发包人主张工程价款

观点评述：

依据合同相对性原则，合同的权利和义务只能由合同当事人享有和承担。在转包、违法分包情形下，除《新建设工程司法解释（一）》第四十三条、第四十四条规定的情形，原则上实际施工人不得突破合同相对性向没有合同关系的发包人主张权利，但该两条规定不适用于挂靠情形。在挂靠情形下，没有资质的实际施工人借用有资质的建筑施工企业名义与发包人签订合同的，如发包人对借用资质情形是明知的，意味着发包人明知其合同相对人是借用资质的实际施工人（即挂靠人）而不是出借资质的承包人（即被挂靠人）。此时，发包人具有与挂靠人建立合同关系的意思表示，所签订的施工合同是发包人

与挂靠人的真实合意，发包人与挂靠人之间形成了事实上的合同关系，发包人的合同相对人是挂靠人，而不是被挂靠人。被挂靠人仅仅是出借名义签订合同，但实际未履行合同约定的施工义务，仅为名义上的施工合同主体。而合同是由挂靠人全面实际履行的，其才是事实上的合同主体，应享有并承担合同权利义务，相应的也享有合同约定的向发包人主张工程价款的权利。因此，发包人与挂靠人作为合同当事人，双方可直接进行的工程价款结算以及工程款支付，被挂靠人不是实际的合同相对人，不能再基于施工合同产生的权利主张价款。

最高人民法院案例索引：（2020）最高法民申 6366 号

裁判要旨：

2014 年 4 月 13 日《阳春市阳豪花园一期工程建筑工程承包施工合同》及 2014 年 9 月 1 日《阳春市阳豪花园一期工程建筑工程承包施工合同》虽均为阳豪公司与茂名三建公司签订，但作为发包人的阳豪公司在签订上述合同时即知道茂名三建公司仅出借资质，案涉工程的实际施工人为黄踢先。茂名三建公司、黄踢先、黄相先对茂名三建公司出借资质签订案涉建设工程施工合同亦均予以确认。案涉工程的施工协商、工程款的支付均是在阳豪公司与黄踢先、黄相先之间进行，阳豪公司与黄踢先还于 2018 年 6 月 13 日签订《阳豪花园项目工程结算及还款协议书》，就案涉工程进行了结算。黄踢先、黄相先与阳豪公司之间已经全面实际履行茂名三建公司与阳豪公司签订的建设工程施工合同并形成事实上的权利义务关系，原审法院据此认定黄踢先、黄相先事实上已经取代茂名三建公司与阳豪公司形成建设工程施工合同关系，并无不当。虽然茂名三建公司主张案涉建设工程的实际施工人为黄相先，而不是黄踢先，但无论案涉实际施工人是黄踢先、黄相先中的一人或二人，黄踢先、黄相先在诉讼中均明确表示不同意茂名三建公司向阳豪公司主张工程款，茂名三建公司作为名义承包人再向阳豪公司主张基于案涉施工合同产生的相关权利，缺乏法律依据。

参考法条

《民法典》

第一百四十六条　行为人与相对人以虚假的意思表示实施的民事法律行为无效。

以虚假的意思表示隐藏的民事法律行为的效力，依照有关法律规定处理。

第一百五十三条　违反法律、行政法规的强制性规定的民事法律行为无效。但是，该强制性规定不导致该民事法律行为无效的除外。

违背公序良俗的民事法律行为无效。

第一百五十七条　民事法律行为无效、被撤销或者确定不发生效力后，行为人因该行为取得的财产，应当予以返还；不能返还或者没有必要返还的，应当折价补偿。有过错的一方应当赔偿对方由此所受到的损失；各方都有过错的，应当各自承担相应的责任。法律另有规定的，依照其规定。

《新建设工程司法解释（一）》

第一条　建设工程施工合同具有下列情形之一的，应当依据民法典第一百五十三条第一款的规定，认定无效：

（一）承包人未取得建筑业企业资质或者超越资质等级的；

（二）没有资质的实际施工人借用有资质的建筑施工企业名义的；

（三）建设工程必须进行招标而未招标或者中标无效的。

承包人因转包、违法分包建设工程与他人签订的建设工程施工合同，应当依据民法典第一百五十三条第一款及第七百九十一条第二款、第三款的规定，认定无效。

第四十三条　实际施工人以转包人、违法分包人为被告起诉的，人民法院应当依法受理。

实际施工人以发包人为被告主张权利的，人民法院应当追加转包人或者违法分包人为本案第三人，在查明发包人欠付转包人或者违法分包人建设工程价款的数额后，判决发包人在欠付建设工程价款范围内对实际施工人承担责任。

第四十四条　实际施工人依据民法典第五百三十五条规定，以转包人或者违法分包人怠于向发包人行使到期债权或者与该债权有关的从权利，影响其到期债权实现，提起代位权诉讼的，人民法院应予支持。

其他参考案例索引：（2020）最高法民申 3885 号

核心观点解析 95：发包人明知存在挂靠情形下与挂靠人达成工程款结算、支付协议等的，由发包人承担向挂靠人支付工程款义务，被挂靠人对挂靠人不承担支付工程款义务

观点评述：

《民法典》第一百一十九条规定："依法成立的合同，对当事人具有法律约束力。"除法律另有规定外，合同仅对合同当事人具有法律约束力，合同当事人依据合同只能向合同相对人提出请求，而不能向无合同关系的第三人提出合同请求。如前文所述，挂靠情形下，发包人明知挂靠关系存在，并已与挂靠人达成工程款结算、支付协议的，挂靠人与发包人之间建立了事实上的权利义务关系，发包人与挂靠人系协议的合同当事人，所签订的协议对双方具有法律约束力，工程款的支付义务应由发包人向挂靠人履行。被挂靠人未参与发包人与挂靠人之间的工程款结算、支付协议签订，不是合同相对方，也未与挂靠人结算，被挂靠人不再向挂靠人承担工程款支付义务。

最高人民法院案例索引:(2019)最高法民申5609号

裁判要旨:

周来根作为实际施工人对案涉工程进行了施工，南通六建委托周来根与凯创公司进行了工程交接并进行了结算，凯创公司向周来根出具了《结算确认书》《承诺书》《函》等结算文件。凯创公司与周来根之间成立工程施工建设与工程款支付相关法律关系，凯创公司应承担支付全部工程价款的责任。南通六建与周来根之间为挂靠关系，南通六建未参与实际施工，且不与周来根结算工程价款，二审未认定其承担支付工程款和相关损失的连带给付责任，并无不当。

参考法条

《民法典》

第一百四十六条　行为人与相对人以虚假的意思表示实施的民事法律行为无效。

以虚假的意思表示隐藏的民事法律行为的效力，依照有关法律规定处理。

第一百五十三条　违反法律、行政法规的强制性规定的民事法律行为无效。但是，该强制性规定不导致该民事法律行为无效的除外。

违背公序良俗的民事法律行为无效。

第一百五十七条　民事法律行为无效、被撤销或者确定不发生效力后，行为人因该行为取得的财产，应当予以返还；不能返还或者没有必要返还的，应当折价补偿。有过错的一方应当赔偿对方由此所受到的损失；各方都有过错的，应当各自承担相应的责任。法律另有规定的，依照其规定。

《新建设工程司法解释（一）》

第一条　建设工程施工合同具有下列情形之一的，应当依据民法典第一百五十三条第一款的规定，认定无效：

（一）承包人未取得建筑业企业资质或者超越资质等级的；

（二）没有资质的实际施工人借用有资质的建筑施工企业名义的；

（三）建设工程必须进行招标而未招标或者中标无效的。

承包人因转包、违法分包建设工程与他人签订的建设工程施工合同，应当依据民法典第一百五十三条第一款及第七百九十一条第二款、第三款的规定，认定无效。

核心观点解析 96：工程多次转包的，实际施工人无权要求与其没有合同关系的总承包人承担支付工程款及利息的责任

观点评述：

《新建设工程司法解释（一）》第四十三条第二款规定："实际施工人以发包人为被告主张权利的，人民法院应当追加转包人或者违法分包人为本案第三人，在查明发包人欠付转包人或者违法分包人建设工程价款的数额后，判决发包人在欠付建设工程价款范围内对实际施工人承担责任。"前述条款系突破合同相对性原则的特殊规定，旨在特殊历史时期内解决拖欠农民工工资的问题。但该条款仅规定实际施工人可以突破合同相对性要求发包人承担付款责任，而没有规定实际施工人可以突破合同相对性要求承包人或其他转包、违法分包人承担付款责任。实务中，转包及违法分包的情形普遍存在，如工程存在多次转包或违法分包，最终的实际施工人向谁主张工程款是实践中的难点问题。笔者认为，突破合同相对性原则必须有法律、行政法规为依据，而不能参照适用。

即实际施工人可以依据无效的转包或违法分包合同，向其前手转包人

或违法分包人主张工程款，主张工程款的范围不得扩大到与实际施工人没有合同关系的其他主体。具体理由：第一，《新建设工程司法解释（一）》第四十三条的发包人仅指具有工程发包主体资格的建设单位，多次转包中的转包人并非发包人，追加转包人或者违法分包人为本案第三人的目的在于查清发包人欠付工程款数额，并非要求转包人或者违法分包人承担责任；第二，该司法解释第四十四条为实际施工人向发包人主张权利留有途径，即如果转包人或者违法分包人怠于向发包人行使到期债权或者与该债权有关的从权利，影响实际施工人到期债权的实现，实际施工人可以提起代位权诉讼；第三，合同相对性是基本原则，根据《民法典》第五百一十八条规定，突破合同相对性要求总承包人承担连带责任的，必须要有法律明确规定或合同约定。

因此，在工程多次转包或违法分包的情况下，实际施工人不能依据《新建设工程解释（一）》第四十三条的规定向与其没有合同关系的主体主张工程款。

最高人民法院案例索引：（2021）最高法民申1358号

裁判要旨：

承包人转包、违法分包建设工程或者没有资质的实际施工人借用有资质的建筑施工企业名义与他人签订建设施工合同的行为无效。天恒基公司与蒋小红签订的《工程内部承包合同》、蒋小红与许金斌签订的《建设工程施工内部承包合同》，均因违反上述法律规定，应属无效合同。《最高人民法院关于审理建设工程施工合同纠纷案件适用法律问题的解释（二）》（已废止）第二十四条规定："实际施工人以发包人为被告主张权利的，人民法院应当追加转包人或者违法分包人为本案第三人，在查明发包人欠付转包人或者违法分包人建设工程价款的数额后，判决发包人在欠付建设工程价款范围内对实际施工人承担责任。"本案中，汇龙天华公司将案涉工程发包给天恒基公司，天恒基公司将工程转给蒋小红内部承包，蒋小红又将部分工程转给许金斌施工。依照上述法律规定，许金斌将汇龙天华公司、天恒基公司与蒋小红作为共同被告起诉，二审法院认定蒋小红作为违法分包人，汇龙天华公司作为发包人，判决承担支付工程款及利息的处理结果，亦无不妥。天恒基公司作为承包人，其与许金斌之间并没有合同关系，因此许金斌无法依照合同主张案涉工程款及利息。

参考法条

《民法典》

第五百一十八条　债权人为二人以上，部分或者全部债权人均可以请求债务人履行债务的，为连带债权；债务人为二人以上，债权人可以请求部分或者全部债务人履行全部债务的，为连带债务。

连带债权或者连带债务，由法律规定或者当事人约定。

《新建设工程司法解释（一）》

第四十三条　实际施工人以转包人、违法分包人为被告起诉的，人民法院应当依法受理。

实际施工人以发包人为被告主张权利的，人民法院应当追加转包人或者违法分包人为本案第三人，在查明发包人欠付转包人或者违法分包人建设工程价款的数额后，判决发包人在欠付建设工程价款范围内对实际施工人承担责任。

第四十四条　实际施工人依据民法典第五百三十五条规定，以转包人或者违法分包人怠于向发包人行使到期债权或者与该债权有关的从权利，影响其到期债权实现，提起代位权诉讼的，人民法院应予支持。

其他参考案例索引：

（2016）最高法民申 3339 号

核心观点解析97：承包人实际参与工程施工管理的，可以参照约定向实际施工人收取管理费

观点评述：

违法分包、转包工程合同或者挂靠合同被确认无效后，对其双方约定的管理费如何处理，当前司法裁判中主要可分为三种判决类型：第一类是参照约定支付管理费；第二类是不支持承包人获得管理费；第三类是法院酌定对管理费进行调整或部分支持。在这三种判决类型中，主要根据承包人是否实际参与工程建设相关管理及管理成本大小等因素进行综合分析。

第一类裁判认为，承包人实际参与建设工程管理、协调、服务必然产生实际管理成本，这些费用应当纳入建设工程成本中，且司法实践中均认为不应当由无效合同的当事人取得比合同有效更高的利益，即合同有效，管理费约定有效，实际施工人需缴纳管理费；如合同无效，管理费约定无效，实际施工人无须缴纳管理费，由此会变相鼓励无效合同的成立。因此，若涉案工程验收合格，双方可参照合同约定结算管理费。

第二类裁判认为，承包人未实际参与管理，其双方约定的管理费在本质上属于通过“倒卖”工程或借用资质方式赚取的不当利润，该行为与现行法律相抵触，亦严重扰乱了市场秩序，故不支持承包人取得管理费。

第三类裁判与第一类裁判的不同之处在于，双方约定的管理费高于或者低于实际管理成本，依据公平原则，对约定的管理费进行调整后予以部分支持。

结合以上三种裁判类型，为平衡各方当事人之间的利益关系，及维护当事人意思自治原则。笔者建议，在合同约定中，将管理费单独列入结算、清理条款，并明确约定管理的具体内容如派驻人员、协调事项、协助转账及其他协调工作，并在施工过程中保留实际参与管理的证据。除此之外，也可将前述事项单列为具体开支项目，而不以“管理费”的名义附之，可避免不必要的争议。

最高人民法院案例索引一：（2020）最高法民终 242 号

裁判要旨：

关于管理费 3094000 元及利息问题。2008 年 9 月 5 日，重庆一建青海分公司与徐步升签订《内包合同》第六条管理费收取与支付约定，"乙方（徐步升）同意按合同结算造价的 2% 支付甲方（重庆一建青海分公司）管理费"，说明双方当事人对于管理费的计取均是认可的。根据《中华人民共和国合同法》第五十八条关于"合同无效或者被撤销后，因该合同取得的财产，应当予以返还；不能返还或者没有必要返还的，应当折价补偿。有过错的一方应当赔偿对方因此所受到的损失，双方都有过错的，应当各自承担相应的责任"的规定，如果合同无效或者解除后，一方当事人已经完成的工作成果无法返还的，另一方当事人则需承担补偿或者赔偿责任。经审查，重庆一建公司作为承包人，在案涉工程施工过程中提供了相应资质，并且代徐步升履行了骆立青等七案生效判决确定的给付义务 9544300 元，重庆一建青海分公司则具体负责协助徐步升从豪都华庭公司收取部分工程款和保证金等相关费用。前述事实可以说明，重庆一建公司、重庆一建青海分公司按照《内包合同》的约定实际履行了管理职责，所付出的劳动成果已经物化到案涉建设工程施工合同的履行之中，故徐步升应当承担相应补偿义务。

重庆一建公司、重庆一建青海分公司认为虽《内包合同》无效，但是通过以上争议项就能证实，重庆一建公司、重庆一建青海分公司在案涉项目上付出了大量的人力和财力，徐步升应对重庆一建公司、重庆一建青海分公司付出的人力等因无法返还进行折价补偿，应当按双方约定总造价的 2% 认定管理费为 4279592.93 元。

最高人民法院案例索引二：（2020）最高法民终 860 号

裁判要旨：

兵建公司是否应当退还基础公司管理费 2313249.38 元。此问题在前文中已进行阐述，虽然案涉《分包合同》无效，但对于基础公司已完成的案涉工程造价的确定，应当依据《分包合同》中结算条款。而《分包合同》中对于管理费的约定属于结算条款内容，且合同中约定了兵建公司向基础公司案涉工程派出工作人员实施监督和管理。从实际履行看，根据双方举证情况，兵建公司实际派出工作人员对案涉工程施工进行了管理，且在双方对账过程中，基础公司对兵建公司扣缴的管理费亦无异议。因此，基础公司主张兵建公司返还已扣收管理费缺乏依据。

最高人民法院案例索引三：(2020)最高法民申2954号

裁判要旨：

关于管理费问题。《劳务分包协议》约定，西北公司按照每次收到建设单位支付工程款的95%向煜塬公司支付劳务费。该条内容属于双方关于工程价款的约定内容之一，如前所述，可以参照适用。原审中，煜塬公司认可西北公司在施工过程中有代付工人工资、支付塔式起重机费、打桩费，参与工程结算等行为，证明西北公司参与了工程管理。原审判决参照双方合同约定，扣除5%管理费，按照世纪城投资公司支付给西北公司工程款的95%计算西北公司应付煜塬公司工程款，并无不当，且不存在超出诉讼请求的情形。

最高人民法院案例索引四：(2020)最高法民终898号

裁判要旨：

八冶公司、八冶西宁分公司为专业建筑施工企业，其将案涉工程转包给无相应建筑施工资质的个人，存在明显过错，八冶西宁分公司与李乾初签订的《协议》为无效合同，其也不能举证证明实际参与了工程建设的相关管理，且未提交证据证明材料发票与本案的关联性，其该项管理费的上诉请求缺乏依据，不予支持。

最高人民法院案例索引五：（2020）最高法民申255号

裁判要旨：

樊成和八冶武威公司签订的《建设工程施工合同》为无效合同，案涉工程由实际施工人樊成完成，八冶集团、八冶武威公司并未施工。鉴于案涉工程实际已经由樊成完成并进行了竣工决算审计的情况下，原审判决基于合同履行情况、当事人过错等因素，认定八冶集团、八冶武威公司不仅未实际参与管理，且作为专业建设企业其明知樊成没有施工资质，仍对案涉工程违法分包有过错，其应对此承担责任。若仍允许八冶集团及八冶武威公司收取管理费将使合同效力性规定失去意义且纵容不法行为。故原审判决对管理费未予支持，并无不当。

最高人民法院案例索引六：（2020）最高法民终576号

裁判要旨：

黄建国与东方公司之间系借用资质关系，但建设工程领域借用资质的行为违反了法律的强制性规定。双方约定的管理费实际是黄建国借用资质所支付的对价。东方公司请求黄建国按照案涉工程价款的1.2%支付管理费缺乏法律依据，本院不予支持。

参考法条

《民法典》

第一百五十五条　无效的或者被撤销的民事法律行为自始没有法律约束力。

核心观点解析98：履约保证金、利息不属于《新建设工程司法解释（一）》第四十三条发包人欠付工程款的范围，实际施工人不得突破合同相对性向发包人主张履约保证金、利息

观点评述：

实际施工人突破合同相对性向发包人主张工程款的法律依据来源于《新建设工程司法解释（一）》第四十三条的规定。该规定的目的在于根治拖欠农民工工资的问题，给予处于相对弱势的实际施工人特殊的保护。

一般来说，工程款包括人工费、材料和工程设备费、施工机具使用费和企业管理费、利润，但并不包含履约保证金、利息在内，因此，履约保证金、利息不属于发包人欠付建设工程价款的范围，不能适用《新建设工程司法解释（一）》第四十三条规定向发包人主张。此外，民工工资仅系工程款的一部分，规定发包人在欠付工程款范围内向实际施工人承担付款责任，足以解决拖欠农民工工资的问题。因此，实际施工人不得突破合同相对性向发包人主张工程款以外的履约保证金、利息、违约金等费用。

最高人民法院案例索引：（2020）最高法民终242号

裁判要旨：

根据《最高人民法院关于审理建设工程施工合同纠纷案件适用法律问题的解释》（已废止）第二十六条关于"实际施工人以转包人、违法分包人为被告起诉的，人民法院应当依法受理。实际施工人以发包人为被告主张权利的，人民法院可以追加转包人或者违法分包人为本案当事人。发包人只在欠付工程价款范围内对实际施工人承担责任"的规定以及《最高人民法院关于审理建设工程施工合同纠纷案件适用法律问题的解释（二）》（已废止）第二十四条关于"实际施工人以发包人为被告主张权利的，人民法院应当追加转包人或者违法分包人为本案第三人，在查明发包人欠付转包人或者违法分包人建设工程价款的数额后，判决发包人在欠付建设工程价款范围内对实际施工人

承担责任”的规定，本案实际施工人徐步升主张的上述履约保证金及利息、支付其他款项并非案涉工程款，不符合上述司法解释的规定，故徐步升请求发包人豪都华庭公司承担责任的上诉请求不予支持。

参考法条

《新建设工程司法解释（一）》

第四十三条 实际施工人以转包人、违法分包人为被告起诉的，人民法院应当依法受理。

实际施工人以发包人为被告主张权利的，人民法院应当追加转包人或者违法分包人为本案第三人，在查明发包人欠付转包人或者违法分包人建设工程价款的数额后，判决发包人在欠付建设工程价款范围内对实际施工人承担责任。

核心观点解析 99：规费是工程价款的组成部分，实际施工人有权主张规费

观点评述：

《建筑安装工程费用项目组成》中规定，规费是指按国家法律、法规规定，由省级政府和省级有关权力部门规定必须缴纳或计取的费用。在《建设工程工程量清单计价规范》GB 50500—2013 第 3.1.6 条规定：“规费和税金必须按国家或省级、行业建设主管部门的规定计算，不得作为竞争性费用。”规费是建设工程造价的组成部分，是必然发生的项目，是发包人必须支出的项目。规费以计算基数按照费率计算得出，包括社会保险费、住房公积金和工程排污费。承包人是缴纳规费的主体，由发包人向承包人予以支付。

实际施工人是否可主张规费，实践中有两种观点。一种观点是认为，从公平原则与利益平衡角度出发，建设工程的价值在于工程造价，而工程

造价包括规费在内，实际施工人作为实际履行施工义务主体，也常常是规费的实际缴纳主体，相应价值已物化到建筑物中。如实际施工人不能主张规费，发包人既取得建设工程，又不支付相应工程造价的对价，而明显利益失衡。而支付实际施工人规费，可作为补偿，以恢复利益平衡。因此，实际施工人作为施工合同实际履行的主体实际负担了规费，应有权主张规费。另一种观点则与上一种观点截然不同。该观点认为，规费缴纳义务人是企业而非自然人，实际施工人作为自然人，既没有施工资质也没有取费资格，无权主张支付规费。

笔者倾向于第一种观点。实际施工人是否是缴纳规费主体、是否已经缴纳规费，与发包人应当付出的造价成本之间并无必然联系，并非判断发包人应当支付工程价款时考虑的因素。即使实际施工人确实应交而未交规费，涉及的应是行政机关的处罚，而非发包人扣除规费的理由，实际施工人仍有权主张规费。

最高人民法院案例索引:（2020）最高法民申255号

裁判要旨：

八冶集团、八冶武威公司作为从投资公司承包案涉项目的施工企业，是交纳规费的主体。若不存在违法分包，规费本就应由八冶集团及八冶武威公司承担。建设工程施工合同因违法分包导致合同无效的情况下，结合本案合同履行情况和各方过错程度,对规费不予支持。即维持原审判决关于八冶集团、八冶武威公司不能参照《建设工程施工合同》的约定将规费扣除的认定。

参考法条

《民法典》

第一百五十三条　违反法律、行政法规的强制性规定的民事法律行为无效。但是，该强制性规定不导致该民事法律行为无效的除外。

违背公序良俗的民事法律行为无效。

第七百九十一条　发包人可以与总承包人订立建设工程合同，也可以分别与勘察人、设计人、施工人订立勘察、设计、施工承包合同。发包人不得将应当由一个承包人完成的建设工程支解成若干部分发包给数个承包人。

总承包人或者勘察、设计、施工承包人经发包人同意，可以将自己承包的部分工作交由第三人完成。第三人就其完成的工作成果与总承包人或者勘察、设计、施工承包人向发包人承担连带责任。承包人不得将其承包的全部建设工程转包给第三人或者将其承包的全部建设工程支解以后以分包的名义分别转包给第三人。

禁止承包人将工程分包给不具备相应资质条件的单位。禁止分包单位将其承包的工程再分包。建设工程主体结构的施工必须由承包人自行完成。

第七百九十三条　建设工程施工合同无效，但是建设工程经验收合格的，可以参照合同关于工程价款的约定折价补偿承包人。

建设工程施工合同无效，且建设工程经验收不合格的，按照以下情形处理：

（一）修复后的建设工程经验收合格的，发包人可以请求承包人承担修复费用；

（二）修复后的建设工程经验收不合格的，承包人无权请求参照合同关于工程价款的约定折价补偿。

发包人对因建设工程不合格造成的损失有过错的，应当承担相应的责任。

《新建设工程司法解释（一）》

第一条　建设工程施工合同具有下列情形之一的，应当依据民法典第一百五十三条第一款的规定，认定无效：

（一）承包人未取得建筑业企业资质或者超越资质等级的；

（二）没有资质的实际施工人借用有资质的建筑施工企业名义的；

（三）建设工程必须进行招标而未招标或者中标无效的。

承包人因转包、违法分包建设工程与他人签订的建设工程施工合同，应当依据民法典第一百五十三条第一款及第七百九十一条第二款、第三款的规定，认定无效。

第六条　建设工程施工合同无效，一方当事人请求对方赔偿损失的，应当就对方过错、损失大小、过错与损失之间的因果关系承担举证责任。

损失大小无法确定，一方当事人请求参照合同约定的质量标准、建设工期、工程价款支付时间等内容确定损失大小的，人民法院可以结合双方过错程度、过错与损失之间的因果关系等因素作出裁判。

核心观点解析100：社会保障费是工程价款的组成部分，实际施工人有权取得社会保障费

观点评述：

如前文所述，规费是工程价款的组成部分，包括社会保险费、住房公积金和工程排污费。因此，社会保障费属于规费的组成部分。实际施工人是实际履行施工义务，且实际投入资金、材料和劳力到工程建设中的主体，故规费作为建设工程施工过程的成本费用，实际施工人有权获取。

最高人民法院案例索引：（2020）最高法民申2484号

裁判要旨：

建设工程社会保障费是工程造价的组成部分，属于建设工程施工过程的

成本费用，本案中嘉丰建设公司将案涉工程转包给范怀聚施工，范怀聚作为实际施工人，有权主张社会保障费。

核心观点解析 101：实际施工人有权主张违章建筑的工程价款

观点评述：

违章建筑是指违反《土地管理法》《城乡规划法》等相关法律法规的规定而建造的建筑物，其行政方面法律后果是土地行政主管部门和城乡规划主管部门限期改正并处罚款、限期拆除违章建筑、没收实物或者违法建设并处罚款，对合同相对方则以双方合同约定或者缔约过失承担民事法律责任。因发包人的过错导致建筑物被认定为违章建筑，发包人对自己的损失自负，对于承包人的损失，应赔偿实际施工人可以主张投入的人工费、机械费和材料费等实际损失。由于发包人的原因导致项目未取得相应许可证，项目系违章建筑的，施工合同无效，但根据《新建设工程司法解释（一）》第二十四条的规定，承包人或实际施工人仍然有权主张工程款。因此，即使完成的工程被认定违章建筑，发包人也不能因此而免除支付工程价款的义务，实际施工人仍有权要求发包人支付工程款。

最高人民法院案例索引：（2020）最高法民申 4919 号

裁判要旨：

程小权依据加盖吉晟公司原印章的工程设计变更单进行建设施工，因工程设计违反国家规定而导致部分工程被认定为违章建筑。吉晟公司未能提供充分证据证明部分工程被认定为违章建筑是因程小权擅自改变施工图纸或未按施工图纸施工所致，其主张违章建筑部分的工程价款不应向程小权支付的申请再审理由，没有事实和法律依据，本院不予采信。

参考法条

《民法典》

第七百九十三条　建设工程施工合同无效，但是建设工程经验收合格的，可以参照合同关于工程价款的约定折价补偿承包人。

建设工程施工合同无效，且建设工程经验收不合格的，按照以下情形处理：

（一）修复后的建设工程经验收合格的，发包人可以请求承包人承担修复费用；

（二）修复后的建设工程经验收不合格的，承包人无权请求参照合同关于工程价款的约定折价补偿。

发包人对因建设工程不合格造成的损失有过错的，应当承担相应的责任。

《新建设工程司法解释（一）》

第二十四条　当事人就同一建设工程订立的数份建设工程施工合同均无效，但建设工程质量合格，一方当事人请求参照实际履行的合同关于工程价款的约定折价补偿承包人的，人民法院应予支持。

实际履行的合同难以确定，当事人请求参照最后签订的合同关于工程价款的约定折价补偿承包人的，人民法院应予支持。

《城乡规划法》

第六十四条　未取得建设工程规划许可证或者未按照建设工程规划许可证的规定进行建设的，由县级以上地方人民政府城乡规划主管部门责令停止建设；尚可采取改正措施消除对规划实施的影响的，限期改正，处建设工程造价百分之五以上百分之十以下的罚款；无法采取改正措施消除影响的，限期拆除，不能拆除的，没收实物或者违法收入，可以并处建设工程造价百分之十以下的罚款。

CHAPTER 9

第九编

其他

核心观点解析102：发包人不得以承包人未开具发票为由拒付工程款

观点评述：

建设工程合同属于双务合同，承包人的合同主义务是完成质量合格的建设工程施工，发包人的合同主义务是支付承包人相应工程款，两者互为对价。承包人开具发票仅属于合同附随义务，与发包人支付工程款义务不具有对价。承包人完成施工义务且质量合格是发包人支付工程价款的前提，而开具发票不能成为给付工程价款的前提条件。因此，只要承包人完成工程施工，就已经履行了合同主义务，发包人应当支付工程价款，不得以承包人没有开具发票拒付工程款。实践中，发包人为了避免承包人不开具发票带来的不能抵扣税款的风险，可以在合同中约定承包人开具发票责任的违约条款，但不能以承包人未依约开具发票为由拒付工程款。

最高人民法院案例索引：（2019）最高法民终1618号

裁判要旨：

关于五轮山公司主张淮昊公司未开具增值税发票的拒付工程款意见。本院认为，案涉合同的主要义务为淮昊公司履行施工义务并交付所完工的工程，五轮山公司给付工程款。而开具发票作为合同的附随义务与五轮山公司给付工程款不能形成对等给付，不构成五轮山公司拒付工程款的抗辩理由，故对五轮山公司的该项主张，本院不予支持。

参考法条

《民法典》

第五百九十九条　出卖人应当按照约定或者交易习惯向买受人交付提取标的物单证以外的有关单证和资料。

其他参考案例索引：

（2020）最高法民申 1670 号

（2020）最高法民申 736 号

（2020）最高法民终 158 号

（2020）最高法民终 697 号

核心观点解析 103：开具发票属于合同附随义务，不能以未开具发票为由拒退质保金

观点评述：

如前文所述，开具发票属于合同附随义务。通说认为，退还质保金属应当属于主合同义务，不履行附随义务不能作为不履行主合同义务的抗辩理由。在实务中，当事人怠于履行附随义务的，可要求对方履行附随义务并赔偿损失，若就此约定违约金的，亦可要求对方承担违约责任。

最高人民法院案例索引：（2020）最高法民终 449 号

裁判要旨：

《工程质量保修书》约定，装饰装修工程质保期两年，屋面防水工程质保期五年。屋面防水工程属于土建部分，不属于重庆凌志公司的施工范围，合同未对卫生间防渗漏的质保期作出约定。一审诉讼中，贵州恒鑫公司未提出扣除质保金的请求；一审庭审中，双方当事人均认可保修约定为两年。不论自一审判决认定的 2016 年 12 月 2 日，还是自贵州恒鑫公司上诉主张的一审立案即 2018 年 1 月 4 日计算，贵州恒鑫公司实际使用案涉工程的时间均已超过应当退还质保金的两年期限。提供发票属于合同约定的附随义务，贵州恒鑫公司以重庆凌志公司未提交发票作为不退还质保金的抗辩，本院不予支持。质保金应予退还，贵州恒鑫公司关于从应付工程款中扣除质保金的上诉请求不能成立。

参考法条

《民法典》

第五百零九条　当事人应当按照约定全面履行自己的义务。

当事人应当遵循诚信原则，根据合同的性质、目的和交易习惯履行通知、协助、保密等义务。

当事人在履行合同过程中，应当避免浪费资源、污染环境和破坏生态。

核心观点解析104：委托代建关系中，委托人实际加入施工合同法律关系的，应共同承担支付工程款义务

观点评述：

委托代建合同关系中，委托人将整个项目的开发委托给代建单位，由代建单位把建设工程发包给承包人，由代建单位与承包人建立施工合同关系，委托人与承包人之间不存在施工合同关系，委托人与代建单位是代建关系，而委托人与承包人之间不存在合同关系。实务中，委托人将工程委托给代建单位开发后，又实际参与项目管理，即委托人对整个工程项目仍具有支配权，符合发包人特征和地位，应认定为委托人已实际加入代建单位与承包人的施工合同法律关系，应与代建单位共同承担支付工程款义务。

最高人民法院案例索引：（2020）最高法民申5614号

裁判要旨：

2012年4月22日，能源集团计划合同部向通州公司出具《承诺书》载明，能源集团委托宏基公司代建的国电家园房屋建筑工程项目，能源集团承诺宏

基公司依约履行各项义务，若宏基公司未依约履行，能源集团愿意承担相应的各项义务，并赔偿通州公司的损失。2013 年 4 月 28 日，能源集团与通州公司签订《协议》，约定能源集团对案涉工程进行整体规划。后通州公司于 2017 年 8 月 15 日向能源集团发函称，通州公司进场前（2012 年 4 月 22 日）能源集团承诺对案涉项目工程款承担全部责任，工程竣工后，由于宏基公司无力支付，要求能源集团依约支付工程款，能源集团复函称，其已成立专项工作组，完成案涉工程初步核查，方案正在逐级上报中，批复后即可开展与通州公司及宏基公司的洽谈。此外，案涉工程竣工后，三方多次形成会议纪要，由能源集团选定审计单位对案涉工程造价进行审计，且能源集团已向通州公司支付部分工程款。综上，原审法院认定能源集团通过对工程的整体规划、对工程质量的监督和管理、对工程造价审计单位的选择及审核报告的确认、对工程款的支付等履行行为，已实际加入案涉建设工程施工合同法律关系，并判决能源集团共同支付工程款并无不当，能源集团主张其并非建设工程施工合同相对人，不应承担工程款的理由不能成立。

核心观点解析 105：承包人主张发包人能够办理工程规划审批手续而未办理的，承包人负有举证责任

观点评述：

根据“谁主张，谁举证”的举证规则，承包人主张发包人能够办理工程规划审批手续而未办理的，承包人负有举证责任。但实践中，办理规划审批手续繁杂、涉及面广，承包人很难充分证明发包人能够办理建设工程规划许可证而未办理，故其主张很难得到支持。笔者建议，承包人在签订合同前，先行了解发包人是否取得建设工程规划许可证等规划审批手续。若在签订合同前仍未办理相关审批手续的，可要求发包方提供能够办理工程规划审批手续的证明或承诺，降低举证不能的风险。

最高人民法院案例索引:(2020)最高法民申1850号

裁判要旨:

《最高人民法院关于审理建设工程施工合同纠纷案件适用法律问题的解释(二)》(已废止)第二条规定:"当事人以发包人未取得建设工程规划许可证等规划审批手续为由,请求确认建设工程施工合同无效的,人民法院应予支持,但发包人在起诉前取得建设工程规划许可证等规划审批手续的除外。发包人能够办理审批手续而未办理,并以未办理审批手续为由请求确认建设工程施工合同无效的,人民法院不予支持。"和昌公司与海峡公司对案涉工程至今未取得建设工程规划许可证均无异议,二审判决认定案涉建设工程施工合同无效,有事实和法律依据。根据《中华人民共和国民事诉讼法》第六十四条第一款关于"当事人对自己提出的主张,有责任提供证据"的规定,海峡公司应当举证证明和昌公司持有办理建设工程规划许可证的所有材料、相关行政部门在收到和昌公司持有的材料后能够颁发建设工程规划许可证、和昌公司存在故意不办理建设工程规划许可证的行为,但海峡公司未提交充足的证据证明其关于和昌公司能够办理建设工程规划许可证而未办理的主张。和昌公司作为案涉工程发包方,确有办理建设工程规划许可证的义务,但该义务不等同于本案诉讼中的举证义务,海峡公司关于二审法院举证责任分配错误的主张缺乏法律依据。

参考法条

《民事诉讼法》

第六十七条　当事人对自己提出的主张,有责任提供证据。

当事人及其诉讼代理人因客观原因不能自行收集的证据,或者人民法院认为审理案件需要的证据,人民法院应当调查收集。

人民法院应当按照法定程序,全面地、客观地审查核实证据。

《新建设工程司法解释（一）》

第三条　当事人以发包人未取得建设工程规划许可证等规划审批手续为由，请求确认建设工程施工合同无效的，人民法院应予支持，但发包人在起诉前取得建设工程规划许可证等规划审批手续的除外。

发包人能够办理审批手续而未办理，并以未办理审批手续为由请求确认建设工程施工合同无效的，人民法院不予支持。

核心观点解析 106：发包人增加施工内容导致监理费增加，且承包人不存在逾期竣工情形的，应由发包人自行向监理单位支付增加的监理费

观点评述：

工程建设监理是指监理单位接受建设单位的委托，对工程建设实施的监督与管理。建设单位与监理单位存在委托与被委托的关系，而监理单位与施工单位存在监理与被监理的关系。在建设单位与施工单位没有特别约定的情况下，监理费应当由作为委托人的建设单位支付。实践中，常见发包人要求施工内容增加而导致监理费增加的情形，如承包人不存在过错，增加的监理费亦应当由发包人承担。

最高人民法院案例索引：（2019）最高法民终 754 号

裁判要旨：

双方当事人在履行合同的过程中，修改了原合同的内容，使得施工内容不断增加，监理费亦必然增加，金桂公司作为建设方应向监理单位支付自然增长的监理费。但二建公司按约定履行了建设施工合同义务，且不存在逾期竣工的情形。金桂公司请求二建公司赔偿额外增加的监理费 8004606.88 元及

利息损失，缺乏法律依据。

参考法条

《建设工程质量管理条例》

第十二条　实行监理的建设工程，建设单位应当委托具有相应资质等级的工程监理单位进行监理，也可以委托具有工程监理相应资质等级并与被监理工程的施工承包单位没有隶属关系或者其他利害关系的该工程的设计单位进行监理。

下列建设工程必须实行监理：

（一）国家重点建设工程；

（二）大中型公用事业工程；

（三）成片开发建设的住宅小区工程；

（四）利用外国政府或者国际组织贷款、援助资金的工程；

（五）国家规定必须实行监理的其他工程。

核心观点解析 107：合同无约定情形下，诉讼保全保险费并非必然支出费用，不应由各方当事人共同负担

观点评述：

保全保险费是指当事人向保险人办理诉讼财产保全责任保险的费用。诉讼财产保全责任保险旨在当被保险人申请财产保全错误依法应承担赔偿责任时，由保险人根据合同约定负责赔偿，继而实现诉讼保全担保的目的。依照我国现行法律规定，担保方式并非只有保险担保一种方式，当事人亦可提供自有财产作为担保。因此，在诉讼过程中，采取保险担保方式进行诉讼保全的并非必然发生的费用。在双方当事人没有约定的情况下，保全保险费的诉请不应当得到支持。

最高人民法院案例索引:(2020)最高法民申5601号

裁判要旨:

关于保全费、保全保险费及案件受理费负担问题。保全措施的担保存在多种方式，以购买保全保险方式担保并非唯一选择，一、二审判决以保全保险费并非必然支出费用为由未予支持该部分费用，并无不当。对于保全费、案件受理费的承担，二审判决金嘉房产公司欠付工程款6453896.9元，以此为基数，确定金嘉房产公司应承担一、二审案件受理费均系56977.28元，加上保全费5000元，故二审判决金嘉房产公司共计负担118954.56元，并无不当。此外，案件受理费及保全费的负担由人民法院根据案件具体情况决定，不属于《中华人民共和国民事诉讼法》规定的法定再审事由。夏卫国相关申请再审主张不能成立，本院不予支持。

其他参考案例索引:

(2019)最高法民终1925号